福建省教育科学"十四五"规划2022年度课题"核心素养下初中数学关键教学点的行动研究"（立项批准号：FJJKZX22-671）的阶段性成果

初中数学关键教学点

内涵与实践

张 弘◎著

图书在版编目（CIP）数据

初中数学关键教学点：内涵与实践/张弘著.
福州：福建教育出版社，2024.7.—ISBN 978-7-5758-0002-0（2024.8重印）

Ⅰ.G633.602

中国国家版本馆 CIP 数据核字第 2024WW8099 号

初中数学关键教学点：内涵与实践

张　弘　著

出版发行	福建教育出版社
	（福州市梦山路 27 号　邮编：350025　网址：www.fep.com.cn
	编辑部电话：0591-83726908
	发行部电话：0591-83721876　87115073　010-62024258）
出 版 人	江金辉
印　　刷	福州万达印刷有限公司
	（福州市闽侯县荆溪镇徐家村 166-1 号厂房第三层　邮编：350101）
开　　本	710 毫米×1000 毫米　1/16
印　　张	18.75
字　　数	287 千字
插　　页	1
版　　次	2024 年 7 月第 1 版　2024 年 8 月第 2 次印刷
书　　号	ISBN 978-7-5758-0002-0
定　　价	52.00 元

如发现本书印装质量问题，请向本社出版科（电话：0591-83726019）调换。

序　言

义务教育数学课程标准（2022年版）对中小学数学教学提出了高的要求，更加重视学生数学核心素养的形成与发展。本书《初中数学关键教学点：内涵和实践》，从数学核心素养的形成与发展和数学课程内容的教学实施这两个方面，对初中数学的关键教学点，以及关键教学点的内涵和价值，进行了全方位、多角度的点评、分析、归纳和总结。本书强调初中数学的关键教学点具有"奠基、引领、示范、归纳、启迪"的作用，倡导搞好这些重要"节点"的教学，可以达成初中数学整体学习的一线贯通的效果。本书从核心素养的视角，阐述了相关关键教学点的选择与设计在素养发展中的价值和作用，并给出突破的策略；同时按照教材知识结构体系，从实际教学实践层面，遵循教学顺序对教学内容划分为十个教学单元，对每个教学单元进行关键教学点的分析，并给出具体的实施建议。本书结构严谨，内容丰富，能够很好地助力教师领悟和把握数学本质，在课堂教学中落实数学核心素养，理清数学知识结构体系，增强学生数学思维和学习能力，是一本非常好的教师参考书，相信一定会受到广大教师和学生的欢迎。

目 录

第一章 初中数学关键教学点概述 ………………………………… 1
- 第一节 初中数学关键教学点的内涵和价值 ………………………… 1
- 第二节 初中数学关键教学点的实施范式与思考 …………………… 10

第二章 基于核心素养的初中数学关键教学点及其教学实施 …… 17
- 第一节 符号表达的关键教学点及其教学实施 ……………………… 17
- 第二节 "认识代数结构特征"的关键教学点及其教学实施 ………… 25
- 第三节 "图形直观"的关键教学点及其教学实施 …………………… 31
- 第四节 "空间观念"的关键教学点及其教学实施 …………………… 41
- 第五节 "代数推理"的关键教学点及其教学实施 …………………… 56
- 第六节 "几何推理"的关键教学点及其教学实施 …………………… 65
- 第七节 "数据观念"的关键教学点及其教学实施 …………………… 75
- 第八节 "模型观念"的关键教学点及其教学实施 …………………… 87
- 第九节 "综合与实践"的再理解 ……………………………………… 97

第三章 基于课程内容的初中数学关键教学点及其教学实施 … 107
- 第一节 "数与式"的关键教学点及其教学实施 ……………………… 107
- 第二节 "方程与不等式"的关键教学点及其教学实施 ……………… 125
- 第三节 "函数"的关键教学点及其教学实施 ………………………… 137
- 第四节 "图形认识初步"的关键教学点及其教学实施 ……………… 163
- 第五节 "三角形"的关键教学点及其教学实施 ……………………… 173
- 第六节 "四边形"的关键教学点及其教学实施 ……………………… 183

第七节 "圆"的关键教学点及其教学实施 …………………………… 196
第八节 "图形的变化"的关键教学点及其教学实施 …………………… 206
第九节 "统计与概率"的关键教学点及其教学实施 …………………… 217
第十节 "综合与实践"的关键环节及其教学实施 …………………… 230

附录 ……………………………………………………………………… 244
附录1 初中数学关键教学点目录 ………………………………………… 244
附录2 初中数学关键教学点研究大事记 ………………………………… 247
附录3 关键教学点案例 …………………………………………………… 258
 案例1 关键教学点课例研究 …………………………………………… 258
 案例2 核心素养视域下的关键教学点研究 …………………………… 266
 案例3 把握教学关键 追求自然生长 ………………………………… 274
 案例4 初中数学关键教学点《变量与函数》的课例研究 …………… 280

后 记 …………………………………………………………………… 290

第一章
初中数学关键教学点概述

初中数学知识体系具有渐进性、系统性、逻辑性的特点,强调抽象性与形象性相结合、理论与实践相结合。如果将初中数学知识体系看作一个网状结构,那么关键教学点就是连接数学知识和方法的枢纽,它具有"奠基、引领、示范、归纳、启迪"的作用。把握这些重要节点的教学,可以达成初中数学整体学习的一线贯通的效果。本章将详细阐述初中数学关键教学点的理论以及具体实施范式。

第一节 初中数学关键教学点的内涵和价值[①]

初中数学关键教学点是2013年初由福建省普通教育教学研究室(下文简称福建省普教室)张弘老师首次提出,全省初中数学教师一起参与、边实践边研究的一项教研课题。开展初中数学关键教学点实践研究,可以对一线教师宏观理解数学知识体系,整体把握教材章节内容,落实单元整体教学,实践数学核心素养的培育和发展起到良好的促进作用。

一、关键教学点提出的背景

我国于2001年颁布的《全日制义务教育数学课程标准(实验稿)》推进

---

① 张弘. 单元整体视角下的"关键教学点"的内涵和价值[J]. 福建基础教育研究,2024(7):49-53. 部分内容有删改.

了数学课程教学改革，其主要特点之一是强调过程性目标与知识技能目标并重，10年后修订颁布的《义务教育数学课程标准（2011年版）》（下文简称《课标（2011年版）》）在课程目标中更明确提出"四基"的要求，其中新增加的"基本活动经验"强调在教学目标的指引下，关注过程性的教与学，培养学生的学习能力和元认知能力、提升发现问题解决问题能力、增强学习动机和兴趣以及促进深度学习和终身学习，对学生的成长有着积极的作用。

1. 初中数学课堂教学的主要问题

为了落实课程标准的理念，引导教师更好地关注过程性教学，我们开展了基于标准的初中数学过程性学习模式探究。在实践研究中发现，有些教师的课堂教学内容主要是陈述性知识和程序性知识，对于通过揭示获取知识的思维过程发展学生的能力，通过教学中的体验、领悟、反思的过程揭示获取数学知识的思维过程，则尚未引起足够的重视，甚至还存在着一些错误的做法。在不少的数学课堂教学中，存在轻"过程"而重"结果"的现象，突出表现有以下三个方面：

（1）忽视概念、公式、定理、法则的提出过程，而是把这种过程变为条文加以注释，或只是简单粗浅地揭示概念的过程；

（2）忽视结论的形成过程，把数学学习仅仅当成是利用现成结论去解题，不重视或放弃结论的推导，或者仅把推导看成推出结论不得已而为之的逻辑环节，而不是当成培养学生能力的必要过程；

（3）忽视数学思想、方法的探索及概括总结过程，把有意识、有目的地运用数学思想、方法分析解决问题的过程变成靠生搬硬套的题海战术。

2. 初中数学关键教学点的提出

基于标准的初中数学过程性学习模式研究结果显示：过程性学习是引导学生通过"经历""体验""探索"等过程，真正掌握数学基础知识和基本技能，领悟数学基本思想，积累数学基本活动经验。过程知识才真正是素质教育所不可缺少的富有生命力的"数学素养"[①]。

---

① 李吉宝. 研究数学过程知识 注重过程教学方法[J]. 广西教育学院学报，2003（04）：60-64.

对于"过程性学习的效果是不错的,但是教学时间的限制不允许每个课时都进行这样的实施"的提问让我们陷入深思,"如何将我们的教研成果和课堂教学的实践达成一致性"。2013年初在某海岛开展的一次研究活动中,无意中看到渔民通过牵动渔网网头,逐步拉扯一些关键节点将渔网进行有序有向的收拾整理引发思考:如果将初中数学知识看作一个网状结构,有没有哪些课时的知识像渔网关键节点一样,处于知识网络结构中的节点,具有"奠基、引领、示范、归纳、启迪"的作用。把握这些重要的节点教学,可以支撑整个初中数学知识的学习体系和学习方法策略,于是从教学策略的整体建构上提出"初中数学关键教学点"。经过历时4年的研究和实践,2017年12月在泉州聚龙外国语学校举办的福建省初中数学关键教学点研讨会上,初步确定了62个关键教学点(见附录1),并对每个关键教学点的选择理由进行了充分的讨论,提出实施关键教学点的教学策略,为后续的关键教学点的行动研究提供了指导。

二、关键教学点的内涵

"关键"一词在《现代汉语词典》中的解释是:对事情起决定作用的因素,或可以组成某件事物的最重要部分。关键教学点是指在初中数学教学过程中,某知识内容体系内一个根本的或核心的教学点,它在教学过程起到"奠基、引领、示范、归纳、启迪"的作用[1]。关键教学点是相对的,它会根据教材、教学、学生的不同,有所差异。关键教学点的研究,能够引导教师整体把握数学知识体系,宏观理解教材章节内容,形成系统的、连贯的、逻辑的教学策略体系。加强关键教学点教学,能使学生更好、更快地理解知识、掌握技能、形成能力、提升素养。

1. 对知识积累起奠基作用

关键教学点是初中数学教学中最基本、最重要的内容,它为学生后续的数学知识和技能的学习提供了必要的基础。比如"整式的加减(第1课时)

---

[1] 彭光清. 初中数学关键教学点《变量与函数》的课例研究[J]. 中学数学研究(华南师范大学版), 2017 (04): 12-15.

（合并同类项）"，同类项概念的学习奠定了认识代数结构特征的基础，合并同类项学习对整式运算起奠基作用。关键教学点具有持久性、稳定性和较强的迁移性，可以应用到不同的领域和情境中，为人们理解和解决各类问题提供了普适的思维工具和方法。比如"解一元一次方程（一）（第2课时）"，移项的依据是等式的性质，本质是方程同解原理，移项解一元一次方程注重算理教学，强调创设未知向已知转化的条件以及解法中程序化的思想，为后续解方程、解不等式等学习建立基础。

2. 对能力培养起引领作用

关键教学点的学习能够引导学生建立数学思维，通过思考数学问题的本质和解决方法，发现问题背后的数学结构和思维方式。比如"三角形的内角（第1课时）"，本节课是实验几何向论证几何过渡的标志性课，是学生在图形与几何领域遇到的第一个有完整"已知、求证、证明"的规范的定理证明。回顾小学探索三角形内角和过程本质是引导学生通过添加辅助线将分散条件集中化，并帮助学生确定思考的方向，设计出多种证法。关键教学点引导学生从不同的角度思考数学问题，提出新的猜想、发现新的规律，通过问题分析、建立模型，运用数学工具解决问题。比如"平方差公式"是学生在初中阶段遇到的第一个乘法公式，学生在探究过程中，经历了"归纳→猜想→推理→验证→运用"的知识发生过程，感悟数学结论的一般性，学会研究数学问题的一般方法，为在后续完全平方公式、一元二次方程求根公式等的归纳和逻辑论证的过程中逐渐形成推理能力提供引导作用。

3. 对方法掌握起示范作用

通过关键教学点的学习示范，可以有效地引导学生的数学学习行为，帮助他们理解数学内容、掌握解决一类问题的数学方法，从而促进学生的数学学习和发展。比如"三角形全等的判定（第1课时）"给出探究三角形全等的整体的研究思路，"边角边"的探究是后续几个判定定理的学习样板，教学过程是示范性关键教学点。关键教学点的教学策略在培养学生的实践能力、建立正确行为模式和价值观方面具有重要的作用，所蕴含的方法在数学问题解决中具有普适性，不仅在特定领域具有重要作用，还在其他相关领域或学科发挥一定的价值。比如"正比例函数的图象与性质"，让学生经历"定解析式、画图象、探性质、懂应用"的过程，引导他们感悟从特殊到一般的研究思路，积累借助图象研究函数性质的经验，对后续具体函数的学习起示范作用。

4. 对系统形成起归纳作用

关键教学点促进学生对数学知识的逻辑建构和系统形成。数学的逻辑严谨性主要体现在数学概念的系统性上，后继概念大多是前概念基础上的逻辑建构，个别概念的意义总有部分来自与其他概念的相互联系，或出自系统的整体特征[①]。平行四边形的学习中，所涉及的概念和定理比较多，而特殊平行四边形是平行四边形学习的继续，无论从内容上还是研究图形的方法上，都与已有的经验联系密切。比如"平行四边形章小结课"作为平行四边形最后一节课要帮助学生对平行四边形整章内容及学习方法进行系统整理与归纳，掌握研究一类几何图形的基本方法，形成平面几何学习的基本框架，为后续曲线型的学习提供借鉴。

在关键教学点的学习过程中，引导学生对初中数学系统进行逐步归纳整理，可以更好地理解和掌握数学知识，提高他们对初中数学的整体认识和应用能力。比如，分式的章复习课，既要通过建立如图所示的系统框架对学习内容进行建构，还要分别从概念、性质、运算等方面对分式类比分数的学习方法进行归纳，从具体到抽象、从特殊到一般地认识分式。

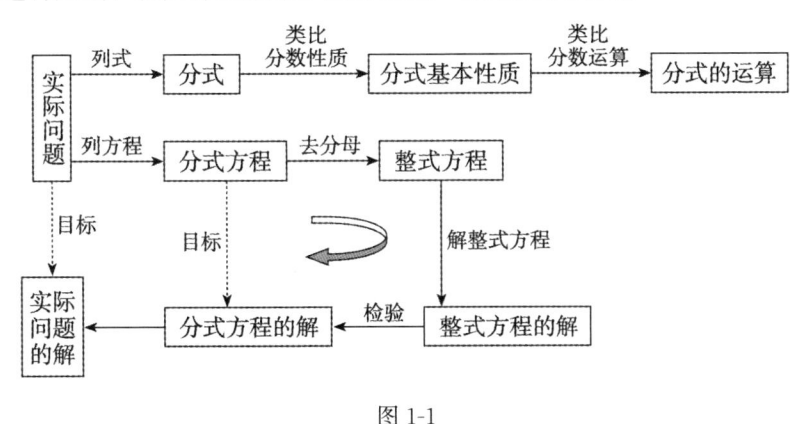

图 1-1

[①] 邵光华，章建跃. 数学概念的分类、特征及其教学探讨[J]. 课程·教材·教法，2009，29（07）：47-51.

5. 对思想领悟起启迪作用

《课标（2011版）》指出，"数学思想蕴含在数学知识形成、发展和应用过程"，一个数学思想的形成需要经历从模糊到清晰，从理解到应用的长期发展过程。关键教学点的学习对学生领悟数学思想有启迪作用。比如"数轴"这节课是初中学生首次经历数形之间相互转化的过程，教学中要抓住点与数的关系渗透数形结合思想，为后续在学习相反数、绝对值、比较有理数大小、表示不等式组的公共解集以及平面直角坐标系等过程中感悟数形结合思想起到开拓作用。关键教学点的学习可以引导学生有意识地感悟数学的基本思想，并在多样化的学习资源和问题解决过程中提高对数学思想的理解。比如，"消元——解二元一次方程组（第1课时）"，学生要理解代入法消元的本质是转化与化归思想，懂得将二元化为一元，为后续进一步学习分式方程、一元二次方程，乃至多元方程、高次方程等奠定思想基础。

三、关键教学点的确定

关键教学点的确定必须围绕初中数学三年的整体课程目标，依托现有教材结构体系，以领域（或整个大单元）内容为研究对象，根植课堂教学实践，结合学生的实际认知水平。主要从以下三个层面进行：

一是对发展学生终身受益的数学素养的节点课；

二是对探索数学知识有示范作用的一些具体操作模式、技巧；

三是与前面知识联系紧密，对后续学习具有重大影响的数学知识、技能。

确定关键教学点过程如图 1-2：

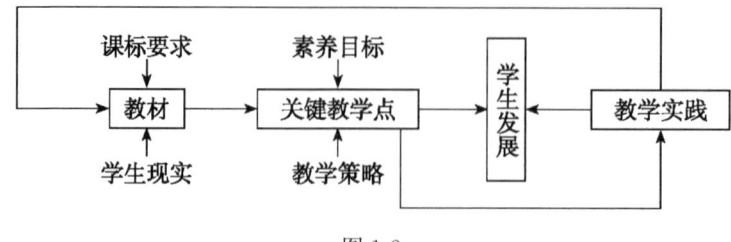

图 1-2

在《义务教育数学课程标准（2022年版）》（下文简称《课标（2022年版）》）的背景下，素养观培育成为关键教学点提炼的一个重要视角。一般，教师可以从以下两个维度来考虑关键教学点的提炼：一是基于"课"的维度，思考"某个关键教学点主要涉及学生哪些核心素养""在这节课中如何发展学生这些核心素养"；二是基于"素养"的维度，思考"在学生某项素养的发展过程中有哪几节课属于关键教学点""这几节课是如何渐进地推动学生该核心素养的发展的"。有时，某个关键教学点可能处于几个素养发展的交汇处。因此我们建议遵循先整体再局部的原则予以考虑，即先从素养维度确定出若干个关键教学点，再针对每个关键教学点进一步分析其所涉及的素养。

关键教学点有别于一个课时的教学关键点，一个课时的教学关键点可以理解为一节课的关键所在，即本课时的重难点，而关键教学点则是一个宏观的概念，它是对教学关键点进行有序有向的整理、归纳，它可以是领域的关键教学点，可以是单元的关键教学点，也可以是章节的关键教学点。

四、关键教学点的价值

初中数学关键教学点实践研究结果显示，初中数学课堂教学有效落实数学核心素养，要求教师对数学知识本质的理解，对知识内在联系的认识和整体把握。通过教学不仅需要学生了解一个数学研究对象是怎么获得，还要学习如何对它展开进一步研究。初中数学关键教学点教学有助于学生整体理解一类知识内容，形成知识与方法的迁移，达到充分发挥教师主导作用，引导教师深入理解学科特点、知识结构、思想方法，科学把握学生认知规律，上好每一堂课[①]的目的。

1. 助力教师把握数学本质，落实初中数学核心素养

初中数学关键教学点确定，要求教师准确理解数学课程理念，落实核心素养导向的课程目标，通过初中阶段数学学习，学生要发展"三会"，获得"四基"，提高"四能"。要对各领域内容教学进行结构化重组和部分内容的调

---

① 中共中央 国务院关于深化教育教学改革全面提高义务教育质量的意见[Z]. 中发〔2019〕26号，2019-06-23.

整，使概念与概念的性质、运算或者关系有机结合，有利于实施以核心素养为导向的教育教学。比如，"数与式"这个主题的教学主要围绕数与式的有关概念、数与式的运算及数与式的应用三个部分展开，培养学生的抽象能力、运算能力、模型观念，发展几何直观和推理能力。其中，选取数轴、绝对值等课引导教师如何在概念教学中培养学生抽象能力；选取"有理数的加法（第1课时）""有理数的混合运算"和"平方差公式"等课，引导教师在规则的学习、运用与选择的教学中，通过运算程序的归纳及技能固化和根据代数结构特征选择合理的路径实施运算，将教学聚焦数学核心知识，指向数学本质[①]，达到培养学生抽象能力和运算能力的目的。

实践研究改变了教师"课课都是重点，每节课平均用力"等与课标理念背道而驰的现象，帮助教师把握整个领域（单元）的教学目标，明确每节课教学目标，使教学过程目标更加明确、具体、可操作，更好地组织教学，创设教学主线清晰、重点突出，有效实现教学目标的课堂，促进学生构建完整的知识体系，发展数学核心素养。不难看出，关键教学点的研究与《课标（2022年版）》确立核心素养导向的义务教育课程目标，重视单元整体教学设计理念不谋而合。

2. 带动教师整体把握教材，理清数学知识结构体系

关键教学点研究要求教师理解数学知识的逻辑结构，梳理知识结构体系，领会教材的编写思路和特点，整体把握教材章节内容，对处于知识网络结构中"节点"位置的课花大力气、下重功夫教学。比如，方程是数与代数领域"方程与不等式"主题下的一个模块。教师要理清方程、不等式和函数之间的联系与区别，教学时，要让学生懂得它们都是刻画现实世界中数量关系的重要模型，方程和不等式是函数的局部，它们之间不仅联系紧密，而且在一定条件下可以相互转化。从教材编排内容来看，依学习先后顺序主要包括一元一次方程、二元一次方程组、分式方程和一元二次方程四个单元，每个单元按照"懂方程、解方程、用方程"的逻辑关系编排。就解方程而言，等式基

---

① 郭衎，史宁中. 综合与实践：从主题活动到项目学习[J]. 数学教育学报，2022，31（5）：9-13.

本性质和转化思想是求解方程的关键"钥匙"。从方程知识体系内部来看，解一元一次方程是整个解方程教学的基石，而掌握二元方程的"消元"，分式方程的"去分母"，二次方程的"降次"又是各单元的关键教学点。

实践研究过程中，教师认识到初中数学教学活动的每个领域（单元）中，存在必须要让学生理解、掌握的核心知识技能和关键数学能力，是该领域（单元）范围的主体内容与知识主干，在整个学习活动链条中起到关键的纽带作用。

3. 引导教师开展教学思考，提高课堂教学的有效性

关键教学点研究立足课堂教学，针对存在的"教教材""教考题""教教辅"的不良现象，提出教学"回归课标，明确数学教育价值，领悟课程理念；回归教材，厘清数学结构体系，把握数学本质；回归课堂，落实核心素养，提升教学效益"。引导教师学习课标，正确理解数学教材为学生的数学学习活动提供了学习主题、知识结构和基本线索，是实现数学课程目标、实施数学教学的重要资源。解决的是"教什么"问题，而关于"为什么教""怎么教""为什么这样教"，需要教师进一步地思考研究。

如，三角形是一种基本的几何图形，是最简单的封闭的直线型图形，教学内容分布在"图形的性质"和"图形的变化"两个主题中，具体内容分解在不同章节中。为了更好地引导学生系统学习三角形，形成研究平面几何图形的基本思路，有效地促进推理能力的发展，我们将"三角形"划分为三角形的再认识、图形间的数量关系、特殊三角形三个子单元，确定"三角形的内角（第1课时）"等六个关键教学点，提出实施策略意见。

对如何发展学生抽象能力，指导教师以"认识代数结构特征"作为主题，将其分为认识元素、体会价值、理解结构、主动运用四个节点，再在每个节点中确定关键教学点，对关键教学点予以重点用力，通过整体把握、连贯教学，促进学生对代数结构特征的认识。

通过研究改变教师教学中普遍存在的凭经验进行"有方法无依据"的现象，懂得"用理论指导教学"。改变目标教学只关注细节，很少考虑整体；只关注每一节课的教学目标，较少整体关注单元目标及其分解，学习存在碎片化与平均用力；只重视学生进行局部的思考，思维缺乏主动性，对学生的关

键能力培养不足等情况。理解初中数学结构是一个有机的整体，知识内容具有内在的逻辑体系，思想前后连贯保持一致性，方法讲求普适性，思维通过不同课时的学习逐渐形成完整的系统。

4. 增强学生数学学习能力，促进学生学会深度学习

关键教学点实践要求课堂教学要促进学生对数学知识的本质理解，树立"整块"的大单元的概念，在大观念引领下促进对知识内在联系的认识和整体把握。

关键教学点实践强调学生在教师创设问题情境引领下，积极参与有意义的数学学习过程。在学习过程中，让学生在数学关键知识的学习中渐次达到三个层次：认识，知道这样做；领会，会做同类的问题；拓展，会处理新问题，最后初步建构数学知识体系。

关键教学点的教学是基于学生的年龄特点、心理特征、认知水平，顺应数学知识的发生、发展过程，由简单到复杂，由具象到抽象，由感性到理性，由一般到特殊，由定性到定量，由静到动，由形到数，由数到形……其中体现着情境真实化、任务驱动型、项目式的学习与研究过程，从而培养核心素养，推动落实立德树人的根本任务。

第二节　初中数学关键教学点的实施范式与思考[①]

一、关键教学点的实施范式

初中数学关键教学点提炼，一般按照分析关键点、突破关键点、反思关键点三个环节实施，以"有理数的加法（第1课时）"为例具体说明。

1. 分析关键点

分析关键点，是指从数学知识的整体性和数学教学的全局观出发，确定

[①] 张弘，胡鹏程. 素养观下初中数学关键教学点的教学范式与思考[J]. 福建教育，2023（15）：49-51. 部分内容有删改.

哪些课是初中数学的关键教学点，并阐述其被赋予"关键"名义的理由。这个环节可以理解为对教材分析的升级，因为它需要综合考虑知识、技能、思想、学法、素养等方面，尤其强调整体性。分析关键点是关键教学点实施的前提条件。

"有理数的加法"一课的具体分析过程如下：

（1）具备知识的基础性。乘法可以看成加法的升级，减法与除法则是加法与乘法的逆运算，可以分别转化为加法和乘法，因此加法是运算的基础，是研究运算的起点。

（2）具备素养的发展性。初中"数与代数"领域包括数与式、方程与不等式、函数三个主题，每个主题的学习都离不开运算，运算是"数与代数"领域的核心内容，贯穿了整个"数与代数"领域的学习，它是发展运算能力的一个重要途径。运算能力作为数学核心素养之一，它的发展要建立在"理解运算对象、运算律和运算法则的关系"基础之上。

从数系扩充的角度看，学生从小学到高中，将遇到四次数系的扩充，分别是从自然数到非负数，从非负数到有理数，从有理数到实数，从实数到复数。数系的每次扩充都是伴随着实际生产生活需要和数学内部发展需要，其中，数学内部发展是为了满足数学运算的封闭性，需要引入新的数。数系扩充后所面临的主要问题是定义运算法则、研究运算律。有理数的加法，是数系扩充学习中的一个重要节点，它是对小学阶段自然数扩充到非负数的总结，它能提炼出数系扩充之后的研究思路，为后续有理数扩充到实数以及高中阶段实数扩充到复数的学习提供示范。

从数与式联系的角度看，代数式的运算对于数的运算既有依赖性，又有扩展性。具体而言，人们对数进行一般化得到代数式，建构代数式的概念后开始研究代数式的运算，随后掌握运算法则和运算律，通过运算法则和运算律又得到数式通性，掌握式子变形、化简的技巧。数的学习为式的学习提供了可类比的参照，如，人们定义整式的概念后就可以类比有理数的加法运算进行合并同类项的学习。

教材为"有理数的加法"安排了两个课时：第1课时学习法则，第2课时讨论运算律。考虑到运算法则和运算律是运算研究的两个重要组成，实际教学时，教师可以对教材进行整合处理，将"有理数的加法"作为一个整体进行教学，并确定其为初中代数教学的一个关键教学点。

2. 突破关键点

突破关键是实施数学关键教学点的核心。有理数是学生进入中学以后接触的首个数系扩充内容，有理数的运算是数系扩充后学生不可回避的重要问题，而有理数的加法既是有理数运算的起点，又是学生运算能力发展的一个重要节点。本课，教师应该围绕"数的范围扩大之后该研究什么"和"有理数的加法具体如何研究"两个核心展开设计、实施突破，做到一"问"一"探"。

环节1 "问"要明确方向。

问题1 同学们，引入负数之后，数的范围扩充了，我们已经学习了有理数及其一些相关概念，你认为接下来我们应该研究什么？

深度分析 其一，学生虽然在小学阶段已经历过数系的扩充（从自然数扩充到非负数），但受学习能力及水平的限制，只停留在感受阶段，无法提升到理性认识层次，尚未形成研究思路。提出问题1，教师意在引导学生回顾、类比已学知识，初步建构数系扩充后的研究思路。其二，从类比的逻辑关系看，学生遇到"目标问题"后才会根据知识的联系寻找与之相近的"源问题"，从而确定解决方案。本问题中的"目标问题"是"数的范围扩充后该研究什么"，"源问题"是"自然数扩充到非负数之后的研究思路"。如果将问题1改为"类比小学自然数扩充到非负数之后的学习，你认为接下来我们该研究什么"，则不符合类比的逻辑关系，或者说是一种牵着鼻子走的假类比，不利于学生主动类比意识的形成。

问题2 大家参照自然数扩充到非负数之后的学习，得出"引入负数后要研究运算"，能否进一步明确研究方向，即明确"运算什么""从哪里开始研究"？

深度分析 问题1只为引出学生大概的想法，问题2则希望学生通过继续类比，得出一个较为清晰的研究思路（如图1-3），明确研究方向。借助问题1、2，教师基本可以突破"数的范围扩大之后该研究什么"这一核心。顺便指出，学生这一研究思路的形成对后续实数乃至复数的学习有着深远的意义，能够为后续学习提供类比的依据。

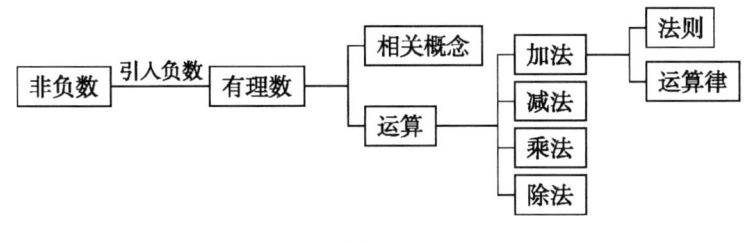

```
非负数 —引入负数→ 有理数 ┬ 相关概念
                        └ 运算 ┬ 加法 ┬ 法则
                               │      └ 运算律
                               ├ 减法
                               ├ 乘法
                               └ 除法
```

图 1-3

环节 2 "探"要引导探究

问题 3 参照小学数的运算的学习，我们将从加法开始学习有理数的运算，并且明确研究加法的法则和运算律。那么，关于有理数的加法法则，具体该怎么研究呢？

问题 4 能否从刚才的运算过程中总结规律，并得出有理数加法的法则。

深度分析 设置问题 3，教师意在引导学生分析、探究，逐次得到以下心得：(1) 有理数中正数及 0 的加法运算小学已经学过，引入负数后，其实只需要考虑涉及负数的加法运算；(2) 类似非负数的加法运算，我们从最简单的两个数的加法运算入手研究；(3) 只有两个数又要涉及负数，那就只有"负数＋负数""负数＋正数""负数＋0"三种情形，借助数轴研究上述的三种情形，可归纳出有理数加法的法则。问题 4 旨在引导学生从绝对值、符号两个方面寻找规律，抽象规律形成法则，并将之作为今后运算的依据。

3. **反思关键点**

反思是任何一节课不可缺少的环节，关键教学点的实施同样需要反思，只不过这里的反思强调关键、突出素养，即从发展素养的角度反思教学设计是否服务于"关键"、教学过程是否突破"关键"。

如前所述，本课以数系扩充后的教学内容和思路的研究为线索，在突出运算能力的基础上，通过在"问""探"两个环节中设置问题激发学生思考、安排活动引导学生探究，培养学生的推理能力和抽象能力。

（1）运算能力。本课不以训练计算为目标，只是在归纳出加法法则之后安排以理解法则为目的的简单计算。不过，经历数系扩充之后的研究并提炼研究思路，这一过程对于发展学生运算能力具有不可替代的作用。

（2）推理能力。本课中至少有三处设计关注了学生推理能力的发展：在"问"这个环节中，通过问题1和问题2，让学生类比小学非负数运算的学习经验，得出学习有理数概念之后的研究内容和研究思路；建立数学模型、借助数轴解释"负数＋负数""负数＋正数""负数＋0"三种情形的结果，并由此归纳出有理数加法的法则；通过具体数字的验证知道小学所学的加法交换律和加法结合律同样适用于有理数。第1处设计属于类比推理，第2、3处设计属于归纳推理。

（3）抽象能力。在探究加法法则的过程中，教师引导学生从绝对值和符号两个方面观察加数与和的关系，并由此概括出有理数加法的法则。学生需要从杂乱无章的等式中抽象出数的绝对值和符号，从众多结果中再次抽象出规律并最终得到法则。可以说，抽象数量关系、抽象法则正是发展学生抽象能力的两个重要途径。

在素养发展性方面，"有理数的加法（第1课时）"的教学对后续实数的学习存在着积极的意义。在引进无理数的概念后，数的范围从有理数扩充到实数，此时教师不必再像研究有理数的加法那样一步一步地走，可以让学生借助有理数学习的经验，明确数系扩充后的整体学习内容。教师引导学生通过类比，得出"有理数关于相反数和绝对值的意义同样适用于实数"以及"在进行实数的运算时，有理数的运算法则及运算性质同样适用"的结论。这样做，体现了"有理数的加法（第1课时）"关键教学点实施所带来的教学效益，更是对教学的宏观把握。

二、关键教学点的实践思考

知识的传授有赖于教学知识、技能与理念。教学知识与教师的教学理论功底密切相关，教师可以通过学习与研究不断掌握新的教学知识与方法；教学能力往往体现在是否有较强的教学设计与实施能力，是否关注学生学习进程，是否能通过反思总结经验并改进教学方式等方面；教学理念是可贯通应用的将促进深度学习，使教学成为有目标、有逻辑的策略行为，明确学科文化育人的原理与实施要则。初中数学关键教学点的理论是在多年研究、思考、实践中不断发展，并最终提炼而成的。参与关键教学点的研究，教师可以通过检视个人知识储备，看是否了解学习理论的核心要义，理解教育心理学、教育评价等方面的知识与方法，掌握讲授法、讨论法、实验法、发现法等教学方法的要则；参与关键教学点的实践，教师可以自我观察或参考调查、评价反馈信息，判断自己是否依据学情进行教学设计与实施，看自己是否实施了促进深度学习的教学策略，并善于以数学文化中的精神与思想观念育人。

1. "关键"是关键教学点的根本

只有符合奠定基础、提炼方法或引领示范等标准的课才算关键教学点，"关键"是这些课的根本，它在学生的学习过程中发挥着不可替代的作用。例如，"有理数的加法"这节课，为有理数运算奠定了基础，后续的有理数减法运算、乘法运算、除法运算均可以类比学习。可以说，"有理数的加法"为数系扩充的内容学习提供了示范。

在具体实践过程中，教师要避免出现"分析关键点头头是道，突破关键点半途而废"的现象。具体来说，关键教学点的设计要紧紧围绕"关键"展开，研究"内容为什么关键""如何突破关键"。本节课淡化法则得出后的计算训练，把重心放在"数的范围扩大之后该研究什么"和"有理数的加法具体如何研究"两个问题上，就很好地体现了对"关键"的突出。

2. 素养是关键教学点的核心

《课标（2022年版）》的出台，标志着义务教育阶段核心素养概念的正式落地，素养理所当然应成为关键教学点的核心。本课中，如果把"引入负数之后，数的范围扩充了，你认为接下来我们应该研究什么"改为"类比小学自然数扩充到非负数之后的学习，你认为接下来我们该研究什么"，或者直接给出研究的方向以及思路，虽然突破了"关键"，但忽略了对素养的关注，学生缺失了一次可能形成主动类比意识的机会。

虽然素养是关键教学点的核心，但一节课不可能也没必要做到面面俱到。很多课，细究起来会涉及多个核心素养，在实际教学中，教师要在关键点分析的基础上找核心素养，贪多、求全反而会导致顾此失彼或重点不突出。

3. 发展是关键教学点的目标

关键教学点的研究和实施，既能促进教师的教学研究，又能促进学生的自主发展。

分析关键教学点，教师须具有全局的意识、单元教学的意识以及主题学习的意识。以人教版初中数学教材为例，"有理数加法（第 1 课时）"以及"实数（第 1 课时）"是学生理解数系扩充的两个节点，所以，我们可以将它们作为初中代数教学的两个关键教学点。

关键教学点的确定，要考虑与前面知识的联系、对后续学习的影响、对学生素养发展的促进等问题，能促成以学生发展为终极目标的教学范式。由此来看，关键教学点实施的最终受益者是学生。

第二章
基于核心素养的初中数学关键教学点及其教学实施

按照《课标（2022年版）》所确定的义务教育阶段初中学段的素养发展目标，为分阶段落实指向核心素养的教学目标，本章从具体内容和核心素养主要表现的关联考虑，选择九个专题。各专题从单元整体的角度分别阐述相关关键教学点的选择与设计在素养发展中的价值和作用，并给出突破关键教学点的策略。由于"综合与实践"在发展学生"四能"的独特价值，本章从学习的视角提出了"再理解"，行文格式与其他八个专题有所不同。

第一节　符号表达的关键教学点及其教学实施

一、符号表达的内涵

现代数学逐渐走向符号化、形式化，符号既是数学的语言，也是数学的工具，更是数学的方法。数学学习不可避免地与符号打交道，认识符号、使用符号构成了学生数学学习的重要内容。

从核心素养的阶段性来看，初中阶段的抽象能力，在小学阶段分解为数感、量感和符号意识。符号意识是感悟符号的数学功能，是形成抽象能力和推理能力的经验基础。我们知道，能力的发展不是一蹴而就的，学生从符号意识发展到抽象能力，需要经历一个漫长的过程，在这个过程中，学生需要在小学的基础上进一步学习新的符号，并不断借助符号观察现实世界、用符号进行数学思考，即进行符号表达。

符号表达，主要指运用符号表达数、数量关系和变化规律等数学对象，运用符号进行运算和推理。符号表达是数学思考的形式，是以数学符号作为媒介，进行数学思考、数学表达的数学能力。

学生在小学阶段，主要通过在"数与代数"领域中的学习，认识并使用一些简单的、基本的数学符号，初步形成符号意识。初中阶段的数学学习将进一步符号化，学生将具体的数字符号化成字母，进行一般的数量关系的表示、运算、推理，由此步入真正意义上的代数学习；从用符号表示小学学过的直线、射线、线段以及角开始，在"图形与几何"领域的学习中，学生不断学习用符号表示几何对象，用符号表示图形间的位置关系和数量关系，并使用符号表达推理过程。初中阶段，符号表达主要表现在以下三个方面。

1. 用符号表示数量关系

理解代数是算术的一般化，能用代数的方法解决问题[1]。在具体问题中，用方程、不等式或函数表示相应的数量关系，能用字母系数表示一般的方程、不等式以及函数关系，并能给出一类方程、不等式的解。

2. 用符号进行运算

包括公式的变形，代数式的化简、恒等变形，方程与不等式的同解变形。

3. 用符号表示推理过程

理解符号的意义，能在推理过程中正确地、合理地使用符号。《课标（2022年版）》指出初中阶段"数与代数"领域的数与式、方程与不等式和函数三个主题是学生理解数学符号，以及感悟用数学符号表达事物的性质、关系和规律的关键内容，是学生感悟用数学的语言表达现实世界的重要载体。鉴于此，本章主要关注"数与代数"领域中的符号表达。

二、符号表达的关键教学点实施

1. 教学分析

从能力发展的进阶性的角度考虑，我们将符号表达划分为两个阶段，第

---

[1] 史宁中，曹一鸣. 义务教育数学课程标准（2022年版）解读[M]. 北京：北京师范大学出版社，2022.

一阶段为会形式上用符号表达，第二阶段为能主动用符号表达。

会形式上用符号表达，这一阶段主要涵盖《有理数》《有理数的运算》《代数式》和《整式的加减》四章的教学。在《有理数》和《有理数的运算》教学中，学生通过有理数的基本概念以及运算学习正号、负号、绝对值符号、乘方符号等数学符号；在《代数式》和《整式的加减》教学中，学生使用字母符号进行加、减运算。但这个阶段，学生的使用符号只是一种简单模仿，尚未真正理解符号的意义，属于机械操作阶段。

从《一元一次方程》开始，学生将进入能主动用符号表达的阶段，并主要通过《一元一次方程》《实数》《二元一次方程组》《不等式与不等式组》《整式的乘法》《因式分解》《分式》《二次根式》《函数》和《一次函数》等章的学习实现本阶段的发展。除了继续学习使用字母符号进行乘、除运算之外，学生将学习"用方程表示等量关系""用不等式表示不等关系"以及"用函数表示变量关系"。与前一个阶段的机械模仿不同，能主动用符号表达，存在着主动的意愿，即该阶段的学习中，学生只有正确地分析具体情境中的数量关系，并主动选择恰当的未知数或变量，才能清晰、无误地列出方程、不等式或函数。

2. 关键教学点分析

符号表达是一种能力、一种素养，因此，我们从发展数学核心素养的角度确定出"乘方（第 1 课时）""列代数式表示数量关系""整式的加减（第 1 课时）""实际问题与一元一次方程（第 1 课时）"以及"反比例函数的图象和性质（第 1 课时）"分别作为对应会形式上用符号表达和能主动用符号表达两个阶段的关键教学点。具体分析如下。

乘方是学生进入初中之后所遇到的第一个新的运算，这就不可避免地涉及到新的运算符号。有别于小学阶段加、减、乘、除等运算的学习，"乘方（第 1 课时）"是学生理性地思考对新运算的符号规定的必要性和合理性。虽然，大多数学生对于乘方的符号只是模仿记忆，停留在会形式上用符号表达的层面，但本节课引导学生分析新的运算需要引入新的符号，已隐含了主动用符号的意愿，具有一定的思想启迪性。

在"整式（第 1 课时）"的教学中，学生分析实际问题中的数量关系，并尝试用字母表示数量关系，同时也学习用整式书写、表达的"规矩"。本节课是学生系统学习用代数式表示数量关系的起始课，自然也是用符号表示数量关系的起点。本节课的学习为后续用方程、不等式、函数表示数量关系，发挥了引领示范作用。

整式的加减运算是代数式运算的学习起点，也是用符号进行运算的能力发展点。在"整式的加减（第1课时）"这节课中，学生通过类比数的运算来学习整式的加减运算，既可加深其用符号表示数量关系的理解，也奠定了用符号进行运算的基础，更为后续学习方程、不等式乃至函数的运算，提供一定的知识储备。

"实际问题与一元一次方程"所关注的是如何用方程解决实际问题，其中一个重要点是：在解决一些实际问题时，把未知量用字母表示后，可以直观地表示出问题中的等量关系，再通过符号运算就可方便地求解问题。这里所说的"把未知量用字母表示"应具有明显的主动性，因此"实际问题与一元一次方程（第1课时）"是学生进入能主动用符号表达的阶段的一个明显的节点。

"反比例函数的图象和性质（第1课时）"让学生由解析式验证反比例函数的增减性，就是用符号表示推理过程。本节课的验证环节，不仅为高中阶段从数的角度研究函数性质提供示范，更对学生符号表达能力的发展起重要的推动作用。

3. 突破关键教学点的策略

以下我们简要呈现突破五个关键教学点的策略。

（1）引导学生体会意义。引入新的运算，必然要涉及运算符号的学习和运算性质的研究。对于运算符号的教学不能只关注符号的形式特征，还应让学生知道符号和运算之间存在联系，引导其体会符号产生的必然性以及规定符号的意义。

教师在实施"乘方（第1课时）"教学时，可以针对乘方符号的生成设置以下问题。

问题1 边长为3 cm的正方形的面积等于多少？请列出算式；棱长为1 cm的正方体的体积呢？

问题 2 以上的两个算式，每个算式中的各个乘数都相同。实际上，数学中还会遇到乘数相同的乘法运算，如果相同的乘数的个数太多，书写起来就不方便了，比如 $(-2)\times(-2)\times(-2)\times(-2)\times(-2)\times(-2)$。多个相同的数进行加法运算时，为了方便书写，我们引入了乘法，那么各个乘数相同的乘法运算是否也可以有类似的方法呢？请给出自己的想法或解决方案。

问题 3 经过讨论，大家对以上具体的情形给出了解决方案，把 3×3 记作 3^2，把 $1\times1\times1$ 记作 1^3，把 $(-2)\times(-2)\times(-2)\times(-2)\times(-2)\times(-2)$ 记作 $(-2)^6$。那么，请给出一般化的表示。

教师创设情境、提出问题，学生在书写方便的驱动下，积极思考，通过类比乘法的表示法，解决问题，初步得到乘方的形式特征。需要指出的是，问题 3 很重要，其目的是引导学生抽象出乘方的符号。学生经历分析问题、解决问题以及数学抽象的过程，在一定程度上再现了乘方的概念及其符号的形成。

（2）指引学生感悟价值。由以往教学的经验看，不少学生对于实际问题难以列出方程、不等式、函数关系。一个重要原因是：学生不易把握实际问题中的数量关系，难以用字母表示数量和数量关系。我们设置该节点，正希望解决这一问题。教学设计上，我们把目标确定为指引学生感悟字母表示的价值。

教学"整式（第1课时）"，首先，教师应提供大量有实际背景的问题，而且在这些实际问题中，都有一些量用字母表示，让学生用字母表示指定的一些量，并能列出整式；其次，教师给出一些整式（如 $2x+3$，$2m^2-4$ 等），让学生用实际背景解释这些式子。

教学过程注意把握好"多"和"慢"两个原则。"多"指的是实例多，实例多便于抽象共同属性；"慢"即教学节奏慢，慢工出细活，慢节奏为学生的感悟提供机会。通过正向和逆向的，足量的，适当节奏的活动，让学生知道用字母可以表示数，字母和数一样可以参与运算，用字母可以表示一类问题，用字母表示数之后，可以用式子把数量关系简明地表示出来，从而让学生感悟字母表示的价值。

（3）促进学生理解运算。数式通性是类比数来学习式的重要依据，教学中应特别关注这点。教师设计符合生情和学情的活动，引导学生通过类比数的学习，知道整式同样可以进行运算，而且同样要研究运算法则和运算律。

教学"整式的加减（第1课时）"，不妨提供以下2个探究：

探究1 计算：①$2\times37+2\times63$；②$2\times(-135)+2\times35$。

探究2 计算：①$37a+63a=(\quad)a$；②$2x^2+3x^2=(\quad)x^2$；③$4mn^2-6mn^2=(\quad)mn^2$。

在探究1的铺垫下，学生不难完成探究2，教师还需乘势而为地追问以上计算的依据，使得计算结果有明确的算理算法的支持。只有通过自己悟出来的道理才能根深蒂固地留在大脑深处，才能真正算得上是"学会"，因此，类比数的运算实现理解式的运算，可以有效帮助学生形成用符号进行运算的能力。

（4）帮助学生转变观念。能主动用符号表达对学生的符号表达能力提出了更高的要求——不仅要会运用，还要有主动意识。受抽象能力发展水平的影响，学生在之前的学习过程中主要从模仿的层面认识符号、使用符号。要有效地帮助学生转变观念，由被动使用符号转变为主动使用符号，需要创造认知冲突，激发他们使用符号的需求。

《一元一次方程》这个章节大致分为两个部分，第1—3节研究一元一次方程的解法，第4节学习用方程解决实际问题。虽然教材在第2、3节中也安排了实际问题，但列方程不是目的，研究方程的解法才是重点，教材把列方程的教学任务安排在第4节进行。列方程解决实际问题的重点有三个，分别是：确定合适的未知数，找出等量关系，根据等量关系列出方程。确定合适的未知数，即用字母表示未知量的关键点正是能主动用符号表达。无论是从教或学的层面，对于帮助学生转变使用符号的观念，"实际问题与一元一次方程（第1课时）"都是一个适宜的节点。因此，本课时例题教学的一个关注点要放在如何让学生自主提出用字母表示未知量。以下列实际问题为例，我们进行具体说明。

某车间有22名工人，每人每天可以生产1200个螺柱或2000个螺母。1个螺柱需要配2个螺母，为使每天生产的螺柱和螺母刚好配套，应安排生产螺柱和螺母的工人各多少名？

①让学生分析数量关系，引导其找出以下等量关系：生产螺柱的工人数＋生产螺母的工人数＝22，生产螺母的工人数×2000＝生产螺柱的工人数×1200×2。

②教师提出问题：为了解决问题，需要将上述两个等量关系做进一步整理、合并，该怎么办？引导学生思考后得出结论：引入字母，将其中一个量用字母表示，让字母参与运算，可以对式子进行整理。

③"引入字母，可以对式子进行整理"这或许还只是一个模糊的想法。教师进一步追问：对数量关系可以如何更加有效地整理、运算？学生可以交流讨论，表格应该是其中一种较为理想的呈现方式。使用表格呈现数量关系，具有一定的直观性，表格同时也是符号表达的一种形式。

特别需要指出的是，有些教师在题目呈现之后，直接给出"设安排 x 名工人生产螺柱"，让学生用 x 表示生产螺母的工人数、每天生产的螺柱总数量和每天生产的螺母总数量。这样做，貌似降低了列方程的难度，但同时也抹杀了学生用字母表示量的自主的意识，在一定程度上阻碍了他们想用符号表达能力的发展。

当然，学生通过一元一次方程、二元一次方程组、分式方程、一元二次方程等内容的学习，不断发展他们用方程表示等量关系的能力；通过一元一次不等式的学习，体会用不等式表示不等关系；在一次函数、二次函数以及反比例函数的学习中，进阶地学会用函数表示变量关系。随着学习的不断深入，学生的符号表达能力也将得到不断发展，并逐渐成熟。

(5) 促进学生发展能力。如前所述，用符号表示推理过程是符号表达的一个方面。学生用符号表示推理过程，需要理解符号的意义，能在推理过程中正确、合理地使用符号。

在"反比例函数的图象和性质（第 1 课时）"教授函数增减性这个环节时，根据一次函数、二次函数学习所积累的经验，学生容易通过观察图象得到反比例函数的增减性。教师可顺势提问：请你们由函数的解析式说明这些结论。这个问题有一定难度，教师可将问题继续细化：①如何进行一般性的说明或证明？②从"数"的角度，如何刻画增大或减小？③"在每一个象限内"该如何体现？④y 随 x 的增大而减小（或增大），这里的"随"怎么理解？⑤根据以上分析，写出已知和求证。通过问题细化，学生有了思考的方向和落脚点，在教师帮助下整理出推理过程：设 (x_1, y_1) 和 (x_2, y_2) 为 $y=\dfrac{k}{x}$ $(k>0)$ 图象同一支上任意两点。当 $x_1<x_2<0$ 时，$y_1-y_2=\dfrac{k}{x_1}-\dfrac{k}{x_2}$ $=\dfrac{k(x_2-x_1)}{x_1 x_2}$。因为 $x_1<x_2<0$，所以，$x_1 x_2>0$ 且 $x_2-x_1>0$。又因为 $k>0$，所以 $\dfrac{k(x_2-x_1)}{x_1 x_2}>0$，即 $y_1>y_2$；同理可证，当 $0<x_1<x_2$ 时，$y_1>y_2$。从而 $y=\dfrac{k}{x}$ $(k>0)$ 在每一象限内，y 随 x 的增大而减小。

上述证明是典型的代数推理。代数推理注重运用代数规则和运算法则进行变形与转化，通过符号运算[①]来完成推理。用符号表示推理过程，在发展学生符号表达能力的同时，对他们推理能力的发展也是一种促进。

三、实践思考

1. 符号表达对抽象能力的形成与发展发挥重要作用

符号表达有助于学生模型观念、抽象能力等核心素养的发展，尤其对抽象能力的形成与发展发挥重要作用。在教学中，教师应注意做到两个关注：关注符号的抽象过程，关注学生的主体地位。

学习一个数学对象的符号表示并不是简单地告知或规定。首先，数学是说理的学科，数学中的所有规定都有其合理性的一面，如，可以先让学生讨论交流，提供自己对某个数学对象的表示法，然后再由教师介绍历史上数学家对该对象的符号使用，通过适宜方式让学生明白为什么要给出符号表示以及这种表示的合理性。其次，与概念一样，符号的学习也是一个抽象的过程，从大量具体事例中抽象属性，归纳共性，用符号表示一个数学对象，并通过重复性的操作理解符号的意义，而且学生对符号的理解往往呈现先过程再对象的二重性，比如对于 $\sqrt{a}$，初学者习惯上将它看成求 a 的算术平方根的运

[①] 曾志勇，张弘. 代数推理关键教学点的实施与思考[J]. 福建教育，2024（07）：48-51.

算，随着学习的深入，则将它理解成一个实数，当作结果看待。因此，教师要通过"讲道理""重过程"等形式关注符号的抽象。

符号学习的主体是学生，要想有效发展学生的符号表达能力，教师应站在学生的角度思考问题，通过教学引导学生有想主动用符号表达的愿望，创造性使用符号表达数学问题。

2. 图形与几何中符号表达的培养可参照数与代数领域的做法

在图形与几何中，学生同样遇到大量的符号的学习，如，线段、角等几何元素的表示，垂直、平行、全等、相似等几何对象之间位置关系或数量关系的表示，又比如，在平面直角坐标系中用坐标刻画几何图形的位置，不仅是初中几何学习中符号表达的具体体现，也为后续用向量、矩阵等方法分析、思考解决几何问题奠定基础。教师可参照数与代数领域中的做法，培养学生在图形与几何领域中的符号表达，使得图形与几何中的符号学习和数与代数领域中的符号学习相互作用、相辅相成。

第二节 "认识代数结构特征"的关键教学点及其教学实施[①]

一、代数结构特征的内涵

代数结构的核心是关系、形式。初中阶段，代数结构特征主要包含未知数的个数、项数、次数、系数、运算对象、运算符号、运算形式等信息，它是对"式"下定义、作分类以及研究"式"运算的重要依据。从代数结构的角度研究"式"的构造、变形和应用是中学代数教学的一项重要内容（代数推理的重要支撑）。这里所说的"式"，是指代数式、等式、不等式、函数关系式等。

认识并运用代数结构特征，学生可以较好地形成代数结构感。何为代数

[①] 胡鹏程，张弘. 关注代数结构特征，促进代数思维发展——"认识代数结构特征"关键教学点教学实践 [J]. 福建教育，2023（28）：47-49. 部分内容有删改.

结构感？它是一种包含程序性操作在内的综合能力。具有代数结构感的学生，能熟练地运用已学的"代数技术"程序化地解决常规性问题，即便遇到一些复杂的非常规性问题时，也能识别出问题中隐藏的"结构"，灵活地使用表达式的等价结构予以解决。这里需要强调，代数结构特征是学生进行"式"的转化与化归的重要依据，也是学生解答代数问题的关键之所在。

二、"认识代数结构特征"的关键教学点实施

1. 教学分析

教材基于教学整体性的考量，将"认识代数结构特征"分两个阶段安排。

第一阶段，引导学生形成意识。这一阶段主要涵盖《整式的加减》《一元一次方程》《二元一次方程组》《不等式与不等式组》等章的教学。在《整式的加减》教学中，学生初步接触代数结构特征的重要元素——次数、系数、项数；在《一元一次方程》《二元一次方程组》《不等式与不等式组》教学中，学生经历了从未知数的个数和次数两个角度对一元一次方程、二元一次方程、一元一次不等式进行分类，通过观察、对比未知数的系数得出"加减消元法"的过程。从初步接触代数结构特征，到经历用代数结构特征下定义、分类，再到利用代数结构特征解决问题，学生逐渐形成了认识代数结构特征的意识。

第二阶段，引导学生达成运用。该阶段其教学贯穿《整式的乘法》《因式分解》《分式》《二次根式》《一次函数》《一元二次方程》《二次函数》《反比例函数》等章，整式的乘法、因式分解、分式运算、分式方程、一元二次方程和一元二次方程的根与系数的关系等内容都与代数结构特征紧密相连。此阶段中，学生将从理解结构特征过渡到主动运用结构特征解决问题。

2. 关键教学点分析

我们不妨将"认识代数结构特征"的两个阶段进一步分解为认识元素、体会价值、理解结构、主动运用四个节点，那么，"整式（第2课时）""消元——解二元一次方程组（第2课时）""平方差公式"以及"一元二次方程的根与系数的关系"等可以分别作为对应四个节点的关键教学点。具体分析如下。

（1）具有知识的基础性。在"整式（第2课时）"教学中，学生学习了

单项式的系数、单项式的次数、多项式的次数、多项式的项等概念（这些概念是代数结构特征的重要元素），奠定了认识代数结构特征的基础。

（2）具有方法的归纳性。"消元——解二元一次方程组（第 2 课时）"为学生体会"重要元素"的价值、认识代数结构特征提供了可能。在教师的引导下，学生观察两个方程相同未知数项的系数的关系，得到"加减消元法"（对利用代数结构特征解决问题的方法的归纳）。

（3）具有思想的提炼性。"平方差公式"是学生进入中学阶段后接触到的第一个公式。"平方差公式"教学为后续的"完全平方公式"等公式教学提供了示范。"平方差公式"突出对公式结构特征的分析，能有效促进学生对代数结构特征的理解。方程的根与系数存在直接的联系，一元二次方程的求根公式是这个联系的直接反映，而韦达定理则是联系更简洁的呈现形式。在之前的课给出求根公式的基础上，"一元二次方程的根与系数的关系"这节课提出新的思考方向，即研究一元二次方程根与系数联系的更简洁的呈现形式。这对学生认识代数结构特征提出了更高层面的要求——主动运用。历史上，法国数学家韦达首先用符号 $ax^2+bx+c=0$（$a\neq 0$）一般性地表示一元二次方程，由此进入一类方程的研究，并进一步得到一元二次方程的求根公式以及根与系数的关系，这是一种从具体到抽象的思想提炼。"平方差公式"和"一元二次方程的根与系数的关系"这两节课，能较好地帮助学生提炼用代数结构特征解决问题的思想，引导学生通过分析结构特征来识别、记忆公式，并将之与具体问题中未知关系对应起来。

3. 突破关键教学点的策略

分析关键教学点重要，突破关键教学点更重要。以下，我们简要呈现突破四个关键教学点的策略。

其一，指引学生认识元素。由以往教学的经验看，后续内容的教学中凡有"观察结构特征"的要求，很大一部分学生感到茫然。其根本原因是：学生不知道"该观察什么"，不懂得"特征包括哪些信息"。我们设置该节点，正希望解决这一问题。教学设计上，我们把目标确定为引导学生认识重要元素——次数和系数。

教学"整式（第 2 课时）"，教师可以提出以下两个问题：

(1) 请你为下列式子提供实际背景：$2x$，$2m$，$3y$，a^2，x^2，$4n^2$，b^3。

(2) 请思考：为什么通过提供实际背景，你们可以解释不同的式子？你们在提供实际背景时，主要考虑了哪些内容？

认识不等于"简单知道"，对本节课而言，有意义的认识应该是：通过观察、抽象、思考，最终将注意点放在次数和系数上。学生发现：影响实际背景选择的是次数和系数，而非字母。教师可顺势点明：次数和系数是式子的特征，可以看成式子的"身份证"，我们有必要对次数和系数进行研究。至此，教师已抽象出次数、系数的概念，学生已实现对代数结构特征中重要元素的认识。

其二，引导学生体会价值。解二元一次方程组的核心思想是消元，而消元的重要依据是未知数的系数之间的数量关系。以"消元——解二元一次方程组（第 2 课时）"教学为例，教师在前一节课用代入法解方程组 $\begin{cases} x+y=10, \\ 2x+y=16 \end{cases}$ 的基础上，让学生进一步观察该方程组未知数的系数、探索新的解法，并在课堂小结环节引导学生归纳"代入消元法"和"加减消元法"的异同点。

"体会价值"中的"体会"是一种感受、感悟，"价值"也比"认识元素"中的"元素"抽象。首先，学生思考要有基础。教师提出探索同一个二元一次方程组的新解法，要建立在学生对代入消元法有一定熟练度的基础之上。其次，学生思考要有方向。教师要引导学生把关注点落在"式子的特征"上，观察系数，分析不同式子代数结构的异同点，进而得出新解法。再次，学生思考要有感悟。教师进一步解释"代入消元法"和"加减消元法"，引导学生归纳"代入消元法"和"加减消元法"的异同点，理解代数结构特征的价值。

其三，启发学生理解结构。公式教学的重点是推导公式、分析公式的结构特征、研究公式的变形等。教师可从单元教学的视角出发，将"平方差公式"作为"认识代数结构特征"中"理解结构"的关键教学点，教学重心落在研究"有哪些特殊形式多项式相乘"及"公式的结构特征"上。实际教学中，教师不妨提出以下问题：（1）我们已经学习了一般形式的多项式相乘，接下来该研究什么呢？（2）大家认为该研究哪些特殊形式的多项式相乘呢？

请先小组讨论，然后由小组代表汇报小组讨论的结果，并阐述理由。（3）通过共同努力，大家得到了一个多项式乘法的公式，请你们用文字语言描述这个公式。（4）请你们出几道利用平方差公式进行多项式乘法运算的题目。

学生经过讨论、研究，得出以下结论：（1）两项乘两项是最简单的多项式相乘；（2）两项乘两项的特殊形式只有$(a+b)(a+b)$和$(a+b)(a-b)$两种。

学习者研究特殊形式的过程即理解结构的过程。教师要求学生用文字语言描述公式、自主出题，将教学要求提升至"抽象公式结构特征"的层面，而"抽象"的成果反映了学生对结构的理解程度。可以说，"引导学生将理解融入研究，在研究中促进理解"是本节课教学设计的核心。

其四，促使学生主动运用。一般来说，学习者认识结构特征可分为三个层次：（1）在简单的形式中识别出熟悉的结构；（2）把结构作为一个整体来运用，或通过适当的转化得出复杂形式中熟悉的结构；（3）进行适当的变换，以充分利用结构。主动运用属于第三个层次。与前述的认识元素、体会价值、理解结构相比较，主动运用对学生认识代数结构特征提出了更高的要求——不仅要会运用，还要有主动意识。

"一元二次方程的根与系数的关系"一课的教学起点是：思考"一元二次方程求根公式所反映的根与系数之间的联系是否有其他的形式"。教师可将问题分解为以下两个问题，以降低学生思考难度："联系的表现形式"指的是什么？你认为可以怎么研究"联系的表现形式"？

在教师的启发下，学生不难得出：（1）研究工具是运算；（2）研究思路是从特殊到一般，具体而言，先从二次项系数为1、常数项为0的一元二次方程入手研究根与系数的关系，再做一般化研究；（3）研究方法是观察、分析代数结构特征。

三、实践思考

1. 单元教学有助于学生认识代数结构特征

核心素养导向下的中学数学教学关注的是不同知识之间的横向、纵向联系，强调数学的整体性[①]。认识代数结构特征是一种能力、一种素养，与其相关的教学贯穿整个初中阶段的数与代数领域，并且以一种隐形的方式存在。开展与其相关的教学，教师尤其要注意教学内容的整体性和教学逻辑的连贯性。例如，代数式、方程、不等式、函数之间的联系有很多，代数结构特征就是其中的一个联系。教师可将"认识代数结构特征"分为两个阶段、四个节点（如图1），以落实《课标（2022年版）》提出的整体性教学理念。

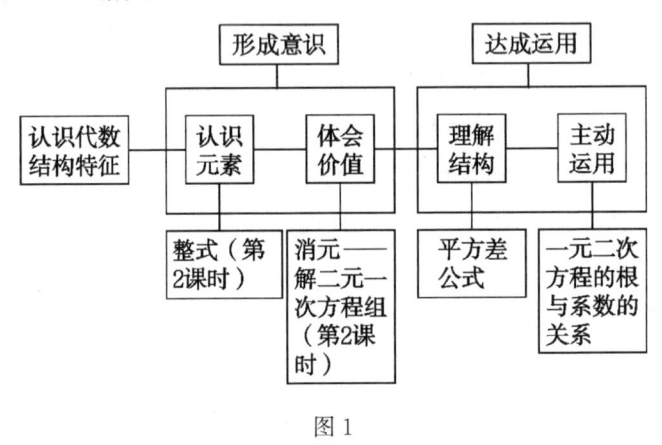

图1

由图1可见，四个关键教学点既是每个阶段教学的核心，又是学生逐步提升对代数结构特征认识的节点；既是教师教学的着力点，又是学生素养的发展点。

2."认识代数结构特征"教学有利于学生代数思维的发展

数学家斯法德认为：数学对象具有过程和结果的两重性，过程常常表现为运算，有一定的算术思维，结果则是一种结构，呈现出代数思维。初中数学教学的一个重要任务是促使学生由算术思维向代数思维过渡。代数思维是由关系或结构来描述的，它的目的是发现（一般化的）关系或结构，并把它们联系起来[②]。代数运算是发展代数思维的重要途径，而代数结构特征又是合理化选择运算路径的重要依据。不难看出，代数结构特征是代数思维的核心，

[①] 曹一鸣. 新版课程标准解析与教学指导（2022年版）初中数学[M]. 北京：北京师范大学出版社，2022.

[②] 李士锜，吴颖康. 数学教学心理学[M]. 上海：华东师范大学出版社，2011.

对代数结构特征的认识在一定程度上反映了学习者代数思维的水平。学生充分认识代数结构特征，不仅有助于发展自身的运算能力，还有助于提升自身的代数思维水平。

初中阶段，教师沿着"认识代数结构特征"这一线索推进教学，在此过程中发展学生的符号意识，有利于学生用结构化的思想分析、解决问题，形成代数思维，为后续的学习奠定坚实的基础。

第三节 "图形直观"的关键教学点及其教学实施

一、"图形直观"的内涵

《课标（2022年版）》明确"几何直观主要是指运用图表描述和分析问题的意识与习惯。能够感知各种几何图形及其组成元素，依据图形的特征进行分类；根据语言描述画出相应的图形，分析图形的性质；建立形与数的联系，构建数学问题的直观模型；利用图形分析实际情境和数学问题，探索解决问题的思路。几何直观有助于把握问题的本质，明晰思维的路径"。

"图形直观"是在"几何直观"范畴内提出的概念，它是指运用几何图形描述和分析问题的意识与习惯。具体从三个维度展开：能感知几何图形的结构特征；能根据情境画图、析图和用图；能用几何图形模型建立数与形的联系。"图形直观"是几何直观的重要表现形式，形成"图形直观"有助于学生直观认识几何图形及其组成元素的关系，明确图形概念的内涵与外延，准确理解图形的性质，从数与形两个方面把握数学问题的本质。

初中数学"图形直观"是在小学学习的基础上对图形的再研究，是理解并掌握图形中组成元素之间的关系、图形与图形的关系，是感性认识向理性认识有序过渡的过程，为培养学生几何直观、空间观念、推理能力等核心素养提供支持。图形是几何学习的主要内容。学生从小学开始就学习了一些基础的图形，形成了基于操作经验的感悟；进入初中阶段，对于这些图形的学习上升到了基于概念的推理，形成了初步的几何直觉。

二、"图形直观"的关键教学点的实施

1. 教学分析

"图形直观"贯穿于"图形与几何"领域:其中"图形的性质"强调通过实验探究、直观发现、推理论证来研究图形;"图形的变化"强调从运动变化的观点来研究图形;"图形与坐标"强调数形结合,用代数方法研究图形。因此,结合"图形与几何"课程内容特点,从"图形直观"的三个维度进行具体的教学分析。

维度一主要体现对几何图形的直观感知,通过图形直观认识几何图形的特征及识别基本几何图形模型,具体包括:

(1) 能借助更直观的符号语言表示几何图形及关系。如用"∠、△、▱、⊙…"这些符号直观表示几何图形;用特定符号"=、⊥、∥、≌、∽…"表示几何图形的关系。

(2) 能借助图形直观感知图形特征。几何图形特征的学习过程中是用图形直观猜想图形的特征,一般要经历的过程如图1所示。

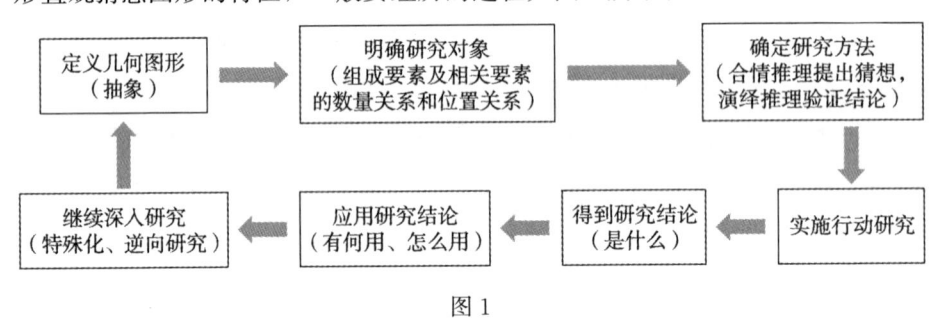

图1

(3) 能借助图形直观从复杂图形中识别基本图形。复杂图形往往是由基本图形经过变式(改变位置或数量关系)或复合(由两种以上基本图形构成)得到的。在复杂图形中识别、分解出基本图形,得到图形的性质,是解决几何问题的重要前提,具体过程如图2。

```
几何问题 → 分解出若干关键的基本图形 → 推理得到每个图形的性质
                        添加辅助线 ↘ 推理得到隐蔽的性质
推理证明，解决问题 ← 根据结论，选择组合 ←
```

图 2

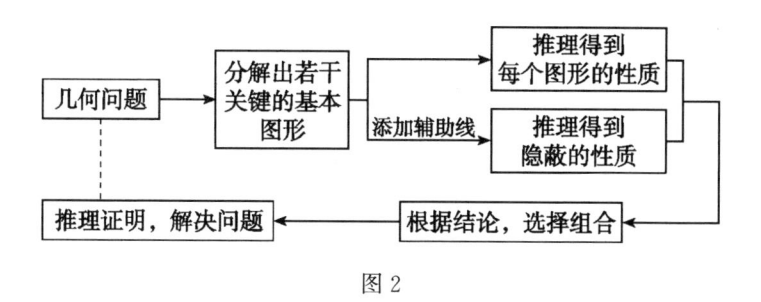

维度二主要体现在引导学生经历画图、析图、用图等过程，在感性认识几何图形的基础上，对所研究的几何图形形成和理解图形的概念、关系和结构的理性认知。具体包括：

（1）通过画图或作图直观理解图形及其结构特征。通过画图或作图，重新建构出几何图形，并能够用图形表示其关系，形成直觉表象。如画图（或尺规作图）准确得到角的平分线，猜想图形的性质，并通过探究证明其性质。

（2）通过折纸、剪拼操作活动直观感受图形之间的关联。能够利用折纸、剪拼等操作活动对简单图形进行变换、分解与组合，解释操作过程的几何原理及操作前后图形的关系。折纸的数学原理就是轴对称，图形的剪拼活动可以让学生直观感知图形的形状和大小，形成头脑中的表象，为空间想象建立直观基础。

总之这些对几何图形的操作表征过程，都是从变化的角度认识图形，一方面是从变换的角度看简单的基本图形，（如从轴对称的角度看等腰三角形，从中心对称的角度看平行四边形，从旋转对称的角度看正多边形和圆……）从而对这些图形的特征有更深刻的理解。另一方面是从变换的角度识别具有特殊位置关系的两个图形（比如全等、相似等）。从变换的角度认识图形是加强图形直观的重要途径，对于学生在复杂图形中快速识别、补全有关图形有较大的作用，同时，它能让图形"动起来"，把分散的条件集中起来，探索变换过程中的"变"与"不变"，从而达到辨证认识图形的目的。

维度三主要体现以形释数，对数与式有直观的认知，形成数与形的联系。具体包括：

（1）利用数轴与平面直角坐标系建立数与形的联系。以形释数的学习萌芽于数轴，始于平面直角坐标系。点是构成图形的基本元素，利用坐标可以确定平面上点的位置，进而可以从"数"的角度重新认识几何图形。利用代数方法解决几何问题及代数推理的渗透。以形释数的学习或多或少地涉及代数推理的成分，也在一定程度上促进学生代数推理能力的发展。在学习过程中，还应注意把握要求的广度与深度，规避过度"解析化"。

（2）利用代数表达式的几何意义。教学中，要帮助学生理解代数表达式的几何意义。例如，$\sqrt{2}$可以看作边长为1的正方形的对角线的长度，可以把面积为定值的长方形的长、宽的变化规律作为反比例函数的一个几何模型等。

2. 关键教学点分析

基于以上分析，初中"图形直观"关键教学点的选择可以从七个方面展开，这七个方面相互融合，形成一个有机整体。具体阐述如下：

（1）能借助更直观的符号语言表示几何图形及关系。几何图形的符号化表示是对某一类具有相同特征图形的简洁概括，也是顺利进行基于几何符号的推理表达的重要前提。学生经历了"直线、射线、线段（第1课时）"中的"文字+字母"表示直线、射线、线段→"与三角形有关的线段"中的"符号(△)+字母"表示三角形→"平行四边形（第1课时"中的"符号(▱)+字母+顺序"表示平行四边形→"圆"中的"说明+符号（⊙）+字母"表示圆形的循序渐进的过程，基于此，学生便可以仿照表示各种新出现的图形，从而为实现几何图形的符号表示奠基；在用几何符号语言表示图形之间的关系，如用特定符号"="表示线段的长度相等，角的度数相等；用"⊥"表示两条直线（或线段）的垂直位置关系，用"∥"表示两条直线（或线段）的平行位置关系；还有用"≌、∽"表示两个三角形的全等或相似的关系。这些符号语言与图形结合，促进学生更直观地理解几何图形及关系。几何教学中，教师应该引导学生完成这些语言的相互转化，培养学生直观化的表象认知。

（2）能借助图形直观感知图形特征。在几何图形的概念与性质的学习历程中（如图1），利用图形直观感知几何图形及其组成元素，并依据图形的特征进行分类。如平行四边形的学习流程：基于生活实际中的平行四边形，由四边形的定义引出平行四边形的定义（特殊化）→明确研究组成要素（边、角、对角线）的数量关系与位置关系→合情推理提出猜想、演绎推理验证结论→应用结论解决问题→由平行四边形性质的逆命题研究平行四边形的判定（逆向研究）→继续深入研究特殊的平行四边形（进一步特殊化）。在上述的学习过程一方面注重将平行四边形转化为三角形予以解决，另一方面通过平行四边形的学习进一步深化了对三角形的中位线、直角三角形斜边上的中线与斜边的关系的认识。通过对平行四边形的学习，体现几何图形深入研究的基本方法：在研究组成要素的数量关系与位置关系后，将组成要素的位置（数量）关系特殊化（即强化条件）进行深入研究，这样的过程能让学生深入思考图形的边、角、对角线、对称性等性质，有助于加强图形的直观化表象认识，为后继推导并证明（演绎推理）图形的性质打下基础，进一步迁移至对矩形、菱形、正方形、圆的学习，也为学生自主研究新图形进行示范、引领。

（3）能借助图形直观从复杂图形中识别基本图形。基本图形既包括点、线、角、三角形、四边形、圆等单一的图形，也包括由它们中的若干图形组合起来的具有特殊性质的图形，如两条平行线被第三条直线所截、角平分线上的点及其到角两边的垂线段、线段垂直平分线上的点及其到线段两端点的连线、直角三角形斜边上的中线、等腰三角形的"三线"、圆内接四边形、圆的切线等。而在相对复杂的几何图形中识别出基本图形，在平时的教学中要不断的强化才能形成这种意识。如"余角和补角"基于互余的概念，以例题的形式展示在复杂图形中识别基本图形，体现对整体与局部的关注；"直线与圆的位置关系（第3课时）"是基于整体与局部研究图形。即基于基本图形（直角三角形及斜边上的高、等腰三角形及三线合一、切线、垂径定理、圆心角、弦、弧关系、四点共圆等），对复杂图形（切线长图形、三角形的内切圆图形）进行研究，让几何图形结构化，通过对基本图形的解决达到解决综合图形的目的，起到归纳、提升的作用。

（4）能通过画图或作图直观理解图形及其结构特征。教学中能够根据语言描述画出几何图形，再探究几何图形的结构及其元素之间的关系。如平行四边形的学习中，"平行四边形、矩形、菱形、正方形"都是由定义出发画出图形，由图形的直观性猜想其性质，而从语言的描述中画出正确的图形，这就是图形直观呈现的基础，因此教学中的画图是几何直观重要的体现。用尺规作出基本图形，感悟尺规作图的合理性及图形的几何特征；利用尺规作图探讨几何图形的存在性与形状特征；如"直线、射线、线段（第2课时）"明确尺规作图的定义及工具使用流程，并示范"作一条线段等于已知线段"的基本作图，从中感受文字语言转化成图形语言的直观性，为直观理解图形打基础。

（5）能通过折纸、剪拼操作活动直观理解图形变化过程。教学中能够利用折纸、剪拼等操作活动对简单图形进行变换、分解与组合，解释操作过程的几何原理及操作前后图形的关系。折纸的数学原理就是轴对称，图形的剪拼活动可以让学生直观感知图形的形状和大小，形成头脑中的表象，为空间想象建立直观基础。如"等腰直角三角形（第1课时）"通过折纸、剪纸并展开，感悟轴对称图形的重合性，直观理解重合下的等线段与等角的性质，为推导证明等腰三角形的性质提供了直观基础。教学中重视通过操作简单图形平移、轴对称和旋转变换的活动，分析变换的基本特点，研究变换前后两个图形之间的对应关系，理解图形变化过程，形成初步的几何直观。

（6）能利用数轴与平面直角坐标系建立数与形的联系。数轴是实数的几何模型，通过数轴建立数与点、数与距离（线段长度）之间的对应关系，这样就可以利用点的位置关系描述数的大小关系。如"绝对值"可以用数轴定义绝对值的概念，把一个数的绝对值看作这个数所对应的点到原点的距离，可以用数轴比较两个数的大小；"相反数"用数轴理解互为相反数的两个数的对称性等；利用数轴直观理解有理数的稠密性和实数的连续性。平面直角坐标系不仅可以反映平面上点、图形的位置与形状，更重要的是可以描述两个变量之间的变化规律，使我们可以静态地研究稍纵即逝的变化过程。借助坐标系研究图形是数对形的刻画，也是形对数的体现，是数形结合的主要形式之一。如"画轴对称图形（第2课时）"以平面直角坐标系为工具，由坐标确定点，由点确定图形，从而"由坐标的变化刻画图形的变化"及"由图形的变化得到点的坐标特性"，充分体现"以形释数，以数析形"，能够在平面直角坐标系中分析点与图形的对称性。因此，教学中需要充分利用数轴与坐标系的数形结合功能，为几何直观建立逻辑基础，对于图形的学习具有启迪作用。

（7）能利用图形直观特征表达代数式的几何意义。在代数的教学中，代数恒等式往往可以通过几何图形的面积关系来直观展示和验证。例如，《整式的乘法》这章中，由于一个数的平方可以理解为正方形的面积，而两个数的乘积则可以代表长方形的面积，通过对几何图形的面积进行观察、分析和研究，抽象和归纳用矩形（或正方形）面积来验证整式相乘的等式（或公式）成立。这种方法可以帮助学生建立起数量关系与图形之间的内在联系，从而更深刻地理解代数恒等式的几何背景和意义。这种将代数概念与几何形状相联系的方法，不仅帮助学生更好地理解抽象的代数概念，还能够加深对数学内在逻辑的认识。代数表达式在几何中具有丰富的意义，从简单的直线和曲线到复杂的代数结构，它们在数学的不同领域中都有广泛的应用。通过将代数问题转化为几何问题，可以更直观地理解和解决问题，同时也能够发现两者之间的深刻联系，这样为后续高中学习奠定基础。

3. 突破关键教学点的策略

（1）通过直观表征图形的特征。直观是第一感知，是发现结论的第一步骤，是合理判断结论的基础，没有第一感知，数学家就不会有那么多的发现。在图形与几何教学中，教师应该不断强化这种直观感知，让学生第一时间能感知几何图形的总体结构特征，并进行直观表征几何图形的性质。如"平行四边形（第1课时）"，在学生回忆小学学习过的平行四边形之后，首先要让学生头脑中构建起平行四边形图象，接着画出平行四边形，为了能用简单的符号语言表示平行四边形，引出了"□＋有序的四个大写字母"表达形式，其表示的指向性明确无异议。在探究平行四边形的性质环节设计如下的问题串：

问题1 从哪些方面研究平行四边形？

问题2 平行四边形的性质有哪些？

问题3 如何研究平行四边形的性质？

对于问题1，教师先画出三角形，用字母表示三角形的基本元素，接着引导学生类比三角形研究平行四边形的基本元素——边、角、对角线。对于问题2，教师基于一般观念，运用图形与符号表征等腰三角形及性质，引导学生借助直观图形类比研究平行四边形的性质。对于问题 3，教师可通过追问："你能类比研究等腰三角形的方法，通过观察、测量、动手实践等方式猜想平行四边形边、角、对角线的性质吗？"当学生猜想得到平行四边形性质后，教师提问：你能用符号表示平行四边形性质吗？对于后续提出的问题："如何证明这些结论成立？"教师基于研究基本对称图形积累的经验，引导学生将四边形的问题转化为三角形的问题研究。从直观感知—猜想—分析—验证，体现图形特征的一般研究方法与过程，观察为学生认识图形的特征提供第一感知，符号表达更让学生深刻而周密地理解图形的本质。

（2）强化操作理解图形的性质。通过画（作）图、折（剪）纸、拼图及图形的运动变化等实践活动，增进学生的直观感受；通过观察图形的变化，识别各种变换下的图形结构特征及其元素间的数量与位置关系，认识图形变化过程中"变""不变"的性质。德国数学家 F. 克莱因认为：平面几何研究是平面图形在运动、变化过程中的不变性和不变量的科学[①]。如教学"全等三角形（第 1 课时）"可以设计如下教学环节：

环节 1　观察思考，并回答问题：

在图 3 中，把△ABC 沿直线 BC 平移，得到△DEF。

在图 4 中，把△ABC 沿直线 BC 翻折 180°，得到△DBC。

图 3

图 4

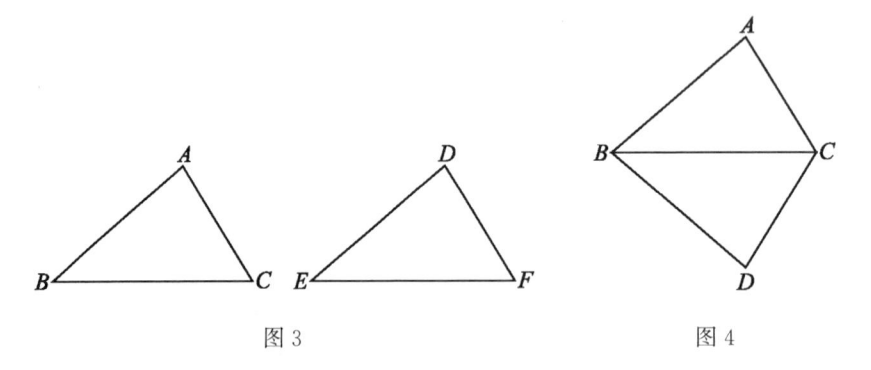

[①] 史宁中，曹一鸣. 义务教育数学课程标准（2022 年版）解读［M］. 北京：北京师范大学出版社，2022.

在图 5 中，把△ABC 绕点 A 逆时针旋转，得到△ADE。

问题 1　各图中的两个三角形全等吗？若全等，请分别指出重合的顶点、重合的边和重合的角。

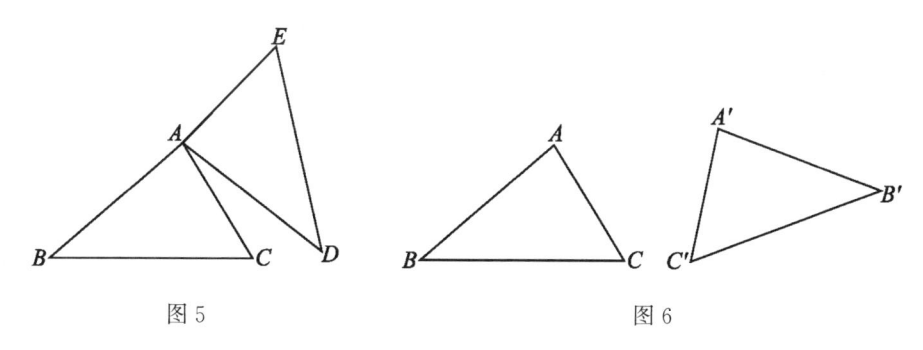

图 5　　　　　　　　图 6

环节 1 以探索全等为目标，以平移、旋转、轴对称为呈现形式，让图形"动起来"，以培养学生几何直观、空间观念，同时为全等三角形的基本概念的学习做好铺垫。

环节 2　动动手，试试看：用硬纸板剪出两个全等的△ABC 和△A′B′C′，并按照下图 6 所示方式放在桌面上。

问题 2　动手试一试，如何通过轴对称、平移与旋转等变换将△ABC 运动到△A′B′C′上，使两者互相重合？与你的伙伴们交流一下，看看谁的方法多。

问题 3　随意放置这两个全等的三角形硬纸板，比比看谁能较快地通过轴对称、平移与旋转等变换将两者重合。

环节 2 设计动手操作的实验环节，让学生更直观地从运动变化的角度感知全等三角形，在让图形"动起来"的同时，加强对图形直观的学习，培养学生的几何直观、空间观念。问题 2 以开放的方式呈现，则更有效果。通过实践操作，充分体现了从运动变化的角度认识几何图形，培养学生的图形直观与空间观念。

（3）注重应用数形结合建立数与形的联系。我国著名数学家华罗庚曾说过：数缺形时少直观，形少数时难入微；数形结合百般好，隔离分家万事休。几何图形中蕴藏着一定的数量关系，数量关系又常通过几何图形做出直观的反映和描述。如在"平方差公式"教学时，通过代数式的运算得到平方差公式,也可通过矩形的面积变化来验证平方差公式,这就使公式与图形之间建立了联系。

用几何图形对数(或式)进行直观表述,建立形与数的关联。如,数轴是数的直观模型,实数可以与数轴上的点建立一一对应关系。在坐标平面上建立有序实数对与点之间的一一对应关系,能够利用坐标确定平面上点的位置,表示平面上点的运动规律及两个坐标之间的关系。如"画轴对称图形(第2课时)"教学时,可设计如下的学习任务:

已知四边形 $ABCD$ 的四个顶点坐标分别为 $A(-3, 1)$,$B(-2, 1)$,$C(-2, 5)$,$D(-5, 4)$。

任务1 在平面直角坐标系中画出这个四边形;

任务2 在平面直角坐标系中画出该四边形关于 x 轴对称的四边形 $A'B'C'D'$,并直接写出 A'、B'、C'、D' 的坐标;

任务3 利用关于 x 轴对称的点的坐标的规律,直接写出四边形 $ABCD$ 关于 x 轴对称的四边形 $A'B'C'D'$ 的四个顶点的坐标,并画出四边形 $A'B'C'D'$;

任务4 比较任务2与任务3,你能得到什么结论?

以任务驱动的形式,让学生在活动中感悟坐标可以准确地描述图形中点的位置,通过给定的图形,可以推导出图形中各点的坐标并以数形结合的方式完成相关任务。

三、实践思考

德国数学家希尔伯特在其所著《直观几何》中提到:依靠直观想象,我们可以阐述几何中的各类事实与问题。科学把握"图形直观"的关键教学点,深刻理解其选择的理由及在几何学习上的作用,基于教材,开展单元整体教学,努力实现其在培养几何直观、推理能力上的教学价值。

1. "图形直观"是单元整体下的教学,注重过程教学,经历数学产生、发展、应用的全过程及数学学习与研究的全过程,创设情境,引导活动,动手动眼动脑,给足学生感知、体验、思考、交流的时间与空间;充分重视直观感知、合情猜想,注重画图、构图教学,经历指令性画图、推理性画图等螺旋上升的过程，要让"没图画（补）图，有图标量"成为几何学习的起点和习惯，要让学生经历识图、画图、析图、用图的全过程，培养学生的几何直观、空间观念、推理能力等核心素养。同时关注几何与代数的有机融合，构建完整的认识体系。

2. "图形直观"的学习在一般观念的引导下，可以让学生像数学家一样思考。既要基于小学阶段的学习，在原有的基础上再学习，又要紧密联系生活实际，体现数学来源于生活实际的抽象，应用于生活实际。把握数学的学科本质，注重学生思维活动，体现思维活动的全过程（我是怎样想的？是什么启发我这样想？我还能怎样想？），并努力做到阅读、思考、表达相统一。体现"教是为了不教""学是为了更好的学"的教学最终目的。

综上所述，"图形直观"的教学是基于学生的年龄特点、认知水平、认知规律，顺应数学知识的发生、发展过程，以小学学习为基础，由简单到复杂，由一般到特殊，由感性到理性，由定性到定量，由静到动，由形到数，数形结合，其中体现着大观念、大任务、大活动、项目式的学习与研究过程，从而培养几何直观、推理能力等核心素养，推动落实立德树人的根本任务。

第四节　"空间观念"的关键教学点及其教学实施

一、"空间观念"的内涵

空间观念的形成，既与空间意识有关，又与几何学习有着密切的联系，研究表明，如果没有几何训练，大多数人的空间意识不一定能发展成空间观念，只能停留在一种比较原始的层面上。只有通过系统的几何活动与几何知识的学习，进一步获得空间与图形的形状特征与位置关系，理解对称、全等及相似等概念，才能使学生形成与发展空间观念[1]。

---

[1] 鲍建生，章建跃. 数学核心素养在初中阶段的主要表现之四：空间观念[J]. 中国数学教育，2022（17）：3-8.

《课标（2022 年版）》对"空间观念"的说明如下："空间观念主要是指对空间物体或图形的形状、大小及位置关系的认识。能够根据物体特征抽象出几何图形，根据几何图形想象出所描述的实际物体；想象并表达物体的空间方位和相互之间的位置关系；感知并描述图形的运动和变化规律。空间观念有助于理解现实生活中空间物体的形态与结构，是形成空间想象力的经验基础。"对空间观念进行了简明的界定，并具体阐述了空间观念三个维度的行为表现以及发展空间观念的价值。

事实上，上述空间观念三个维度的行为表现同时也是发展目标、评价指标，当然也蕴含了发展空间观念的途径。正如前文所述，空间观念的发展是以几何内容为载体的。因此，相较于小学，初中阶段空间观念的行为表现有与几何课程内容相适应的水平。下文将结合初中阶段图形与几何领域的课程内容特点对上述三个维度进行具体阐释。

1. 能够根据物体特征抽象出几何图形，根据几何图形想象出所描绘的实际物体

数学观念是一种基于概念的理解，是学生通过理解学科的基本概念，逐步形成的对学科特征、问题与思考方式的理性认识。相较于小学阶段，初中阶段的空间观念更多地融入了几何推理[1]，更具理性。初中阶段对实际物体与几何图形之间的转换，不是基于轮廓、大致形状的粗略感知，而是在理解几何图形概念、性质基础上的更清晰、深刻的认识。例如：看到教师以细绳系住一支粉笔，用一只手将绳子的一端固定在黑板上，另一只手抓住粉笔绕着固定的一端在黑板上画图，不仅能想象画出的图形是圆，还能用"圆是到定点的距离等于定长的点的集合"进行解释；看到晾衣架，不仅看到其三角形的几何外形，还能看到其轴对称的形状，并能体会轴对称性的现实意义。

空间观念也体现在对几何图形之间的转换中，主要指能想象简单几何图形经过剪拼、折叠或尺规作图等操作产生新图形。这样的想象建立在理解原图与新图之间联系的基础上，实质上也是基于图形的概念与性质的理解。例

---

[1] 义务教育数学课程标准修订组. 义务教育数学课程标准（2022 年版）解读[M]. 北京：北京师范大学出版社，2022.

如：能将一个三角形剪拼接成一个平行四边形，新旧图形转换实质是"三角形中位线平行于第三边且等于第三边的一半"与"平行四边形对边平行且相等"这两条图形性质之间的联系；能想象将两个全等的三角形等边拼接的结果，新旧图形转换的实质是图形的轴对称性和中心对称性。又如：能想象经过尺规作图产生的新图形，其实质是对尺规操作所形成图形的性质的理解。上述转换既是空间观念的具体行为表现，在转换过程中也促进了学生对几何图形概念和性质的理解。

总的来说，该维度主要指向：在理解图形概念、性质的基础上，对实物与图形，图形与图形之间的转换。

2. 想象并表达物体的空间方位和相互之间的位置关系

空间观念建立的重要基础是"空间感"[①]。"空间感"反映在最朴素的行为上，就是能感觉到长短、大小、远近、高低，能准确地看到或触摸到身边特定的物体。"空间感"实质上是对位置、方位、空间维度的感知。在初中阶段，学生学习了平面几何图形之间位置关系的概念，经历了探究位置关系性质的过程，学习了用长度、角度刻画位置与方位，对空间形式和位置关系能做更精准的描述，在"空间感"的基础上，学生在想象并表达物体的空间方位和相互之间的位置关系上有了很大的进阶，具体表现为：能更加准确地感知位置、方位与不同维度空间的差别；能在头脑中形成位置关系、相对方位、不同维度空间的清晰表象；能对空间中不同的物体从位置关系、相对方位等角度描述它们之间的联系；能准确地将三维、二维与一维空间建立联系，从而能从不同维度的视角观察、分析同一个物体，进行不同维度空间简单问题的相互转化。

方位和位置关系是刻画空间的两个主要方面，借助想象表达方位和位置关系，既可以更好地感知和表达空间，又有利于提高想象能力，进而发展空间观念。因此对该维度的指标分解重在更具体描述位置关系、通过平面与空间的转换认识空间维数等。

3. 感知并描绘图形的运动和变化规律。

---

① 林崇德，辛涛. 智力的培养［M］. 杭州：浙江人民出版社，1996.

《课标（2022年版）》关于空间观念三个维度的描述可以理解为其中蕴含了人感知物体的三个层次：对物体的形状和特征的感知；对物体方位、位置，物体之间相对方位、位置关系的感知；对物体位置与方位变化的感知。而物体位置与方位变化是物体的运动变化引起的，因此感知并描绘图形的运动和变化规律是初中阶段空间观念的重要表现。

初中阶段学生初步学习了合同变换（平移、轴对称和旋转等刚体运动）、相似变换等，对图形运动和变化的认识可以达到一定水平。例如：这些变换的概念都是基于物体运动进行抽象，从图形运动的角度描述定义；都是从定义出发，通过建立对应点与变换要素之间的关联，以"变化中的不变性、不变量"为一般观念，研究运动变化前后图形中对应元素的关系，得出性质；形成运动变化的观念，从运动变化的角度看图形与图形之间的联系，利用变换的性质研究图形的性质、位置关系（位置关系的分类是基于运动变化）与相对方位，根据若干个瞬时位置的特点，分析和想象运动变化的结果及其蕴含的规律。初中阶段空间观念所表现出来的对于物体的认识，初步达到了一种基于要素（运动变化的要素、图形构成元素在此运动变化下的前后联系）的理性认识，而不是笼统、模糊的整体感知。

此外，该维度对行为表现的描述是"感知并描绘"。描绘是在感知基础上对图形运动和变化的进一步数学刻画或表达，有助于进一步提升空间观念。

二、"空间观念"的关键教学点的实施

1. 教学分析

根据前文的概述，初中阶段发展空间观念的主要内容载体是图形与几何领域，而三个维度的行为表现都较为典型地体现出与该领域特定内容之间的紧密联系。

维度一主要体现于"图形的性质"主题下关于图形的概念与性质特征的学习中，具体包括：①能借助生活情境理解几何图形的概念、几何基本事实及定理；能从生活情境中识别几何图形；能根据实物特征形成表象，并能利用几何图形的概念和性质描述实物的几何特征。②能根据几何图形或语言描述想象实际物体。主要指：能根据几何图形的概念名称举出生活实例；能根

据几何图形联想具有该图形抽象特征的实物，并能想象和描述该实物的几何特征；能根据语言描述形成实物的表象，并能描述该实物的几何特征。

维度二主要体现于"图形的性质"主题下物体或图形的位置与位置关系、"图形与坐标"主题下用数量刻画一维和二维空间物体或图形的位置、"图形的变化"主题下几何变换等的学习中，具体包括：①能对同一平面内所示的物体或图形的位置关系形成表象，并能进行描述、分类和判断。②能感知简单立体图形与平面图形的联系。主要指：能借助实物和模型感知立体图形与平面图形的联系；能根据已知简单立体图形与平面图形建立二者之间的联系；能根据简单立体图形想象和提取相关的平面图形，能根据平面图形想象和构建相关的简单立体图形。③能感知不同维度空间的区别与联系。主要指：能借助生活情境、几何图形、代数描述等感知不同维度空间的区别与联系，初步形成不同维度的空间表象。④能建立三维现实世界与平面图形的联系。主要指：能借助生活情境感知三维现实世界与平面图形的联系；能将三维现实世界中物体简单的方位与位置转化为平面几何中的方位与位置；能将三维现实世界中的问题转化为平面几何问题。

维度三主要体现于"图形的变化"主题下几何变换的学习内容中，具体包括：①能抽象现实世界中的几何变换。主要指：能借助生活情境，理解几何变换的概念及其性质；能从生活情境中识别简单的几何变换；能根据实物的运动变化形成简单几何变换的表象，并能利用几何变换的概念和性质描述实物的运动变化。②能将几何图形的变换归结为点的运动变化。主要指：能借助生活情境，理解几何图形的变换与点的运动变化的联系；能根据几何变换的概念及其性质，理解图形的变换实质是所有点做相同的变换；能根据部分对应点确定几何图形变换的基本要素以及对应图形的位置和形状。③能想象简单图形几何变换的过程和结果。主要指：能通过对实物或模型的操作，感知简单图形几何变换的过程与结果；能想象简单图形几何变换的过程和结果；能想象简单图形经过两次合同变换的过程和结果，感知变化中的规律。④能用几何变换分析现实世界中的特定运动变化。主要指：能借助生活情境感知现实世界中运动变化与几何变换的联系；将现实世界中物体的简单的运动变化转化为几何图形的变换，并能利用几何变换的知识分析该运动变化；

能将现实世界中与物体运动变化有关的问题转化为数学问题，并能利用几何变换的知识解决问题。

空间观念在各维度上的发展随着载体内容的由浅至深、整体连贯而不断进阶，如：初中阶段对图形之间位置关系的学习，包括点与直线的位置关系、两条直线的位置关系、点与圆的位置关系、直线与圆的位置关系等。图形从简单到复杂，在将复杂图形之间的位置关系转化为简单图形之间的位置关系的过程中，逐渐感悟从图形基本元素的角度理解、分析图形之间的位置关系，感悟从图形运动的角度把握图形之间的位置关系，感悟用数量（关系）描述和表达位置（关系）的合理性与必要性，这对发展学生对图形相互的方位及其位置关系的想象与表达能力素养有重要的作用。

事实上，空间观念的发展与几何直观、推理能力是分不开的，学生对几何的学习越深入，对图形的概念、特征等的理解越深刻，当然地会越促进对图形之间关系的理解与表达。正如《课标（2022年版）》在图形与几何领域的教学提示中所要求的"到了初中阶段，主要侧重学生对图形概念的理解，以及对基于概念的图形的性质、关系、变化规律的理解，要培养学生初步的抽象能力、更加理性的几何直观和空间想象力"。因此，空间观念的发展也呈现了与其他能力素养的一种互相融合、促进的特点。

2．关键教学点分析

基于上述分析，初中阶段发展空间观念，以特定的课程内容为载体，是一个整体连贯、逐步进阶的过程。这一点，与本书中基于课程内容知识体系的结构特点讨论关键教学点不同。空间观念的关键教学点应从三个维度适宜的内容载体中分别进行选择，主要考虑两个方面：

（1）内容载体中初始的教学内容，为后续同类内容的教学中发展空间观念起引领和示范作用；

（2）行为表现比较典型集中的教学内容，能提供充分的发展空间观念的空间和机会。

因此，可以将"立体图形的展开图""平行线的判定（第1课时）""平移""平面直角坐标系""轴对称""点与圆的位置关系"等内容作为相应的关键教学点。具体分析如下：

（1）对于感知并描绘图形的运动和变化规律的能力发展具有典型性。平移是初中阶段第一个关于刚体运动的学习内容，在"平移"的教学中，学生将首次学习如何从现实情境中抽象运动，想象、感知图形的运动过程与结果，从基本要素的角度探究并描绘运动中的规律（不变性），对后续刚体运动的学习有引领性的作用；而反射对称性是空间的基本特性，轴对称在现实情境、几何图形中有非常丰富的体现和应用，"轴对称"的教学对于学生感知和理解空间的对称性有重要的作用。

（2）对于想象并表达图形之间位置关系的能力发展具有典型性。"平行线的判定（第1课时）"是学生第一次学习比较复杂的位置关系的内容。学生在探究平行线判定定理"同位角相等，两直线平行"的过程中，需要想象两条直线相对位置发生变化，感知其一组同位角的数量关系之间的联系，并能用角度相等的特殊数量关系描述两直线平行的特殊位置关系。而"点和圆的位置关系"不仅是研究图形运动过程中相互位置关系的变化，还是基于图形的元素及其之间的关系角度量化刻画位置关系的典型内容，学生将学习从理性的角度想象和描述图形的位置关系，为后续研究直线与圆、圆与圆，甚至更复杂图形的位置关系起引领示范作用。

（3）对于感知空间维度的差别与变化的能力发展具有典型性。"立体图形的展开图"的教学内容典型地体现了立体图形与平面图形之间的联系与转化，对于发展学生表象操作能力、感知不同维度空间的联系、感知物体与图形的方位、位置（关系）有重要作用。而学生在数轴的基础上学习平面直角坐标系，是从一维到二维的认识上的飞跃，在学习过程中，能清晰感受不同维度空间的区别与联系，对于如何量化刻画不同维度空间物体或图形的位置有突破性的意义。在"圆锥与其侧面展开图"这节课的问题解决过程中，学生需要通过空间想象了解三维空间中物体的形状特征、相对方位、位置关系，从而将三维空间的问题转化为二维平面的问题，这是运用空间观念将立体问题转化为平面问题解决的典型例子。

3. 突破关键教学点的策略

（1）重视发展表象操作能力。空间观念的形成与发展，一般要经过"实物操作—表象操作—图形/符号操作"的过程，其中头脑中表象的形成、感知、操作与描述是发展空间观念的关键。因此，空间观念本质上是借助表象操作促进对空间形式的理解。

对空间实物的表象是具体实物或模型、经过数学化的直观图形在头脑中的内化结果，经过内化对实物表征形式中大量视觉信息（如形状、大小、颜色等）进行筛选与处理，聚焦物体的空间形式与度量关系。简单地说，表象操作有两个主要特征：（1）在头脑中进行；（2）操作形式多样，如：抽象、转换、运动变化、不同角度"观察"，等等。"立体图形的展开图"的设计需要注意四个方面：一是处理好实物操作与表象操作之间的关系；二是引导学生清晰感知立体图形展开过程中各元素之间的联系，并进行描述和表达；三是对展开方式进行有序梳理，而非停留在无意识的直觉经验上；四是通过将立体图形展开成平面图形、将平面的展开图围成立体图形的双向表象操作，进一步感受立体图形与平面图形之间的联系，增进对不同维度的空间、图形的形式与位置关系的感知。

如，教圆柱的平面展开图，可设计如下问题：

问题1　同学们观察桌面上用纸做成的圆柱模型，想象一下，是否可以将它展开成一个完整的平面图形？如果要展开，需要剪开哪些地方？

问题2　请在头脑中想象展开这个圆柱的过程。

问题3　展开图中的长方形是由圆柱的哪个部分展开的？长方形的长是由圆柱的哪个部分得到的？宽呢？长方形的长与上下底面的圆有什么样的数量关系呢？

问题4　黑板上有一个平面图形（展示一个圆柱的展开图，其中圆柱的高所对应的长方形的一边上标注点 P），它能围成什么立体图形吗？请在头脑中想象围成这个立体图形的过程，并结合你的想象，说明这个平面图形上是否还有一个点，围成立体图形后会与点 P 重合？

如，教正方体展开图，可以设计如下问题：

问题1　我们看这几位同学展示的正方体的展开图，你能看出其中哪些同学的剪开和展开的方式是相同的吗？

问题2　侧棱中只剪开一条，保持四个侧面完整展开，以这样的方式展开正方体，平面展开图还可能是什么样子的？你能画出来吗？

通过表象操作，引导学生清晰地、直观地感知实物或图形的空间形式和数量关系，并能准确地加以描述和表达，形成和发展"再造想象"，进而发展"创造想象"。

（2）加强视觉化学习培养空间感。"空间感"实质上是对位置、方位、空间维度的感知。在初中几何学习的初始阶段，应加强学生的视觉化学习，利用图形、模型、投影等视觉化工具，让学生观察和比较不同几何物体的形状、大小和位置，通过观察和感知真实物体的特征，准确地感知位置、方位与不同维度空间的差别，提升学生的空间观念。将数学空间概念与现实情境相结合，让学生通过分析解决实际问题加强对空间概念的理解。如"平行线的判定（第1课时）"的重点和难点是：如何联想到平行线可以用一组同位角的等量关系来刻画？一方面需要借助两直线互相垂直可以用夹角为直角来刻画，从而联想到"两条直线的位置关系是可以量化描述的"，但过去的学习经验没有涉及"两个角之间的数量关系刻画位置关系"，因而另一方面需要引导学生通过实物与表象操作感知在直线位置关系变化过程中，特殊的位置关系的本质不是角的数量，而是角度之间的数量关系，从表面现象看到本质。本节课可以设计如下主要的活动与问题：

——我们学习过两条直线什么样的位置关系？（相交）

——两条直线相交的特殊情况是什么？（垂直）

——怎样才能准确判断两条直线是互相垂直的呢？（夹角为直角）

——也就是说：我们可以用角度的数量来描述或者说判定两条直线互相垂直的位置关系。那么上节课我们学习了两条直线平行，同学们会联想到什么样的问题呢？（两条直线平行是否也可以用某种数量来刻画）

——同学们看黑板上有一个模型，两根木条 a，b，第三根木条 c 与它们分别相交，交点处用大头钉钉住，木条可以绕着大头钉转动。将这些木条看成直线，我们来研究这个模型中直线 a，b 的位置关系。现在直线 a，b 的位置关系是什么？（相交）

——同学们观察判断的很准确，现在保持 a，c 不动，绕着大头钉（交点）转动 b，请同学观察、想象，当转到你认为直线 a，b 平行的时候喊"停"，老师就停下。

——刚才同学们一致在这个地方喊停,老师将这个位置描出来。继续转动 b,还有平行的时候吗?

——根据同学们的直观观察,只有刚才这个地方直线 a,b 是平行的。我们前面想要研究的问题是"两条直线平行是否也能用数量来刻画?",那么请同学们在头脑中想象刚才老师转动 b 的操作过程,在这过程中,什么数量发生了改变?(引导学生想象并思考,在"转动"的过程中,首先是角发生了变化)

——是哪个角呢?(b 与 c 的夹角)

——我们知道,b 与 c 的夹角有四个,它们之间有数量关系,我们就只研究其中一个角(教师在黑板上标注出该角)。

——那么这个角是多少的时候,直线 a,b 平行呢?(教师将直线 b 转至刚才描出的、学生观察到的与 a 平行的位置)

——如果现在将 a 绕着大头钉转一个角度,此时直线 a,b 还平行吗?

——请同学们想象一下,b 要调整到什么位置才会与 a 平行?此时,我们研究的这个夹角大小是多少?

——根据刚才的操作与想象,在这个模型中,直线 a,b 要平行,要满足什么条件?(引导学生总结,两直线平行,需要一组同位角相等)

学生在九年级学习"点与圆的位置关系"时,他们已经具有较高的认知水平,可以从抽象的几何图形来设计活动与问题,引导学生用运动变化的观点看位置关系,从图形的基本元素的角度探究位置关系的量化表达。这其中,包含了两个主要问题:

(1)平面上的点与圆会有哪些不同的位置关系?

(2)这些不同的位置关系可以用数量(关系)刻画吗?用什么量的数量(关系)来刻画?

问题(1)可以借助直观观察,而问题(2)中的"是否可以用数量(关系)刻画"也可以借助过去关于点与直线、直线与直线位置关系的学习经验自然得到"应该可以"的合理猜想。本节课的难点是"用什么量的数量(关系)来刻画?",需要设计活动,引导学生确定圆的两个元素(圆心与半径),想象当平面内一个点由远至近向圆运动的过程中,随着点与圆的位置关系的变化，什么数量发生变化？从而联想到"点与圆心的距离"越来越小，再进一步想象，当距离多小时，点的位置会从圆外进入圆内？或在圆上？在这个过程中，如果学生想象有困难，可以通过实物操作辅助。

当然，也可以从圆的定义出发，先得到点在圆上则半径等于点到圆心的距离，在此基础上得到其他两种位置的量化表达。但显然，上面的方式对于发展学生从运动变化的角度理解位置关系、体会从元素的关系的角度探究位置关系的量化表达、发展空间观念有更大的价值。

（3）加强图形运动和变化的认识。图形运动和变化对空间观念的影响是很大的，它可以帮助学生深入理解和感知空间的特性和关系。空间观念涉及到对几何变换的理解和应用。学生需要能够理解图形经过合同变换（平移、轴对称和旋转等刚体运动）、相似变换后的状态，感知并描述图形的运动和变化的规律。通过运用图形的运动和变化来研究在空间中的位置、方向和形态的变化，可以帮助学生更深入地理解和应用空间观念，为培养和发展空间想象能力和推理能力奠定基础。

"平移"是初中阶段学习刚体运动的起始内容，对于如何研究刚体运动、如何借助想象研究刚体运动过程中的规律承担了"首次认知"的作用。本节课的设计需要关注以下几个方面：

①通过对生活中平移现象的概括与抽象，从运动的角度给平移下定义，知道确定一个平移运动，需要两个要素：平移的方向、平移的距离。在此环节，可以让学生借助想象，感受同样的物体，平移的方向相同，但距离不同，则平移的结果不同；同样的，平移的距离相同，但平移方向不同，平移的结果也不同。

②通过实物的演示操作，引导学生明确：对于一个物体的平移运动，要确定其平移的方向与距离，需要借助对应点。从而体会，研究运动的规律，应该从最基本的元素（点）的运动前后的变化与不变性入手。

③尽可能充分锻炼学生对图形的平移的过程与结果的想象、描述的能力，并能想象和描述一些点在平移运动中的对应点的运动轨迹，从而获得对平移性质的猜想。

"轴对称"的学习，应该通过问题设计，引导学生将平移的研究经验类比迁移到本节课。平移的学习为轴对称奠定的基础是：

①对轴对称下定义可以从描述物体或图形的运动的角度入手；

②研究轴对称的性质可以从图形整体上的全等，和对应点之间的关系这两个方面进行；

③研究对应点之间的关系，需要把握图形上的点对折前后所蕴含的位置与数量上的关系；

④对轴对称过程进行表象操作，有利于准确感知运动中前后图形之间的关系，"捕捉"到其中的不变性。

平移运动中所有点经过相同方向、相同距离的平移，由此得到对应点的所连线段平行（或在同一直线上）且相等是比较直观的，而轴对称过程中，对应点与对称轴之间的关系显然更隐蔽、更抽象。这也是本节课的难点，需要借助实物、表象操作，结合过去对位置、位置关系的学习经验。如：

——同学们手中有一张透明的长方形纸，纸上左半侧画了 $\triangle ABC$ 和直线 l，请大家先想象 $\triangle ABC$ 关于直线 l 轴对称的图形大致的位置与形状，再动手折叠，并描出 $\triangle ABC$ 关于直线 l 轴对称的图形，并将 $\triangle ABC$ 三个顶点的对应点分别标注为 A'，B'，C'。

——现在将直线 l 向右平移 3 cm，你能想象出 $\triangle ABC$ 关于直线 l 轴对称的图形的位置吗？请描述点 A' 的位置会发生什么样的改变。

——有同学说，对应的三角形（包括点 A'）会向右平移 6 cm，请同学们动手折叠看看他的判断是否正确。

——为什么点 A' 是向右平移呢？（引导学生从"向右平移"中得到前后对应点连线与直线 l 互相垂直）

——为什么点 A' 向右平移的距离是 6 cm 呢？（引导学生从中得到对应点到直线 l 的距离相等）

——请你对刚才的关于对应点与对称轴直线 l 的关系做个概括。

上述活动与设计，意在通过平移对称轴，想象、观察对应图形的位置变化，从中发现轴对称中蕴含的不变性，主动、合理地联想到对应点与对称轴之间的关系，而不是由教师直接连接对应点，并直接要求学生研究对应点所连线段与对称轴的关系。

（4）通过图形与坐标培养空间观念。图形与坐标之间有密切的关系。坐标系统是一种表示点在平面或空间中位置的数学工具，而图形是由点的集合组成的。通过坐标可以确定图形中的点的位置，通过给定的图形可以推导出图形中各点的坐标，通过坐标系统可以更深入地理解和研究图形的几何性质和变换。图形与坐标的学习对培养空间观念有非常重要的价值。

对于"平面直角坐标系"，本节课的重点和难点是：会基于数轴的学习经验，从上节课的具象到本节课的抽象，建立一般性的刻画二维空间点的位置的平面直角坐标系，并从数的角度理解坐标系。

因此，需要提出以下几个关键问题：

问题1　在前面的学习中，我们知道数轴上的每个点都对应了一个实数，利用数轴我们可以用一个实数来确定一条直线上的点的位置。类比这种方法，请你找到一种方法来确定平面内的点的位置。（通过追问，引导学生借助上节课的学习经验，设想在数轴的基础上再增加一条竖轴）

问题2　我们学习数轴时，知道数轴上规定了原点、单位长度和正方向，才能使得实数与数轴上的点一一对应，数轴也才能用以确定一条直线上点的位置。那么对于这条竖轴，是否也需要做这样的规定？如何规定？为什么？

问题3　同学们可以试着举一些具体例子，看看利用它是否可以确定平面的点的位置？怎么表示点的位置？（导出平面直角坐标系的概念以及如何用坐标表示点的位置）

问题4　利用平面直角坐标系，老师说出一些点的坐标，请你快速地想象对应的点的位置。（如：(2，3)，(−1，3)）

问题5　老师在平面直角坐标系上标出若干组点，请你快速地说出它们的坐标之间的关系。（如：标出的两个点在垂直于 x 轴的直线上）

上述过程不仅需要学生理解平面直角坐标系的意义及其如何用坐标表示点的位置，还需要让学生感受在二维空间中，点之间的上下、左右等方位与位置关系也可以通过坐标数量关系来刻画，从而为学生探索三维空间中确定点的位置的问题激发兴趣、启发研究思路。

（5）培养对三维现实世界的"实境想象"。我们生活在三维现实世界中。数学知识的应用不可避免地需要对三维世界中物体相互之间的方位、位置关系等有比较清晰的理解。就初中阶段而言，理解的目的是将三维世界中的问题转化为平面问题，而越复杂的情境，对空间观念的水平要求越高。

例：在一条水平直路上有左、右并排的两棵大树，高分别为 8 m 和 12 m，两树底部的距离为 5 m，一个人眼睛距地面约 1.6 m。她沿着这条水平直路正对这两棵树从左向右前进，当她与左边较低的树的距离小于多少时，就看不到右边较高的树的顶端了？

在解决该问题时，如果仅从问题情境的文字表述上，学生很难理解"沿着这条水平直路正对这两棵树从左向右前进，当她与左边较低的树的距离小于多少时，就看不到右边较高的树的顶端了"。学生需要很清晰地知道：人如何行进？行进中两棵树和人的相对位置有何变化？"看不见"意味着什么样的位置关系？相对位置的变化中蕴含什么样的数量关系？

事实上，学生对于该情境是有生活经验基础的，难点在于将文字表达转化为"生动的现实场景"，基于"实境想象"逐步画出示意图：想象自己置身于实际场景中，一条水平直路上有两棵树，左边的低右边的高（画示意图），想象自己在两棵树的左边远处朝树走（画若干个位置的示意图），想象自己在朝树走的过程中，看右边较高树的顶端（画相应的视线的示意图），想象"看不到右边较高树的顶端时所走到的位置（画示意图）"。一旦转化为现实场景，很容易与生活经验对接，从而理解其中的相对位置，抽象出平面图形，将该问题转化为相似三角形的问题。

课堂上引导学生经历"逐句阅读→展开'实境想象'→画出示意图"的过程，从某种程度上说，这也是引导学生展开空间想象的过程。课堂上不能急于直奔"相似三角形"，而应结合情境描述，逐一进行想象、理解，必要时，还需要借助模拟实际情境让学生直观感知，为学生示范如何通过模拟演示、想象、画图等途径，帮助理解三维现实世界中的方位与位置。

三、实践思考

1. 正确认识学生表象操作的重要性

在教学过程中，应该充分认识到让学生经历表象操作的重要性。在小学阶段基于实物和直观感知的基础上，逐步过渡到能对实物和图形进行表象操作，引导、示范如何进行表象操作，使学生能在头脑中展开准确、完整的想象，培养想象的意识、专注的习惯，掌握一定的想象的方法，促进空间观念的发展，也促进对几何图形及其之间关系的理性认识。

当然，发展学生表象操作能力首先需要教师能给予学生丰富的表象操作的机会、充裕的表象操作的时间。

2. 重视不同数学语言转化的练习

前文提到，空间观念是发展空间想象力的基础，而数学空间想象能力表现为"再造想象"与"创造想象"。其中再造想象就是依照词的描述或根据图样、模型、符号等的描绘在大脑中产生新形象的心理过程。数学的表象操作有两个层次，第一是在头脑中对实物或具体的图形进行操作；第二是在数学语言描述的基础上，在头脑中进行表象操作。如：看到一张矩形纸片在头脑中想象将其对折，这是第一层次，而根据"将一张矩形纸片进行对折"或"将矩形 $ABCD$ 对折"这样的文字描述在头脑中想象其对折过程与结果，能清晰得到重合的点、线段、角，对称轴（折痕与矩形的相对位置）等，这是第二层次。显然，第二层次更加抽象、理性，也更符合初中阶段空间观念的发展目标。第二层次的表象操作已经大致等同于"再造想象"了。

抽象、理性的空间观念要求表象操作不只停留在大致、模糊的想象，而需要对操作过程中，图形各元素之间的关系（形式、位置与数量）都要有清晰、准确的感知，并进行精准的定性或定量描述。这样的想象才有助于获得猜想、发现结论，为创造性活动提供有价值的启发。

因此，在教学过程中，应以发展学生基于文字、符号等进行表象操作为最高目标，不仅需要加强三种数学语言转化的训练，还应坚持培养学生根据抽象表征展开想象的习惯和能力。

3. 处理好实物操作、多媒体直观演示与表象操作之间的关系

表象操作是在实物操作的基础上发展起来的。这意味着，初中阶段既要将表象操作作为发展空间观念的重要途径，不能只停留或依赖实物操作，同时也应注意，当学生表象操作有困难时，应借助实物操作建立表象操作的直观经验；而当学生对自己的表象操作感到不确定时，应鼓励通过实物操作检验、梳理自己的想象过程。例如：在"正方体展开图"的教学中，可以让学生先尝试在头脑中想象一个立方体展开成平面图形的过程、将立方体展开图围成立方体的过程。对于有困难的学生，可以拿一个立方体的实物模型进行手动操作，并在手动操作每一步后，都能停下来尝试在头脑中想象后续的操作过程与结果，如果仍有困难，则继续手动操作下一步。总之，手动操作的目的是形成准确、流畅的表象操作。

在教学实践中，不少课堂上存在"以多媒体直观演示替代学生头脑想象"的情况——尤其是对比较复杂的图形运动变化过程，学生没有了表象操作的空间和时间，当然难以发展空间观念。事实上，课堂上应首先鼓励学生进行表象操作，而多媒体直观演示可以作为有困难时的一种启发、引导的手段，或是检验、梳理表象操作的方式，这样才能充分发挥其发展空间观念的价值。

第五节 "代数推理"的关键教学点及其教学实施[①]

一、"代数推理"的内涵

推理是一种基本的思维形式，它基于矛盾律、排中律和同一律。推理作为数学的基本思想之一，在解决几何和代数问题时，不仅是证明事实的工具，还是探索事实和关系、扩展知识、解释现象的重要工具。

代数推理是推理的一种类型，是结构化[②]的代数思维的一部分，是从一些事实和命题推理得到特定目标结构或关系的变形或转化，是以符号运算为表征的逻辑推理形式。代数推理包含合情推理和演绎推理，推理方法包括综合法、分析法、反证法和数学归纳法。从策略角度，代数推理包括化归与转化、特殊与一般、分类与整体、数形结合等；从知识角度，初中代数推理"涵盖初中数学中代数式、方程、不等式、函数等代数内容，有时还涉及图形与证

[①] 曾志勇，张弘. 代数推理关键教学点的实施与思考 [J]. 福建教育，2024 (07)：48-51. 部分内容有删改。

[②] 刘久成，刘久胜. 代数思维及其教学 [J]. 课程·教材·教法，2015 (12)：76-81.

明问题"。

初中阶段，代数推理主要表现为以下三个方面：

1. 基于运算的结构化逻辑推演

代数的本质特征是符号运算[1]，而符号运算的核心成分是推理[2]。具体而言，在学习中，学生使用运算符、运算规则和逻辑关系，对给定的代数式进行结构化变形，或对给定的问题与命题进行逻辑分析和推理，以得出新的结构、新的结论或推导出新的信息。常用的运算符包括关系运算符（大于、小于、等于、包含等）和算术运算符（加、减、乘、除等）。对于逻辑运算和集合运算，初中仅用逻辑关系和集合关系表示，到高中才使用逻辑运算符（或、与、非）和集合运算符（并、交、补）进行表示。

2. 基于问题的形式化模型建构

代数研究的是形式化的一般模式，即数学模型。这些数学模型既是解决现实问题的工具，也是被现实情境解释或验证的对象。具体而言，在学习中，学生将现实世界的问题抽象化，并使用形式化语言构建关系模型，以便推导、分析和解决；或构造现实情境来解释相应的数学模型。其显著特点是使用符号对问题中各个要素和变量进行直观、精确、严谨的表达，并用符号验证各个要素和变量之间的关系，以及进行相互转化。

3. 基于关系的一般化符号表征

代数教学的根本目的是发展学生的代数思维，其核心是一般化的思想。具体而言，在学习中，学生将问题的共性规律用一般化的数学符号进行表征，即用符号或者由符号组成的代数式、方程、不等式、函数去表示数学（其他学科或现实生活）中的对象或结构，并借助符号操作将研究的对象或结构进行一般化的扩展、重构或分离。其主要特点是由几个特殊的实例的符号表示，逐步拓展、推广到一般化规律的符号表示。

---

[1] 史宁中，曹一鸣. 义务教育数学课程标准（2022年版）解读[M]. 北京：北京师范大学出版社，2022.

[2] 鲍建生，周超. 数学学习的心理基础与过程[M]. 上海：上海教育出版社，2009.

二、"代数推理"的关键教学点实施

在初中阶段，人们通常根据学生的思维特点和认知水平将推理能力的培养重点放在几何推理上，而代数推理则被弱化。实际上，与几何推理依赖于对图形的位置关系、数量关系以及转化的直观理解相比，代数推理抽象性对提升学生逻辑思维能力具有更好的促进作用。同时在高中阶段，代数推理的应用也更为广泛。因此，教师要从单元整体教学的角度细致分析和研究"数与代数"领域知识结构体系，认真把握与代数推理相关的关键教学点，并在实践中进行反思，形成有效的教学策略。

1. 教学分析

初中阶段的代数推理知识集中体现在"数与代数"领域中，我们将代数推理划分为基于运算的结构化逻辑推演、基于问题的形式化模型建构、基于关系的一般化符号表征三个方面的认知活动。

基于运算的结构化逻辑推演的认知，主要通过《有理数的运算》《整式加减》《一元一次方程》《实数》《不等式与不等式组》《整式的乘除》《因式分解》《分式》《一元二次方程》等章来完成。学生从一定的条件出发，依据代数定义、代数公式、运算法则、运算律、等式的性质、不等式的性质等，得到具体的数和代数式结构、数量的相等关系和不等关系等，经历从简单的符号运算，到复杂的符号运算的过程。这一过程，主要涉及从特殊到一般的归纳推理，从特殊到特殊的类比推理，以及从一般到特殊的演绎推理。例如，在有理数加法的学习中，学生先思考引入负数后有理数加法的类型，再结合具体问题情境，观察算式结构，提出与算式相关的运算规律的猜想，然后运用归纳推理将具体数的运算规律总结成一般化的运算规则，最后结合数轴、运用演绎推理来验证这些规则的正确性。

基于问题的形式化模型建构的认知，主要通过《整式加减》《一元一次方程》《不等式与不等式组》《二元一次方程组》《分式》《一元二次方程》《函数》《一次函数》《二次函数》《反比例函数》等章来完成。学生要基于问题分析条件，抽象出数量关系，用符号建立起有效的数学模型（代数式、方程、不等式、函数），从而解决问题，经历问题情境信息的"符号表征、符号变换、意义建构"[①]的过程。这一过程，主要涉及从一般到特殊的演绎推理。例如，在"实际问题与一元二次方程"的学习中，解决关于距离、时间、速度等变量的实际问题时，学生可以利用一元二次方程来表示这些变量之间的关系，并通过演绎推理来求解未知量。

基于关系的一般化符号表征的认知，主要通过《有理数的运算》《代数式》《整式加减》《一元一次方程》《不等式与不等式组》《整式的乘除》《因式分解》《分式》《一元二次方程》《函数》《一次函数》《二次函数》《反比例函数》等章来完成。学生从研究问题的计算和关系中，抽象出共性规律，用一般化的数学符号表征抽象出来的结构和系统，经历关系的"符号表示、符号解释、符号演算"，发现新的数学意义和结构的一般化的过程。这一过程，主要涉及从特殊到一般的归纳推理，从特殊到特殊的类比推理，以及从一般到特殊的演绎推理。例如，在整式乘法的学习中，学生用"杨辉三角"表示$(a+b)^n$（其中a、b为实数，且n为非负整数）的展开式系数的规律，从研究$n=1，2，3，4$的展开式（按字母a的降幂排列）的系数规律开始，逐步拓展到更高次数的系数规律、展开式项的规律的研究，得出二项式定理。

2. 关键教学点分析

初中阶段"数与代数"领域包括"数与式""方程与不等式""函数"三个主题，这些内容是学生理解代数规则、代数结构，感悟用数学符号形式化表达事物的性质、关系和规律，以及用代数方法证明（或说理）的关键内容。教师在传授这些内容时，既要引导学生掌握基础知识，又要以这些内容为"载体"，从基于运算的结构化逻辑推演、基于问题的形式化模型建构、基于关系的一般化符号表征三个方面引导学生发展代数推理能力。基于代数推理的内涵理解和教学分析，我们选定教材中的相关内容作为代数推理的关键教学点，这些内容的共性如下。

（1）具有"基础性"。代数推理是基于事实和命题进行特定目标结构或关系的变形或转化，是对问题中的数和数量的结构识别、操作转化的过程。这

[①] 鲍建生，周超. 数学学习的心理基础与过程[M]. 上海：上海教育出版社，2009：328.

一转化过程关注问题中潜在代数结构不同要素之间的关联、数量关系和变化规律的结构化概括、表示、论证和推理。这些关键教学点侧重于从结构化视角引导学生寻找规律，例如，利用有理数乘方法则推导同底数幂乘法，为后续幂的性质研究提供方法借鉴。

（2）具有"策略性"。"代数为数学提供了一套形式化的人工符号系统，其本身具有语言的特征"[①]。个体运用代数推理，即将问题中的具体情境和条件转化为代数表达式，并通过观察、分析，运用数学方法对代数表达式进行变形和推导，策略性地解决问题。这种策略性的思维方式强调问题的形式化符号表示、模型的建构。这些关键教学点侧重于基于问题形式化地建构数学模型，用分析法和综合法来解决问题。例如，"二次函数与一元二次方程"的学习，学生可以类比一次函数中的函数与方程知识，建立起二次函数与一元二次方程之间的内在联系。

（3）具有"进阶性"。从运算规则进行程序性逻辑推演，到运用符号建立模型，再到"一般意义下的推理"，具有能力发展的进阶性特征。这些关键教学点侧重于用一般化的数学符号表达问题中的规律，并用论证的话语验证这些规律的正确性。例如，在学习"完全平方公式""平方差公式"时，学生先通过具体运算操作，从特殊到一般猜想、归纳、推理出完全平方公式和平方差公式，再运用多项式乘以多项式法则演绎、推理、验证完全平方公式和平方差公式的正确性等。

3. 突破关键教学点的策略

代数推理贯穿初中三年，因此，教师需要从系统论的角度进行规划设计，为学生创建"前后一致，脉络清晰，逻辑连贯"的数学学习活动，从而突破代数推理教学难点。

（1）构建单元概念体系，加深代数概念的理解和解释。代数概念教学，应关注概念的理解和解释。教师通过实验、操作、尝试等活动，引导学生进行观察、分析、抽象、概括，弄清楚每一个代数概念的内涵和外延，明白一

[①] 鲍建生，章建跃. 数学核心素养在初中阶段的主要表现之五：推理能力[J]. 中国数学教育，2022（10）：3-11.

个代数概念从哪里来,具有什么样的数量关系和空间形式,可以干什么用。数学概念的教学,要注重概念的"生长点"与"延伸点",把每个概念置于整体知识体系中,感受数学概念的形成与拓展,将凝结在数学概念中的数学家的思维打开,为数学问题的发现打下基础。如,通过选取"数轴""绝对值""实数(第 1 课时)""代数式""同底数幂的乘法""等式的性质(方程的概念)""变量与函数"等关键教学点,构建起"数""式""方程不等式""函数"概念教学的奠基示范课,为其他概念的学习提供基础和借鉴。教学关键教学点要加深学生概念的理解,如,"数轴"教学在于如何理解和建立"点与数"的对应关系;"变量与函数"教学在于突出两个变量是互相联系,理解函数概念的本质是"单值对应"关系。

(2)合理选择运算规则,夯实学生代数运算能力基础。重视公式的发现过程,体会公式的类化特征,培养学生数学抽象能力和推理能力。教学中,要让学生用自己的方式表达公式的含义,引导学生站在代数角度去理解公式中字母的广泛含义,解题时要注意公式的结构特点,合理运用公式,选择最佳解法,提高运算能力。如,"有理数的加法(第 3 课时)""有理数的乘法(第 1 课时)""整式的加减(第 1 课时)""平方差公式"等关键教学点的教学,一般分两个阶段,一是规则的学习,二是规则的应用。应用阶段教学重点要让学生明晰运算的对象和意义,理解算法与算理之间的关系,熟练按照一定程序与步骤进行数学规则的运用。而"有理数的除法(第 3 课时)""解一元一次方程(第 3 课时)""二元一次方程组(第 1 课时)"等关键教学点的教学,关注根据代数结构特征选择合理简洁的运算策略解决问题。

(3)创设数学问题情境,开拓学生代数推理发展场域。建立和求解模型的过程包括:从现实生活或具体情境中抽象出数学问题,用数学符号建立方程、不等式、函数等表示数学问题中的数量关系和变化规律,求出结果并讨论结果的意义。而代数推理在问题解决中能够提供抽象化的思维工具、揭示问题内在规律和关系、提供系统化的解决方法和策略,通过代数推理,我们可以将问题转化为方程(组)、不等式(组)或函数等,运用代数的运算和解题技巧进行推理和求解,促进逻辑思维和分析能力的发展。通过代数推理,我们能够更加深入地理解问题,找到问题解决的有效路径,并提供可行的解决方案。

例1 《课标（2022年版）》附录1课程内容中的实例66。

（1）设 $\overline{abcd}$ 是一个四位数，若 $a+b+c+d$ 可以被3整除，则这个数可以被3整除；

（2）研究两位数 $\overline{a5}$ 平方的规律。

两个结论都是小学数学学习过的，初中阶段可以论证结论的正确性。通过教学，目的是让学生在逻辑论证的过程中，逐渐形成推理能力。对于（2）的教学，要通过特殊例子引导学生用归纳的方法，发现个位上数字是5的两位数平方的规律，并证明结论的正确性，这样的代数推理是发现事物变化规律的常用方法。

代数推理的教学不是以完整的课时或单元形式出现，而是在具体的问题解决中逐步进行的。

例2 "分式的乘除"中的应用案例。

如图7，"丰收1号"小麦的试验田是边长为 a m（$a>1$）的正方形去掉一个边长为1 m的正方形蓄水池后余下的部分，"丰收2号"小麦的试验田是边长为 $(a-1)$ m 的正方形，两块试验田的小麦都收获了500 kg。

（1）哪一个品种的小麦单位面积产量高？

（2）高的单位面积产量是低的单位面积产量的多少倍？

图7 "丰收1号"与"丰收2号"试验田

```
           ┌─────────┬─────────┐
           │         │         │
           │         │         │
           │         │         │
           ├─────────┤         │
           │         │         │
           │         │         │
           │         │         │
           └─────────┴─────────┘
            ←1 m→ (a−1) m
                 ← a m →
```

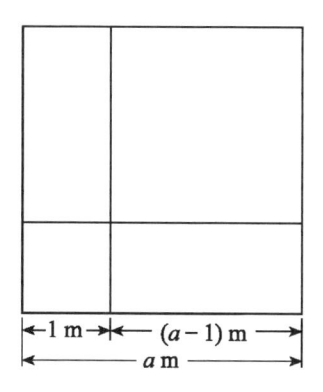

图 8 "丰收 1 号"与"丰收 2 号"试验田面积比较

教学中，根据创设的情境，引导学生参与活动，探究建立情境中数学模型，而后对数学符号表示的数学结构和规律，进行数学演算和论证解决问题。在问题解决过程中，培养学生形成规范化思考问题的品质，促进数学推理能力的发展，培养科学精神。

例 3 探究：球赛积分表问题。

某次篮球联赛积分榜

队名	比赛场次	胜场	负场	积分
前进	14	10	4	24
东方	14	10	4	24
光明	14	9	5	23
蓝天	14	9	5	23
雄鹰	14	7	7	21
远大	14	7	7	21
卫星	14	4	10	18
钢铁	14	0	14	14

（1）用式子表示总积分与胜、负场数之间的数量关系；

（2）某队的胜场总积分等于它的负场总积分吗？

针对"球赛积分表问题"中提出的两个探究问题，教师在备课中应该思考：

（1）为什么设置"探究"？

（2）"探究"的学习价值是什么？

（3）我们应该如何进行后续的探究学习的设计？

教学中，教师应该设置以下问题串引发学生发现问题、提出问题：

问题1　如果没有这样的一支全负的"钢铁队"的积分情况，我们还能够解决情境中的两个问题吗？

学生在处理问题时往往会选择两支球队的积分情况进行分析、解决，这时教师可以适时追问：如果选择前进队和东方队的积分可以解决问题吗？当学生给出否定回答后，教师可以引导学生提出问题：

问题2　如果只知道一支球队的积分情况，可以探究情境中的两个问题吗？

这样，学生在教师的引导下提出了一个开放性问题，根据表格数据中的代数结构特征，用代数推理分析表格数据特征，构建不定方程，用数的整除性知识和方法解决实际问题，从"球赛积分表问题"的解决引导学生用代数推理的方法分析各种表格数据，解决与数据表格相关的一类问题。

三、实践思考

1. 单元教学有助于学生理解数学推理

单元教学从数学的整体出发，为学生构建了一个涵盖知识、方法和逻辑关联的学习体系，帮助其建立起数学整体认知框架、推理思维的方式，建立起数学问题解决的思维模式和方法。通过设计一系列的问题解决和学习活动，单元教学能够引导学生综合运用已学的数学知识和方法，推理、分析并解决问题能力，能够训练和发展学生的推理能力。在将具体的数学问题转化为代数表达式或关系的过程中，学生通过观察、分析和抽象的方式去发现和理解数学中的规律和关系，并将其转化为数学表达式或等式，在运用代数规则进行问题求解和证明的过程中，逐渐理解和掌握代数推理的逻辑性和形式化特征。

2. 单元教学有助于学生发展推理能力

代数推理既是一种思维方式，也是一种解决问题的策略，是数学核心素养的外在体现。数学单元教学以学习者为中心，以高阶位的素养为培育目标，通过设置具体的学习活动和问题解决路径，引导学生发展代数推理能力、批判性思维能力和创造性思维能力，逐步形成理性精神。在数学单元教学中，学生通过参与具体的学习活动和问题解决过程，运用归纳和类比的方法来明确问题中的数学关系，从而揭示代数结构、关系和规律。在这个过程中，学生需要自主提出数学命题并进行验证，运用各种推理和证明的方法来解决问题。在问题解决过程中，学生运用批判性思维分析、评估和验证预想方案，运用创造性思维提出新的观点、方法，多途径找寻问题解决方案，最终依靠逻辑思维和学科关键能力解决复杂的数学问题。

学生代数推理能力的发展是一个系统的、长期的、逐步的过程。教师需要整体设计，合理规划每一节课的教学目标，充分利用教材内外的资源创设有效情境，以引导学生逐步提升代数推理能力。教师应基于运算的结构化逻辑推演、基于问题的形式化模型建构、基于关系的一般化符号表征，刺激学生的代数推理能力和高阶思维的发展，为他们在高中阶段学习逻辑证明奠定坚实的基础，使他们具备适应未来社会生活的数学核心素养。

第六节　"几何推理"的关键教学点及其教学实施[①]

一、"几何推理"的内涵

"几何推理"作为几何课程的重要组成部分，对于学生的逻辑思维能力、问题解决能力的培养具有重要意义。

传统平面几何课程主要局限在欧几里得《几何原本》公理化体系下，通过观察几何图形，对几何图形形成直观感知，并借助概念分析研究几何图形，抽象出几何图形的性质。用逻辑推理的方法学习并建构几何知识体系，对于学生的思维水平有较高的要求。随着信息技术的发展和教育改革的推进，几何推理教学也面临着新的挑战和机遇。传统的几何推理教学主要依靠纸质教

---

① 张弘，陈惠增．"几何推理"关键教学点的实施与思考［J］．福建教育，2023（46）：50-54．部分内容有删改．

材和教师讲解，学生的参与度和学习兴趣有限。而现代技术手段的应用，如计算机辅助教学、虚拟实验等，为几何推理教学提供了新的可能性。因此，研究几何推理教学的背景和现状及"几何推理"关键教学点的教学，对于改进教学方法和提高学生学习效果具有重要意义。

几何推理是指通过逻辑推理和几何知识，从已知条件出发，推导出新的结论或判断的过程。在几何推理中，我们需要运用几何的基本概念和原理，通过观察、分析和推理，来解决几何问题。几何推理具有两个经典的特征：一是演绎推理作为人类文化的重要组成部分，二是演绎推理作为证明几何结论和揭示一般规律的工具。除此以外，几何推理的一个更重要任务就是帮助学生理解数学。也就是说，推理应该从单纯的证明工具转变为发现各种几何事实和关系的工具，成为知识的扩展和解释的工具，成为一种说服别人相信几何猜想的手段。在初中阶段，几何推理是数学（几何）学习中的一种基本活动，是理解几何和解决几何问题的主要方式。几何推理的过程中，我们需要运用几何的基本概念，如点、线、面、角等，以及几何的基本原理，如平行线的性质、三角形的性质等。初中学生的几何推理能力是按照一定层次逐步发展的，低年级学生可借助一定的几何直观和日常经验[①]，从简单的说理开始，中年级从说理到简单的推理，高年级再从简单的推理到推理。

在"几何推理"教学中，教师应帮助学生建立几何的概念体系，深入理解几何的本质，帮助学生逐步养成几何推理的习惯，不断提高学生几何语言表达的条理性和流畅性，对几何推理过程进行符号化表述。教师应致力于引导学生理解和掌握关键教学点，通过"几何推理"关键教学点的教学实践与思考，探讨"几何推理"的有效教学方法和策略，帮助学生更好地理解几何推理，提高几何推理能力，发展"推理能力"的核心素养。

二、"几何推理"的关键教学点的实施

1. 教学分析

"几何推理"渗透在数学的各个内容领域（包括"数与代数""统计与概

---

① 史宁中，曹一鸣. 义务教育数学课程标准（2022年版）解读[M]. 北京：北京师范大学出版社，2022.

率"领域），但主要集中于"图形与几何"领域中的"图形的性质"部分。基于单元整体教学的理念，根据"几何推理"的表述形式，结合SOLO分类评价理论，将初中几何推理能力发展的阶段可以分为以下四个阶段。

（1）前结构阶段（Prestructural）。在这个阶段，学生重复记忆几何定义和公式，初步了解几何概念和简单的说理，为后续学习规范的说理做准备。例如，《几何图形初步》中"线段的中点与角的平分线"定义教学时，如图1，由点C把线段AB分成相等的两条线段AC与CB，则点C是线段AB的中点；或由点C是线段AB的中点，则点C把线段AB分成相等的两条线段AC与CB（或$AC=CB=\frac{1}{2}AB$）；类比"线段的中点"定义，"角的平分线"也有类似的表述形式（不详细书写）。又如，利用平行四边形的定义判定一个四边形是不是平行四边形等。这些都是"前结构阶段"所表现的简单说理。

图1

（2）单结构阶段（Unistructural）。在这个阶段，学生开始理解几何概念和说理过程，可以使用已知的几何概念、基本事实（公理）、定理、性质来进行说理，解决简单的几何问题，为规范书写几何证明题的推理过程打下基础。例1体现了单结构阶段对学生几何推理能力的要求。

例1 如图2，直线a，b相交，$\angle 1=40°$，求$\angle 2$，$\angle 3$，$\angle 4$的度数。

解：由邻补角的定义，得$\angle 2=180°-\angle 1=180°-40°=140°$；

由对顶角相等，得$\angle 3=\angle 1=40°$，$\angle 4=\angle 2=140°$。

图2

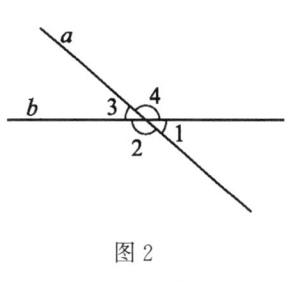

（3）多结构阶段（Multistructural）。在这个阶段，学生能够同时使用多个几何概念、基本事实（公理）、定理、性质和推理规则来解决几何问题，能够将不同的几何知识和推理过程组合在一起，形成简单的推理过程。此阶段，学生能够初步呈现简单推理（即证明）的范式。教材"命题、定理、证明"的一课强调：定理是经过推理证实正确的真命题，而命题的正确性需要经过推理才能作出判断，这个推理过程即是证明。详见例2证明过程。

例2 如图3，已知直线 $a/\!/b$，$a\perp c$。求证 $b\perp c$。

证明：$\because a\perp c$（已知），

$\therefore \angle 1=90°$（垂直的定义）。

又$\because a/\!/b$（已知），

$\therefore \angle 1=\angle 2$（两直线平行，同位角相等）。

$\therefore \angle 2=\angle 1=90°$（等量代换）。

$\therefore b\perp c$（垂直的定义）。

图3

例2体现了几何推理过程"言必有据，言必有理"的特性。

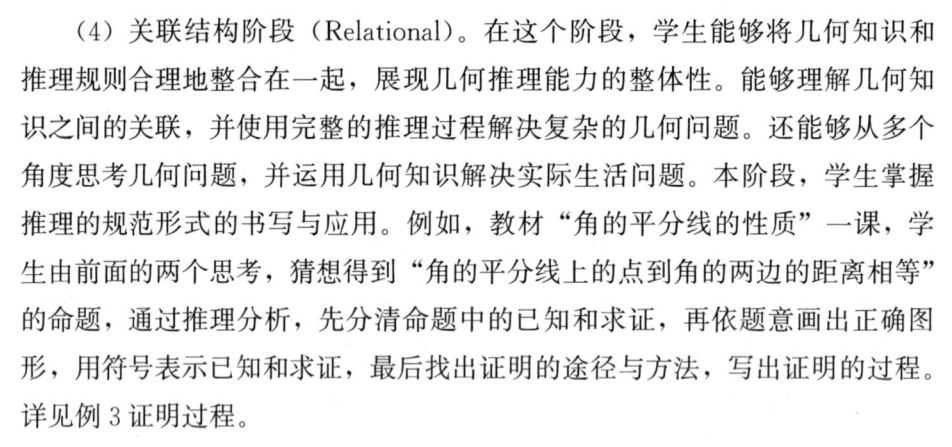

（4）关联结构阶段（Relational）。在这个阶段，学生能够将几何知识和推理规则合理地整合在一起，展现几何推理能力的整体性。能够理解几何知识之间的关联，并使用完整的推理过程解决复杂的几何问题。还能够从多个角度思考几何问题，并运用几何知识解决实际生活问题。本阶段，学生掌握推理的规范形式的书写与应用。例如，教材"角的平分线的性质"一课，学生由前面的两个思考，猜想得到"角的平分线上的点到角的两边的距离相等"的命题，通过推理分析，先分清命题中的已知和求证，再依题意画出正确图形，用符号表示已知和求证，最后找出证明的途径与方法，写出证明的过程。详见例3证明过程。

例3 如图4，OC 是 $\angle AOB$ 的平分线，点 P 在 OC 上，$PD\perp OA$，$PE\perp OB$，垂足分别为点 D，E。求证：$PD=PE$。

证明：$\because PD\perp OA$，$PE\perp OB$，

$\therefore \angle 1=\angle 2=90°$。

又$\because OC$ 是 $\angle AOB$ 的平分线，

$\therefore \angle 3=\angle 4$。

在△PDO 和△PEO 中，

$\begin{cases}\angle 1=\angle 2,\\ \angle 3=\angle 4,\\ OP=OP,\end{cases}$

$\therefore \triangle PDO\cong\triangle PEO$（AAS）。

图4

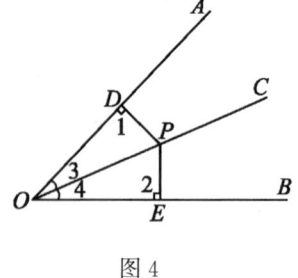

∴$PD=PE$。

教师深入理解初中生几何推理发展四个阶段的思维水平与能力要求，方可为学生提供针对性、有效性的教学指导。

2. 关键教学点分析

根据"几何推理"的四个阶段教学分析及关键教学点的内涵理解，本专题共选择了 10 节课作为关键教学点，分别是："余角和补角""平行线的性质""三角形的内角""三角形全等的判定（第 1 课时）""角平分线的性质（第 1 课时）""等腰三角形""平行四边形的判定（第 1 课时）""圆周角""点和圆的位置关系""相似三角形的判定（第 2 课时）"。其共有的特性分析如下：

（1）具有层次性。根据 SOLO 分类评价理论，我们将初中几何推理能力发展分成前结构、单结构、多结构、关联结构四个阶段，而几何推理能力不同发展阶段主要体现为几何思维水平不同层次。范希尔夫妇的几何思维层次理论包括：直观化、描述/分析、抽象/关联、形式/演绎、严密性/元数学等五个阶段水平[1]。这五个阶段水平也可以看作是几何推理的五个层次。具体来说，水平 1 的直观化，表现为学生直观识别或操作几何图形，其推理主要是直观主宰的（如何培养学生的几何直观另章阐述），而后四个阶段水平的几何思维，与依据 SOLO 分类评价理论划分的学生几何推理发展的四个阶段一一对应。

教材中的几何知识体系是层层递进的，培养即对学生的几何思维与几何推理能力的培养循序渐进，由低到高。所以层次性很强，促使学生学会按逻辑关系进行"有序思考"。例如，《几何图形初步》属于从几何的概念出发简单说理的前结构阶段，《相交线与平行线》则属于单结构与多结构的阶段交织要求学生用几何概念规范地说理，再用符号化的语言进行简单推理。而八年级内容多属于多结构或关联结构阶段，"角平分线的性质（第 1 课时）"展现了几何命题推理分析方法与证明的步骤要求，"点和圆的位置关系"第一次使用了"⇔"的符号表述问题以及用反证法证明"两直线平行，同位角相等"。作

---

[1] 李士锜，吴颖康. 数学教学心理学 [M]. 上海：华东师范大学出版社，2011：95.

为关键教学点的 10 节课，在几何推理能力与思维水平培养方面充分体现了层次性，其教学具有阶段示范性和模块典型性。

（2）具有多样性。初中几何推理教学方法的多样性，主要是教学方法的多元化和对学生推理能力多样化的问题设计与实施。在初中几何推理能力发展的四个不同阶段，采用不同的教学方法，可以有效地提升学生的几何推理能力，为他们的数学学习和其他领域的学习打下坚实的基础。在几何推理的前结构阶段与单结构阶段，注重多媒体辅助教学设备呈现实际生活情境提高学生的兴趣和几何直观能力，借助几何画板的动态演示分析推理过程，最后通过教师精选的习题训练，提高学生说理的条理性和规范表达说理过程；而在几何推理的多结构阶段和关联结构阶段，注重通过多样化层次性问题设置，引导学生思考和解决问题，以提高几何推理能力及进一步规范书写推理过程。例如，"圆周角"的教学，就充分体现了几何推理教学方法选择的多样性。

例 4 "圆周角"教学（片段）。

问题 1　在 ⊙O 上任取一条弧，作出这条弧所对的圆周角和圆心角，测量它们的度数，你能得出什么结论？

问题 2　在问题 1 的基础上，请根据圆周角的两边与圆心 O 的不同位置，画出所有不同情况的图形，并测量它们的度数。你能得到与问题 1 同样的结论吗？由此你发现了什么规律？

问题 3　在问题 2 的基础上，选择其中一种最特殊的情况进行分析推理。

问题 4　在问题 3 的分析基础上，完成其他情况的证明。

问题 1 引导学生主要从画图测量的操作层面发现"同弧所对的圆周角的度数等于这条弧所对的圆心角的度数的一半"的结论；问题 2 则先分情况讨论（画图），为后续问题 3、4 推理证明做准备，问题 3 主要是用"⇒"符号进行推理分析；问题 4 则要求学生用演绎推理格式证明，最后概括得到一般性结论（完全归纳法）。

（3）具有策略性。几何推理是几何学习中的一种基本活动。推理包含合情推理和演绎推理，合情推理的主要形式包括类比推理与归纳推理，体现了从特殊到一般的思维方式，是发现、提出、形成数学概念、法则、关系、猜想的重要方法；而演绎推理则体现了从一般到特殊的思维方式，是形成数学命题、判断命题真伪和进行证明的基本方法。通过一系列有效的教学策略和学习方法，合情推理与演绎推理的综合使用，帮助学生掌握几何问题的解决方法，提升他们的逻辑推理能力和创造性思维。以教材"三角形的内角"的教学片段为例做说明。

例 5 "三角形的内角"教学（片段）。

问题 1 在纸上任意画一个三角形，将它的内角剪下拼合在一起，就得到一个平角。从这个操作过程中，你能发现证明的思路吗？并说明理由。

问题 2 你能确定拼合的角是平角吗？还想到了什么？

问题 3 在前面两个问题的探究基础上，你能进一步归纳证明的思路与方法吗？并证明之。

问题 1 引导学生调动已有的活动经验——小学学过的动手操作的合情推理，并能在操作过程中学会总结。问题 2 的"你能确定拼合的角是平角吗"是学生设计辅助线的重要参考。在拼接操作的启示下，学生作辅助线的自然思路是在一个顶点处作出其余两角，说明三个角的和是平角。这三个角的和从直观观察上看是平角，但很难论证它是平角。在问题 2 的追问下，学生"被迫"思考证明的逻辑链条。部分学生会采取"正难则反"的策略，先作出一个平角，再说明构成这个平角的三个角分别等于三角形的三个内角，学生在受到拼接的启发与教师指导下，通过"画一个角等于已知角"实现图形剪拼的数学化，达到从静态呈现到动态转化的目的，真正实现从动作表征向图象表征的转换，体悟辅助线的由来，为问题 3 的演绎推理做好过渡。问题 3 进一步引导学生思考：利用"两直线平行，同位角相等"（内错角相等），是否可以实现将一个"角"动态地移到另外一个地方？学生"悟"出辅助平行线的作法，展示辅助线的另一种由来，归纳作辅助线的逻辑思维过程。这种注重思维的教学过程，既能教会学生把握数学的本质，又能引导学生多角度地思考、比较、归纳，并渗透转化与化归的数学思想。

几何推理入门教学要特别关注思路的分析与"三段论"的表达，不管是"持果索因"的分析法还是"由因及果"的综合法，都应做到"欲证须证"紧相连、前因后果"步步有据"，为后续其他几何证明教学提供策略上的示范。

3. 突破关键教学点的策略

分析关键教学点重要，突破关键教学点更重要。以下简要介绍突破"几何推理"关键教学点的教学三个策略。

（1）创设实际情境，引导实践操作。在几何推理的关键点教学策略中，创设情境进行实践操作是一个重要的环节。通过创设情境，可以帮助学生更好地理解几何推理的概念和原理，并将其应用到实际问题中。在实践操作中，教师可以设计一系列与几何推理相关的问题和活动，让学生通过观察、实验等合情推理来猜想结论。例如，"相交线"教学中，推导对顶角和邻补角的概念与性质时，教师可创设"剪刀剪布片"的实践操作情境，引导学生通过剪刀刀刃的运动过程，抽象出对顶角和邻角的概念并探究其性质。再如，为了猜想此几何结论，可以设计一个实验，让学生使用直尺和量角器来测量不同角的角度的大小，并观察它们之间的关系，猜想得到几何结论，最后进行几何证明。通过这样的实践操作，学生可以经历从实验几何向论证几何过渡的过程，加深对几何推理的理解。

教师通过设计问题、实验和游戏等方式，引导学生进行实践操作，提高他们几何推理的学习效果。

（2）设置层次问题，引导有序思考。引导学生进行有序思考是"几何推理"关键教学点的教学中的重要环节。为了有效引导学生进行逻辑思考，提高他们的几何推理能力，教师应根据学生的实际情况和学习需求，灵活设置有层次性的问题，使教学更加有效和有针对性。以教材"平行线的性质"的教学为例做说明。

例 6 "平行线的性质"教学（片段）。

问题 1 利用坐标纸上的直线或用直尺和三角尺画两条平行线 $AB/\!/CD$，再画一条截线 EF 与直线 AB，CD 相交，标出所形成的 8 个角（如图 5），度量这 8 个角的度数，把结果填入表 1 中。

表1

角	∠1	∠2	∠3	∠4	∠5	∠6	∠7	∠8
度数								

图5

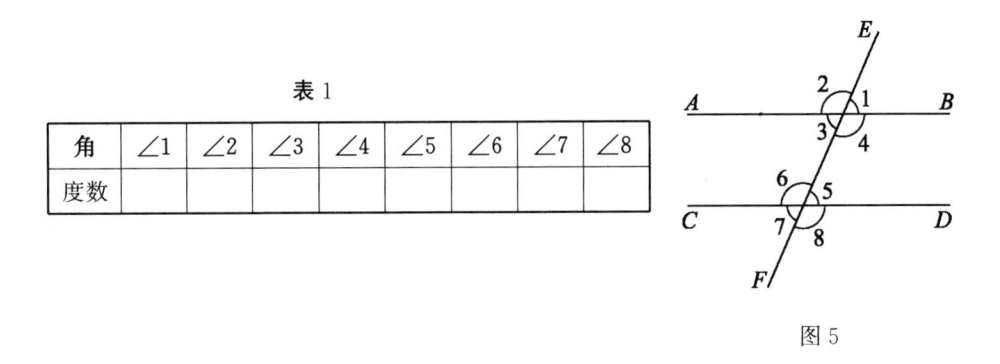

(1) 这8个角中，哪些是同位角？它们的度数之间有什么关系？由此猜想什么结论？

(2) 再任意画一条截线，同样度量并比较各对同位角的度数，猜想还成立吗？

问题2 在问题1的猜想成立的情况下，用说理（简单书写过程）的方式，推导出平行线的其他性质。

例6的问题具有层次性。问题1引导学生由实践操作的层面猜想得到平行线的性质1"两直线平行，同位角相等"（其证明用到九年级的"反证法"才能进行求证），其设计与课堂教学实施有助于培养学生的合情推理能力。问题2是从演绎推理（单结构阶段的说理）的角度设计问题，让学生明白合情推理是猜想结论，而要想证明结论的正确性，必须经过演绎推理的论证。从问题1到问题2，先需要帮助学生分清假设与经验（合情推理主要建立在经验基础上，演绎推理主要建立在假设基础上。演绎推理只能在大家都承认的结论基础上进一步展开，有其固有的系统性），学生初步分清了假设与经验，才能有针对性地展开推理格式规范书写的训练。可见，设计有层次的问题是引导学生有序思考的前提，也是发展学生几何推理能力的前提。

(3) 融合代数推理，发展推理能力。几何推理具有一定的直观性，侧重于图形的位置与数量关系的转化，代数推理（主要是演绎推理）则比较抽象与形式化。《课标（2022年版）》要求适当加强代数推理。借助两种推理的融合发展学生才能全面发展推理能力。初中几何教学中也有不少代数推理的内容。例如，"余角和补角"就展现了两种推理的有效融合。

例7 ∠1与∠2，∠3都互为补角，∠2与∠3的大小有什么关系？

解：因为∠1与∠2，∠3都互为补角，则∠2＝180°－∠1，∠3＝180°－∠1，

所以∠2＝∠3。由此，得到补角的一个性质：同角（等角）的补角相等。

例7意在引导学生推理分析，用代数中有关的等式性质简单地说理，教会学生能用数学语言表述自己的推理过程（不要求很严格的形式）。此性质广泛应用于后续"对顶角相等""平行线的判定和性质"的教学。

三、实践思考

1. 有助于整体把握"几何推理"

与小学数学相比，初中数学课程的逻辑体系相对完整，有了经过明确"定义"的概念，设置了可以作为推理起点的"基本事实"，也介绍了命题、定理与证明。几何推理的基本概念是几何学中的重要内容之一，它涉及到几何图形的性质、关系和推理方法。在几何推理中，我们需要掌握一些基本概念，如点、线、面、角等，以及它们之间的关系和性质。通过对这些基本概念的理解和运用，我们可以进行几何推理，解决与几何图形相关的问题。

几何推理的基本原理（包括公理、定理和推论）是几何学中的重要概念，公理（基本事实）是几何推理的基础，它是不需要证明的基本命题，是几何学中最基本的真理，它被视为几何学的基石，其他定理和推论都是基于公理来推导的，公理的特点是简洁、明确且不可证明；定理是基于公理通过逻辑推理和证明推导出来得出的真命题，它是几何推理的重要结果，它可以用来解决几何问题和证明几何命题，定理的证明过程需要严密的逻辑推理和合理的推导步骤；推论是基于已知定理和已证明的命题得出的结论，它是几何推理的基础和核心，是几何推理中的重要工具，它可以帮助我们从已知条件中得出更多的结论，推论的推导过程通常是基于逻辑推理和已有结论的运用。

2. 有利于培养学生的核心素养

从小学阶段的"推理意识"，到初中阶段的"推理能力"，再到高中阶段的"逻辑推理"，可以看出，这是一个进阶的过程。"推理意识"的主要目标是帮助学生认识到推理在数学中的意义与作用，初步养成讲道理的习惯；"推

理能力"则要求学生能够运用数学推理解决问题,但推理过程的系统性、全面性和形式化还有待高中阶段的进一步发展[1]。

在几何推理的四个发展阶段中,运用基本原理来推导出几何命题的真实性和相关结论,构成了几何推理的逻辑体系。立足于学生认知水平,遵循教材的体系,结合"几何推理"的"前结构、单结构、多结构、关联结构"的四个阶段,帮助学生整体把握"几何推理"的内涵,培养初中学生的"推理能力"素养。

3. 有利于推进"几何推理"关键教学点的实施

"推理能力"是初中阶段数学核心素养之一。随着科技的不断进步和教育理念的不断更新,"几何推理"关键教学点的教学也将迎来新的发展机遇。"几何推理"关键教学点的教学将更加注重培养学生的创新思维和问题解决能力。教师将采用更加灵活多样的教学方法和教学资源,通过引入虚拟实境技术、互动教学平台等先进技术,教师可以创造出更加生动、直观的几何推理教学环境,激发学生的学习兴趣和主动性,更加注重培养学生的团队合作和沟通能力,促进学生进行合作探究和讨论交流,引导学生进行小组合作学习,通过互相讨论和交流,促进学生之间的思想碰撞和知识共享,培养学生的团队合作和沟通能力。同时,教师还可以利用网络资源和开放式教育资源,为学生提供更加丰富多样的学习材料和学习机会。

第七节 "数据观念"的关键教学点及其教学实施[2]

一、数据观念的内涵

初中阶段,学生数据观念的形成和发展主要依据"统计与概率"领域。

---

[1] 史宁中,曹一鸣. 义务教育数学课程标准(2022年版)解读[M]. 北京:北京师范大学出版社,2022.

[2] 黄和悦,张弘. 指向数据观念培育的关键教学点研究[J]. 福建教育,2024(02):46-49. 部分内容有删改.

"统计与概率"属于"不确定性"数学内容，与"确定性"数学内容相比，其研究内容、研究方法不同，能力培养方向也不同。统计可以帮助人们从大量的数据中找出规律和趋势，进行推断和决策，而概率则可以帮助人们量化和度量不确定性，为决策提供依据。不论是在科学研究、学术论述中，还是商业分析、社会调查中，统计与概率都是不可或缺的。统计与概率为人们提供了一种理性且准确的方法，用以解决问题和作出决策。

数据观念是人们对数据的看法和态度，包括对数据的认识、理解和应用。在义务教育阶段，"统计与概率"内容的教学核心目标是发展学生的"数据观念"，绝非等同于计算、画图等简单技能，而是需要让学生在亲身经历的过程中培养出来的。

数据观念反映的是由一组数据所引发的想法、所推测到可能的结果、自觉地想到运用统计的方法解决有关的问题等。具体来说，数据观念是人们对数据进行分析和理解的一种认知方式或思维形式，它不形成于传统意义的数学解题，也不形成于大量的应试训练，它体现了个体对数据的敏感性。个体具备数据观念，体现在以下三个方面：第一，具备从统计角度思考与数据相关问题的能力。要培养学生有意识地从统计的角度思考有关问题，也就是当遇到问题时能想去收集数据和分析数据，具备从统计的角度思考问题的意识显然是非常重要的，将来你一旦遇到了与数据有关的问题，即使你不懂得或忘记了具体收集和整理数据的方法，但只要你有了这个意识，就会去请教专业人员，在他们的帮助下就能作出比较合理的决策。第二，能通过收集、描述和分析数据来作出合理的决策。学生不但要具备从统计的角度思考问题的意识，而且还要亲身经历收集、描述和分析数据的过程，并能根据数据作出合理的判断，通俗地讲，不但要有意识，还得有一些办法，针对一个问题研究，学生不仅要意识到解决这个问题需要收集数据，而且还要讨论需要收集哪些数据，采取什么样的办法进行收集，要亲自做哪些调查，要进行怎样整理才更清晰，最后基于对数据的分析作出何种推测。第三，能对数据的来源、收集和描述的方法，由数据得出的结论进行合理的质疑。对数据进行合理的质疑首要的前提是能读懂数据，理解它所代表的信息，这一点对于义务教育阶段的"统计与概率"学习非常重要的，因为在信息时代里，生活中充斥着各种数据，除了能读懂并有意识地从各种渠道获取数据外，还必须理智地对待新闻媒介、广告等公布的数据，了解数据可能带来的误导，初步形成对数据处理过程进行评价的意识，保持理智的心态，对数据的来源、收集数据的方法、数据的呈现方式、由此得出的结论进行合理的质疑。

二、数据观念的关键教学点实施

1. 教学分析

《课标（2022年版）》中"统计与概率"初中阶段的主要内容有：用抽样的方法收集数据，通过对样本数据的整理与描述，提取样本数据的特征，用样本数据估计总体的特征与变化趋势；刻画随机事件概率的两种方法，即在简单随机事件前提下求随机事件的概率，用频率估计概率。

"统计与概率"在初中阶段有"抽样与数据分析""随机事件的概率"两个主题。通过这两方面内容的学习，学生将感悟从不确定性的角度认识客观世界的思维模式和解决问题的方法，初步形成通过数据认识事物的思维品质，发展数据观念、模型观念，并培养抽象能力、运算能力等。关于统计，初中阶段强调数据收集与分析方法，侧重对数据进行推断性统计分析。初中学生收集数据的方法主要是简单随机抽样；整理与描述数据的主要方法是对数据进行合理地分组，绘制扇形统计图和频数直方图；分析数据的主要方法是提取数据信息，包括数据的数字特征，如用平均数、中位数、众数、方差等衡量数据的离散程度，或利用四分位数、百分位数等刻画数据的分布位置[1]；利用数据解释或说明问题的主要方法是通过样本数据进行统计分析，借助样本的变化来估计总体的变化趋势。关于概率，在初中阶段主要涉及随机事件概率的定量研究。初中学生可以通过列表、画树状图等方法列出简单随机事件所有可能的结果，并了解随机事件的发生概率。此外，还可通过大量重复试验，用频率来估计概率[2]。

---

[1] 吕世虎，颜飞. 新课标"统计与概率"内容分析：从结构到要求[J]. 教育研究与评论，2022（8）：26-32.

[2] 杨军，刘栋. 突出数学核心概念，凸显核心素养导向——2022年中考"随机事件的概率"专题命题分析[J]. 中国数学教育，2022（4）：31-38.

按照《课标（2022年版）》的设计，下面图1、图2用思维导图呈现"统计与概率"领域中涉及的知识点：

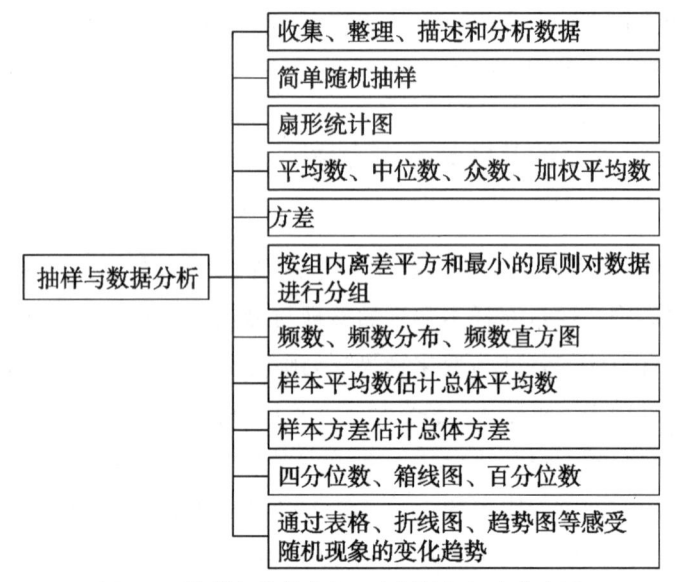

抽样与数据分析
- 收集、整理、描述和分析数据
- 简单随机抽样
- 扇形统计图
- 平均数、中位数、众数、加权平均数
- 方差
- 按组内离差平方和最小的原则对数据进行分组
- 频数、频数分布、频数直方图
- 样本平均数估计总体平均数
- 样本方差估计总体方差
- 四分位数、箱线图、百分位数
- 通过表格、折线图、趋势图等感受随机现象的变化趋势

图1 "抽样与数据分析"主题的知识点分布图

随机事件的概率
- 列表、画树状图等方法列出简单随机事件所有可能结果
- 随机事件的概率
- 频率估计概率

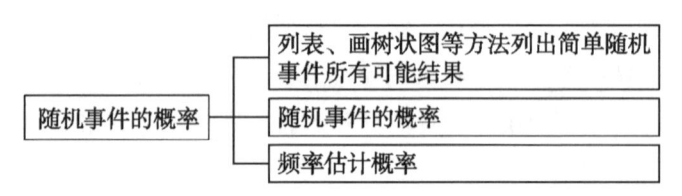

图2 "随机事件的概率"主题的知识点分布图

在处理教材时，教师要注意以下几个环节：

（1）数据处理环节。统计与概率是用来分析和解释数据的重要工具。数据处理涉及收集、整理、描述和解释数据等过程。教师要将原始数据转化为有用信息，减少无用数据的干扰，以便展开进一步的分析和解释，使学生更好地理解数据的含义和趋势。

（2）随机观念培育环节。教师要引导学生认识到：随机观念是数据分析和统计学中的基本原则，它通过随机选择样本，确保数据集具有独立性和随机性，从而提高数据的代表性和可靠性，减少选择偏差，并帮助人们得出更准确、全面的结论。

(3) 统计推断环节。统计推断是基于样本数据对总体数据进行推断的过程，它涉及从样本数据中抽取信息，对总体的性质进行估计和推断。初中阶段的统计推断主要侧重于基本统计方法的掌握和应用，重点是培养学生对数据的整理和分析能力，以及对统计结果的解读能力。

(4) 概率理论建构环节。概率理论是研究随机事件发生的可能性和规律的数学分支，它涉及计算和描述事件发生的概率，以及事件之间的关系。概率理论可用于模拟和预测未来事件的可能性，并为决策制订提供风险评估。

2. 关键教学点分析

基于以上理解，我们选择"抽样调查""直方图""平均数""用频率估计概率""用列表或画树状图求两次掷硬币的概率"作为指向数据观念培育的关键教学点。

选择"抽样调查"，因为它是初中"统计与概率"的一项重要内容，是统计推断和概率分析的基础，对学生后续学习统计与概率知识能起到示范、引领作用。抽样调查能够通过选取代表性样本，使得统计结果能够反映总体的特征和情况。抽样调查能够利用概率的方法，通过对样本数据的统计推断，对总体的特征进行估计和推断。通过对抽样误差的评估和控制，合理选取样本，可以对总体数据进行估计，从而增加了统计结果的可信度和可靠性。抽样调查相对于全面调查，可以大大提高调查效率，通过选取适当的样本规模和抽样方法，既能显著降低调查成本和时间，又能保持统计结果的准确性和可靠性。

选择"直方图"，因为它是小学阶段整理和描述数据知识和方法的延续。从事收集、整理、描述和分析数据的活动是统计学习的首要目标，而表格、扇形、直方图、折线图等统计图是整理数据和表示数据的常用方法，在现实生活中应用广泛。小学阶段有关统计图的学习为初中面对大量纷繁复杂的信息作出理性的选择与判断储备了解决思路及思维方式。特别是条形统计图，是直方图学习的"固着点"，为连续统计量的频数分布直方图的学习作了铺垫。对于考查对象数据的分布特征条形统计图往往无能为力，教学中以此为生长点设计问题情境，让学生经历整理、表示与处理数据的过程，认知冲突引发对直方图的探求，从而体会用频数分布直方图表示数据的优越性。

选择"平均数",因为它是统计分析和推断的基础,提供了对数据集的整体认识。人们通过计算数据的平均数,可以知道数据的平均水平,了解数据集的整体情况;通过对样本的平均数进行计算,可以估计总体的平均值,并提供关于估计值的不确定性的信息;通过计算不同组或不同条件数据的平均数,可以判断不同组或不同条件数据在某个变量上的差异。样本平均数是估计总体平均数的主要工具之一,对其他有关数据指标的学习起着奠基作用。

选择"用频率估计概率",因为它是继古典概率后又一种求随机事件概率的方法。人们使用"用频率估计概率"时应遵循随机观念的原则,通过随机选择样本,保证样本的独立性和随机性,以得到更准确的概率估计值。课上,通过开展具体的实验、观察、归纳,学生可以亲自体验到用频率估计概率的方法的有效性,为高中阶段学习统计与概率奠定基础,如了解高中概率非负性、规范性、可列可加性等基本性质,学习事件的独立性、条件概率、贝叶斯公式等更加复杂的概率计算方法,学习二项分布、正态分布等不同类型的概率分布。

选择"用列表或画树状图求两次掷硬币的概率",因为它具有承上启下的关键作用。列表和画树状图均是初中课程"计算简单事件发生的概率"的核心内容,也是高中课程"古典概型及其概率计算公式"的学习基础。当事件涉及两个或两个以上的因素,并且每个因素的取值个数也比较多,导致事件的结果相应增多时,人们用直接列举法计算有一定的困难,需要通过列表或画树状图来解决问题,以此更清晰地看到每种可能性及其对应的概率。通过本课的学习,学生能掌握复杂事件的概率计算方法,形成分类讨论思想,提升穷举法运用能力。

3. 突破关键教学点的策略

统计思想是统计学中的核心思想,其本质是通过样本来对未知或未发生事物的发展规律进行估计推测。置信程度如何,取决于样本的代表性与样本量(偶然因素影响着样本的代表性)。"如何合理地抽取样本"是"抽样调查"一课的核心内容,对学生形成统计思想具有基础性作用。抽样调查是人们合理决策的主要依据,在生产生活中应用广泛。例如,对某餐厅进行服务质量调查可遵循如下步骤:第一步,数据收集。可以选择一个附近的餐厅作为调查对象，通过访问餐厅，观察餐厅的规模、顾客数量、菜单种类等，收集相关数据。第二步，样本选择。讨论并确定如何合理地抽取样本，可考虑随机抽取一定数量的顾客进行调查，或针对不同的顾客群体进行抽样，以保证样本的代表性。第三步，数据整理和描述。将收集到的数据进行整理，并用统计方法对数据进行描述，包括计算平均顾客数量、菜单种类的频数分布、不同顾客群体的比例等。第四步，数据分析和决策。对数据进行分析，可以通过比较不同时间段的顾客数量变化，评估餐厅流量情况并提出建议；也可根据顾客的评价和意见来评估餐厅的服务质量，并提出改进建议。第五步，具备统计意识，考虑随机性。通过参与并体验数据收集过程的随机性——不同时段、不同顾客群体的调查结果可能存在差异，认识到样本容量足够大时数据的规律性。第六步，设计调查方法。在小组合作学习中讨论和设计调查方法，分享经验和观察结果，从而增强统计意识和提高对统计方法的运用能力。第七步，形成整体与局部的数学思想。通过个案理解整体与局部的数学思想，即从样本数据中推断整体的特征和规律，如通过观察样本顾客的评价和意见，可以推断整个顾客群体对餐厅服务质量的看法。第八步，形成或然与必然的认识。对数据进行分析，思考在不同情况下餐厅的服务质量是否会改善或恶化，以及这些改变是否必然发生，从而丰富对或然性和必然性的认识。通过这样的案例，学生可以更加深入地理解抽样调查的过程和统计思想的基本原理，能够在实际问题中应用统计方法，发展数据处理和决策的能力。

统计学习的首要目标是引导学生掌握收集、整理、描述和分析数据的方法。为了实现这一目标，我们教给学生一些常用的统计图表，如表格、扇形图、直方图和折线图，这些图表在现实生活中被广泛使用。在小学阶段，学生开始学习如何整理和描述数据，这为他们在初中阶段面对大量复杂信息并做出理性选择和判断提供了基础。要重视绘制频数分布直方图的教学，从实践中测量或收集得到的一组数据，常使人看起来杂乱无章，毫无规律。小学学习的条形统计图一般用横向指标反映考查对象数据的类别，用纵向指标表现该类别的数量特征，然而，它在反映数据分布特征方面有一定局限性，因此我们将该知识作为学生"最近发展区"的内容。通过设计问题情境，教师可以引导学生进行数据整理、表示和处理的过程，经过绘制频数分布直方图，这个统计图清晰形象，特征明了，规律显现，具有广泛的应用价值。在教学过程中，我们可以结合学生熟悉的实例，如成绩分布图、工程进度统计图、商业营销中某商品的统计直方图等，来激发学生的学习动力和兴趣，并培养他们正确的学习目标。

加权平均数是描述统计中非常重要的集中量指标，是对小学算术平均数概念的一般化，是初中统计学中的重要概念。"权"的加入使得平均数在表示数据集中特性上更具有典型性，为利用统计量对实际问题进行定性提供了更为合理的量化指标，对促进学生数据分析能力的发展具有关键作用。基于以上理由，初中阶段"平均数"一课的"权重的理解"是教学难点。教学"权"的概念时，教师要做到以下几点：其一，让学生认识到"权"的数学本质"是某一数据占全体的比重"，以体现"权"的重要性；其二，以学生身边的情境为例引入，如"计算全县某次数学考试的平均成绩""多种杂拌糖的定价"，提升学生对学习内容的熟悉度；其三，通过变式比较，让学生理解权重的意义，以便学生后续灵活运用公式分析和解决实际问题；其四，设问形式多样化（含逆向设计的问题），引导学生自主举例、赋权，加深对"权"的理解。"平均数"是典型的"从生活中抽象，从类比中理解，从变式中深化，从应用中检验"的概念课、过程课，它不仅丰富了学生对统计量的认识，也提升了学生应用平均数进行定量和定性分析数据的能力。

频率与概率是学生学习过程中容易混淆的两个概念。现实的生活中，事件的理论概率与实际频率多数情况下是不等的，当某一事件的理论概率很难获得时，人们运用"极限"的思想，用多次重复实验的方法来估计概率。"用频率估计概率"与人们的日常生活密切相关，应用十分广泛。教学时，教师要做到以下几点：其一，设计可操作、易理解、揭本质的实验，让学生参与实验，体验实验的随机性和规律性；其二，让学生经历"猜想—实验—对比—分析—调整—再实验……"这一较为完整的知识形成过程，体会实验结果的随机性，体会在实验次数足够多的情况下频率的稳定性和用频率估计概率的合理性，增进对"或然与必然"思想的本质理解。例如，通过抓取颜色球来体会频率与概率的关系。教师可以准备一个装有不同颜色球的袋子，其中只有一个是特定颜色的中奖球，让学生进行多次抓取实验，记录中奖的次数，并计算中奖的频率。通过实验的重复，学生认识到当抓取的次数足够多时，中奖的频率会逐渐接近中奖的理论概率。

义务教育阶段，概率计算的基础是等可能性。那么，如何用等可能事件的概率公式计算生活中一些较复杂的随机事件？求掷两枚硬币都朝上的概率是初中概率教学的新增长点，其研究方法——列表与画树状图，是学生高中阶段进一步学习更为复杂的随机事件的重要手段。因此，在"用列表或画树状图求两次掷硬币的概率"一课的教学中，教师要做到以下几点：其一，遇到一些复杂事件的概率计算问题，应考虑用频率估计概率的方法，引导学生通过实验频率进行估计，进而体会概率的本质；其二，引导学生认识到在实验次数足够多的情况下频率的稳定性，进而体会概率的本质；其三，组织讨论，让学生认识两次等可能事件的结果仍是等可能事件，在用多种方法不重不漏列举所有结果的过程中，感受列表或画树状图的优越性。

三、实践思考

教师可将数据观念的培育分为两个阶段、四个节点（如图3），以落实《课标（2022年版）》提出的整体性教学理念。

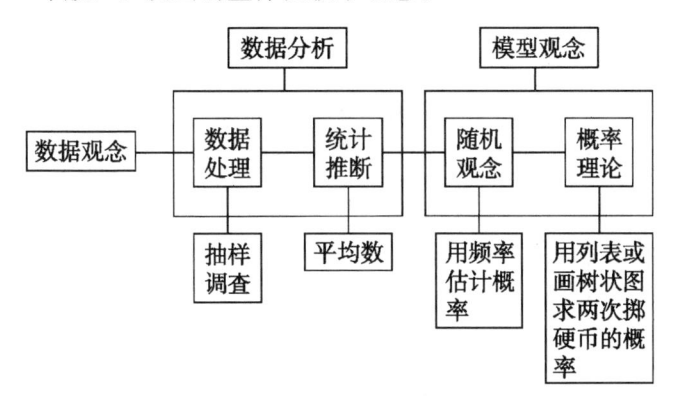

图3

由图3可见，四个关键教学点既是每个阶段教学的核心，又是学生经历统计建模解决实际问题全程、感悟数据观念的必要性、形成发展数据分析能力和模型观念的依托。数据观念是指对数据进行分析和理解的一种认知和思维方式，它不等同于传统意义下的数学解题。在实际教学中，教师应选择适当的情境材料，引导学生利用所学的概率、统计知识方法，对现实问题的可能发生情况进行假设，并根据数据分析的结果进行合理判断，给出解决问题的合理性决策。具体实践中，教师应做到以下几点：

1. 强调学生在学习中经历数据统计的全过程

《课标（2022年版）》中"数据观念"主要是指对数据的意义和随机性有比较清晰的认识。知道数据蕴含着信息，需要根据问题的背景和所要研究的问题确定数据收集、整理和分析的方法；知道可以用定量的方法描述随机现象的变化趋势及随机事件发生的可能性大小。形成数据观念有助于理解和表达生活中随机现象发生的规律，感知大数据时代数据分析的重要性，养成重证据、讲道理的科学态度。学生的观念是通过亲身体验形成的，所以发展学生的数据分析观念需要注重他们经历数据统计的过程。在教授统计与概率知识时，教师应采用体验式的教学方式，让学生亲自解决现实问题，进行调查和收集数据，并通过数据分析来理解信息和随机性。教师应该多组织实践活动课程，并确保活动课程的目标和任务，使学生能够通过实际操作参与学习，理解统计与概率的内容。在统计学习过程中，让学生完成一个完整的统计调查活动有助于他们理解样本选取、数据收集和分析方法对结果的影响。假设我们关注学生在课间活动中的偏好，可以组织学生进行调查，并收集数据。例如，让学生调查他们在课间最喜欢做什么活动，比如读书、玩游戏、聊天等。学生可以自己设计问卷，然后收集和整理数据。接下来，学生可以通过数据的分析来发现一些有趣的结果，比如课间活动的偏好程度、不同性别或年级之间的差异等。通过这个调查活动，学生可以逐渐理解样本的选取、数据的收集和分析方法对统计结果的影响。同时，学生也将通过实际操作和参与来深入理解统计与概率的内容，将观念性的知识转变为实际操作的能力。

2. 培养学生从数据中提取信息的意识和能力

初中"统计与概率"的目标是培养学生从数据中提取信息的意识和能力，发展学生的数据分析观念与随机意识。因此"统计与概率"教学的一个重要原则就是数据分析要优先于形式的统计计算或概率计算。对数据变化的分析是真正认识统计与概率的第一步。例如教师在教学中给出30个数，要求学生计算这30个数的平均数，这是一道算术题，而不是统计题；但计算30个同学家庭国庆期间消费的平均数，就可以从中反映出同学家庭的总体生活水平，这就是统计问题。从而，在"统计与概率"教学中，我们不仅要注意学生是否计算正确，更重要的是应该关心学生通过这些计算知道了什么信息，如何知道信息。只要蕴藏着一定的信息，无论是什么表现形式，都是数据，统计就是帮助人们从这些数据中提取出有效的信息。毕竟人们在实际生活和各行各业中面临的数据越来越多，只有树立用数据的意识、掌握一些分析数据的方法和模型，才能更好地从容面对各种随机现象。另外随着"互联网＋"和人工智能时代的来临，教师应不断探索信息化环境下的数学教学模式，充分利用信息技术计算较为复杂的统计量，帮助快速绘制统计图，获取更多更丰富的真实数据，了解与统计相关的更为广阔的问题背景。

3. 帮助学生研究统计指标、理解数据的概率意义

虽然"统计与概率"领域的概念不多，但有些概念给出定义是困难的，在教学中不必追求严格定义，应将重点放在理解概念的意义上来。如概率的概念，在中学阶段给出严格的定义是不可能的，也是没有必要的，在教学中可以通过大量的例子来说明，让学生感受到概率是对随机现象中规律性的一种刻画。统计是一种广泛用于收集、整理、描述、分析和推断数据的方法，它涵盖了一个完整的过程。假设学生是一家电商平台的数据分析师，需要分析用户的购买行为。为了解用户的购买习惯和消费趋势，我们需要收集有关购物车中商品的数据，这些数据包括每个商品的价格和购买数量等信息。对购物车中每个商品的总价进行计算是数据加工的一部分，这有助于我们了解用户的消费行为，以及对商品总价的分布和概率意义有更深入的理解。而拥有数据观念的学生会更进一步地分析计算结果，并深入理解其背后的统计学原理。他们不仅会计算商品总价的均值、中位数和方差等统计指标，还会对这些指标进行解读和分析。通过统计指标的计算，我们能够揭示商品总价的分布情况，进而推断用户的购买行为和偏好。均值可以告诉我们购物车中商品总价的平均水平，中位数则反映了商品总价的中间值，而方差则衡量了商品总价的变异程度。通过这些统计指标，我们可以更好地理解购物行为的规律，并根据统计结果制定相应的策略和决策。

4. 促使学生在数据分析中推断数据的概率分布

随着初中"统计与概率"课程内容的深入，学生对现实世界中"不确定"事件的理解也越来越深刻，开始自觉运用数据进行辩证思考和推断，以随机观点和思想来解决现实问题。在概率教学中，应通过日常生活中的实例了解随机事件与概率的意义；通过具体实例，引导学生认识简单随机事件所有可能的结果的有限性和等可能性，在此基础上了解概率计算公式的意义；可以引导学生通过大量重复实验，发现随着试验次数的增多频率具有稳定性特征，由此可以用频率来估计概率。如前述例子中，在获得了商品总价的均值、中位数和标准差等统计指标后，具备数据观念的学生，会通过绘制直方图或扇形统计图来展示不同价格区间的商品数量占比，直观地揭示商品总价在不同区间内的概率分布情况，从而让电商平台的管理者更全面地了解用户的购买行为。

5. 发展学生运用概率数据提供合理建议的能力

实际上，运用数据作出判断，虽然不像逻辑推理那样有100%的把握，但它可以帮助我们在常识范围内不能作选择的地方作出某种决策，而且提供足够的信心。这种思考方式和能力在社会生活中经常使用，需要学生从小就去体会、去运用。具备数据观念的人，能从数据中提取有用的信息，从而为决策提供支持和建议。在教材中就出现能根据统计结果作出合理的判断，以体会统计对决策的作用。如，"根据统计图表中的数据提出并回答简单的问题，能和同伴交换自己的想法""能解释统计结果，根据结果作出简单的判断和预测，并能进行交流""能根据统计结果作出合理的判断和预测，体会统计对决策的作用，能比较清晰地表达自己的观点，并进行交流"。比如前述例子中，学生可以通过对商品总价的概率数据分析，给电商平台管理者提供一些建议，如推荐与用户购物车中商品总价集中的价格区间相近的商品，这样可以提高用户购买的可能性。这样的建议可以帮助电商平台更好地满足用户需求，提高销售额。

总之，培育数据观念，教师不仅要引导学生准确解答统计与概率问题，而且要引领学生结合领域知识和背景进行综合分析。由于"统计与概率"研究对象、研究思路、研究方法的独特性，教师的教和学生的学都面临很多难点，如何在教学中突破难点，如何通过设计数据分析的活动，让学生感受、体验"为什么要用数据说话"，明晰"怎样用数据说话"，最终形成数据观念，这些都值得深入探讨。学生通过数据的计算、统计和分析，深入了解概率意义和概率分布，方可从数据中发现规律和趋势，并基于这些发现为他人提供有针对性的方案和决策。通过对统计与概率相关内容的学习，学生能提高对数据的洞察力和应用能力，养成主动运用数据分析技术来解决实际问题的习惯，形成用数据说话、尊重事实的态度，并逐渐建立起良好的数据观念。

第八节 "模型观念"的关键教学点及其教学实施

一、模型观念的内涵

模型是数学三大基本思想之一，是数学与现实世界连接的桥梁。模型既源自于实际生活，涉及发现和构建合适的数学模型，也包括根据实际生活来诠释各种数学模型的特定含义。

模型思想的发展具有一致性、发展性和层次性，在不同的学段有不同的表现。在小学阶段，模型思想主要体现为学生基于经验的感悟，形成初步的模型意识；进入初中阶段，它更多体现为学生基于概念的理解，形成相对明确的模型观念；而到了高中阶段，模型思想主要体现为学生基于问题解决，发展数学建模素养。

模型观念，主要是指对运用数学模型解决实际问题有清晰的认识。知道数学建模是数学与现实联系的基本途径；初步感知数学建模的基本过程，从现实生活或具体情境中抽象出数学问题，用数学符号建立方程、不等式、函数等表示数学问题中的数量关系和变化规律，求出结果并讨论结果的意义。模型观念有助于开展跨学科主题学习，感悟数学应用的普遍性。

具体而言，初中阶段的模型观念的主要表现在如下四个方面[①]。

1. 能领悟数学模型意义。学生在数学概念、性质、关系的发生、发展过程的形成过程中，领悟数学模型是数学与现实世界交流的基本语言。明白方程、不等式、函数、统计是解决问题的基本模式，数学模型应用十分广泛。

2. 会构建具体数学模型。学生能够根据实际问题的条件，选择合适的方程、不等式、函数、统计量、分布、概率等工具，构建具体的模型解决问题。

3. 感悟数学建模思想方法。学生针对实际问题，经历问题分析、假设、抽象、选择数学工具、问题表征、建立模型、计算求解、检验结果、修正模型、解决问题的过程，感悟数学建模的思想方法。

4. 跨学科数学建模。学生能够在跨学科的综合与实践活动中，运用数学知识方法，构建具有学科背景的简单模型，以解决跨学科的实际问题。

二、模型观念的关键教学点实施

在初中阶段，模型观念是"会用数学语言描述现实世界"的具体表现，是在问题解决过程中逐步形成和发展起来的，其培育"载体"遍布教材。数学化是问题解决的关键，它包括在问题情境中通过识别、抽象、表征、建模、解模、验模、修正和用模来寻求解决方案。这一过程充分展示了数学观察、数学思考与数学表达的重要性。从模型观念的视角来审视教材内容，常见三种类型：现实原型、现实模型、数学形式[②]。现实原型指真实的现实问题，如课题学习、综合实践活动。现实模型指对现实原型进行修改和简化，形成一种比较精确和简洁的表达，如方程、不等式、函数、统计、概率等。数学形式则是对现实模型进一步简化、假设，用数学符号表达实际模型中的变量和关系，形成数学模型，如数学概念、公式和定理。

1. 教学分析

从能力发展的进阶性的角度考虑，我们将模型观念划分为识别模型、构

[①] 史宁中，曹一鸣. 义务教育数学课程标准（2022 年版）解读 [M]. 北京：北京师范大学出版社，2022.

[②] 孙凯. 从问题类属谈初中生数学建模能力培养 [J]. 数学通报，2020（12）：30-33.

建模型、感悟模型、应用模型四个阶段。

识别模型，指在简单的问题情境下，从现实世界的事物中抽象出数量关系与空间形式，生成具体的数学模型，最后用符号表征问题对象。这一阶段主要通过学习《有理数》《代数式》来完成。通过思考、操作、归纳、概括，经历数学概念、性质和关系的发生、发展过程，学生用字母和数字等符号来建立数概念、运算以及表示数量关系的代数式、关系式、表格和图形等来解决数学形式类问题，从而理解数学与现实的联系。在《有理数》学习中，学生可以通过数轴模型描述和分析现实世界中相反意义的量的数量关系和空间形式；在《代数式》学习中，学生对现实模型类问题，学会用合适的代数式模型表征抽象后的数学对象。

构建模型，指在较复杂的问题情境下，根据特定条件选择并应用数学模型的过程。这包括从数与代数（方程、不等式和函数）、图形与几何、统计与概率等领域中，挑选出合适的工具，并通过迁移和组合，构建针对现实模型类问题的具体数学模型。这一阶段主要通过《一元一次方程》《不等式与不等式组》《一次函数》《勾股定理》《数据的分析》等内容来掌握。

在《一元一次方程》学习中，学生对经抽象、简化的现实模型进一步进行假设、抽象、符号表征，建立方程解决问题，理解"方程是现实问题中含有未知数的等量关系的数学表达"；在"不等式与不等式组"学习中，学生进一步学习基于数量关系的分析，选择合适符号表征，建立数学模型解决问题；在《一次函数》的学习中，学生对现实问题进行了一定的简化、假设，抽象出问题情境中的一些关键信息，通过列表、描点、连线，画出图象，探寻变量之间的关系，找到不变的规律，建立模型，求解验证，解决问题；在《勾股定理》学习中，学生通过对基本图形结构的分析，探寻出各边的数量关系，理解模型的关键条件，透析数学问题的本质。在"加权平均数"学习中，学生学会"用数据说话"，通过对数据的分析来解释或说明实际问题，初步感悟统计模型在数据分析中的意义。

感悟模型，指在综合的问题情境下，通过分析条件、提取数学要素，并构建数学模型。这个过程包括对问题进行符号化表征、建立模型、运算求解，然后对模型进行验证和调整，最终应用该模型解决问题。通过这一系列步骤，学生能够领悟到数学建模的思维和方法。此阶段的学习主要涉及《分式》《一元二次方程》《二次函数》《四边形》《随机事件的概率》等章的数学知识。在《分式》《一元二次方程》《二次函数》学习中，学生经历分析条件、抽象数学问题、数量表征、由关系建立方程模型、求解、检验讨论结果等过程，深刻认识分式方程、一元二次方程、二次函数是解决现实问题的一种数学模型。在《四边形》学习中，会借助图形分析问题，形成解决问题的思路，会用数学的语言表达现实世界的数量关系和空间形式。在《随机事件的概率》学习中，学生经历试验、观察、收集、整理、分析、归纳、推断等过程，理解随机现象与确定事件的联系，感悟数据分析的必要性。

应用模型，指在综合的问题情境下，融合数学与其他学科知识，构建基于学科背景的简单模型，以解决跨学科的现实原型问题。这一阶段主要通过发掘合适的项目，采用项目式学习来进行。学生需要根据现实情况识别问题，提出合理的数学问题，独立思考，与同伴合作，进行假设探索，并提出解决方案。接着，选择合适工具，构建模型，进行模型求解和验证，然后比较并优化方案，最终解决问题。这样，学生就能初步而完整地完成数学建模。

2. 关键教学点分析

模型观念是数学建模在初中阶段的具体体现，和学生认知水平密切相关，具有很强的学段特点。根据学生的年龄特点，我们将数学建模的七个环节：模型准备、模型假设、模型建立、模型求解、模型检验、模型优化、模型应用（如图1[①]）融入到日常教学中，并设置片段式的教学任务，让学生经历具体的学习活动过程，积累发现和提出问题、分析和解决问题的经验。这样，学生可以更具体地理解和掌握建模的各个环节，从而更好地实现数学建模的整体建构。因此，从能力进阶的角度出发，我们选择具有代表性的关键教学点："代数式""实际问题与一元一次方程（第2课时）""勾股定理（第2课时）""加权平均数（第1课时）"以及"实际问题与二次函数"，来阐述数学建模的四个阶段的具体做法。

[①] 鲍建生，章建跃. 数学核心素养在初中阶段的主要表现之七：模型观念[J]. 中国数学教育，2022（23）：3-8.

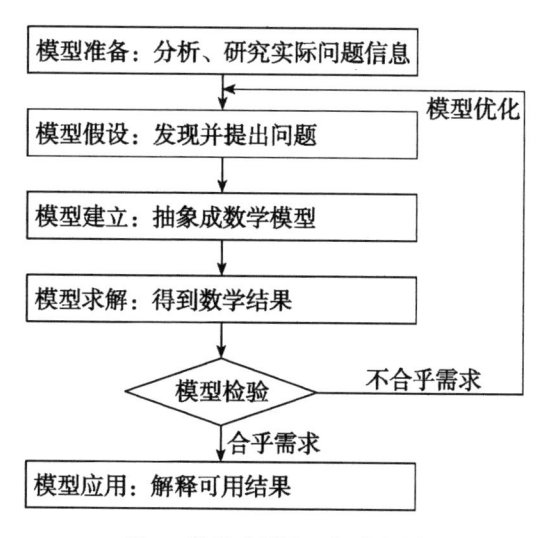

```
模型准备：分析、研究实际问题信息
        ↓
模型假设：发现并提出问题  ← 模型优化
        ↓
模型建立：抽象成数学模型
        ↓
模型求解：得到数学结果
        ↓
     模型检验 —— 不合乎需求 →
        ↓ 合乎需求
模型应用：解释可用结果
```

图 1　数学建模的一般流程图

在"代数式"的学习中，学生分析实际问题中的数量关系，学习用代数式描述现实问题中的数量关系和变化规律，形成合适的运算思路，以解决问题。本节课是学生系统学习用代数式表示数量关系、变化规律的起始课，是学习模型准备、模型假设、模型建立的重要载体，为数学建模奠基。同时，也为后续用方程、不等式、函数表示数量关系，发挥了引领示范作用。

在"实际问题与一元一次方程（第2课时）"的学习过程中，学生需经历以下过程：先将实际问题数学化，抽象为数学问题；然后，分析简化后的数学问题的信息，明确等量关系；接着，根据假设和等量关系，建立一元一次方程模型；紧接着，求解方程，并检验解的合理性；最后，解释结果，确保其与实际情况相符。这一过程，即"问题情境—建立模型—求解解释"，对学生学习用方程解决问题具有示范作用，是学习模型准备、模型假设、模型建立、模型求解和模型检验的重要时机，也是初步感悟数学建模思想的关键节点。

在"勾股定理（第2课时）"的学习中，学生通过由实际问题抽象、画出相应的直角三角形、分析图中边的数量、明确已知量和所求量、建立数学模型、再求解验证，提高分析问题、解决问题的能力。本节课是学生学习运用几何图形来分析数量关系、建立数学模型解决问题的典型课。它为学生提供了进一步探索和学习数学建模的新途径和新视角。

在"平均数（第1课时）"学习中，学生需要掌握数据（数的大小）和数据的权（数的多少）。通过情境化的问题链的引导，学生逐步建立对"权重"概念的进阶认识：孕育"权"—感知"权"—明晰"权"—理解"权"。本节课的目标是帮助学生从直观上理解数据的频次对均值的影响，进而明确加权平均数的数学定义，并学会使用数学符号进行精确表达。该课程为学生提供了感悟数学建模思想方法及进行模型优化的机会。

在"实际问题与二次函数"学习中，学生经历真实情境的数学化、工具的选择（平面直角坐标系的建立）、模型的优化、模型的检验、模型的应用、结果的解释、跨学科知识的应用等过程。本节课引导学生从解决经过初加工、简化的现实模型问题，过渡到解决更接近现实原型问题，是体现数学观察、数学思考和数学表达的一节典型的应用模型的课例。此外，本节课能引发学生进行项目式学习，探讨如何建立二次函数模型来解决一类抛物线型现实原型问题。

3. 突破关键教学点的策略

以下我们简要呈现突破五个代表性的关键教学点的策略。

（1）探索现实与数学联系。在具体学习活动中，学生通过观察和思考现实生活中的众多问题，识别并分析其中的数量关系，从这些具体问题中抽象出共性和规律，并用符号表达，进而建立数学模型。这一过程不仅锻炼了观察力和分析能力，还提升了逻辑思维能力，为更深入地理解和运用数学模型奠定基础。

在"代数式"学习中，学生通过"双向通道：正向＋逆向"的学习任务，学会灵活运用代数式和实际问题之间进行转换，深化对数量关系和变化规律的理解，发展代数思维。

任务1　正向通道——从实际问题到代数式

（1）目的：发展观察问题、提炼关键信息的能力；练习用字母表示问题中的未知量或变量；学会将实际问题转化为代数表达。

（2）步骤：

①问题情境呈现：提供一系列生活中的实际问题，例如购物、旅行、体

育比赛等情境。

②量的定义：在每个问题中定义已知量和未知量，并用字母表示未知量。

③关系探索：探索并描述这些量之间的关系。

④代数式构造：根据量的关系构造出相应的代数式。

⑤示例：

问题：小华买了3本相同的书，每本书的价格为 x 元，他一共花费了多少元？

代数式：总花费＝$3x$。

任务2　逆向通道——从代数式到实际问题

（1）目的：增强理解代数式背后实际意义的能力；练习将抽象的代数式具体化、生活化；发展应用意识和创新能力。

（2）步骤：

①代数式呈现：给出一些代数式，如 $2x+3$，$\dfrac{b}{a}$ 等。

②背景设定：为这些代数式设定一个合理的实际背景。

③量的解释：解释代数式中每个字母在实际情境中代表的含义。

④关系阐述：描述这些量在实际情境中的关系。

⑤示例：

代数式：总路程＝速度×时间。

实际背景：一辆车以固定的速度行驶，总路程与行驶时间的关系。

（2）掌握分析与符号表达。通过对具体问题的分析，学生学会使用数学语言和符号来表达这些问题中呈现的数量关系和空间形式。这包括使用变量来代表未知数或特定数值，以及运用数学符号和运算符来构建数学表达式、方程、不等式、函数、几何、统计、分布和概率等模型。

在"实际问题与一元一次方程（第2课时）"学习中，学生通过分析"球赛积分表"，探寻表格中各个量之间的数量关系，并用代数式表达隐藏于表格中的积分规则，实现问题的数学化，找出同一个量的不同表达方式，进而建立一元一次方程模型来解答问题。在此过程中，学生积累寻找解决问题入口（特殊的钢铁队）、选择工具、建立模型、验证模型的解的经验。

任务1　分析篮球联赛积分榜，确定球队积分与比赛胜、负场次之间的关系。

表1　某次篮球联赛积分榜

队名	比赛场次	胜场	负场	积分
前进	14	10	4	24
东方	14	10	4	24
光明	14	9	5	23
蓝天	14	9	5	23
雄鹰	14	7	7	21
远大	14	7	7	21
卫星	14	4	10	18
钢铁	14	0	14	14

任务2　试用式子表示总积分与胜、负场数之间的数量关系。

"球赛积分表"是继"销售中的盈亏"之后的第二个探究问题。它不仅保持了问题情境的生活化和数量关系的复杂性，还强调了从表格信息中抽象数学模型的过程，以及运用方程进行推理、判断和检验的流程。经历这个过程，学生积累处理表格信息的经验，理解如何通过"方程解的存在性"进行判断和验证，以提升建立方程模型解决实际问题的能力。同时，也发展提出合理猜想，形成提出并验证猜想、特殊到一般的思维方式，融合知识和方法解决现实原型问题。

（3）学会选择与建构模型。在分析了问题并表达了数量关系之后，学生需要选择合适的数学模型来描述问题，包括线性方程、几何图形、概率模型等。选择正确的模型对于解决问题至关重要，学生需要根据问题的特点选择合适的数学模型。

在"勾股定理（第2课时）"学习时，学生要完成以下学习任务。

任务1　我们时常看到如图1所示的梯子AB斜靠在一面竖直的墙ON上，现在由于地面和墙

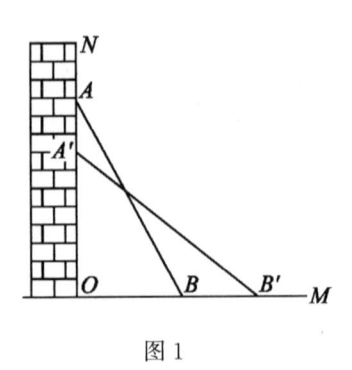

图1

体较为光滑,梯子底部 B 缓缓的向远离墙体的方向滑动。阅读问题,画出图形,探寻出梯子下滑的问题中不变的量。

任务 2 假设梯子长 2.6 m,梯子的顶部 A 离地高为 2.4 m,当点 A 紧贴着墙体 ON 向下滑动 0.5 m 时,那么梯子的底端 B 也外移 0.5 m 吗?

在梯子滑动的过程中,其长度始终保持不变。实际问题涉及的是三维空间,但为了简化,我们可以抽象绘制出横截面,从而将空间问题转化为二维平面问题。这样一来,我们会发现,当梯子的一端发生移动时,由于梯子的长度固定,这种限制会使另一端产生相应的移动。例如,如果梯子的顶部向下滑动,那么底部就会向外移动,形成一个直角三角形。接下来,我们可以用代数方法来解决这个问题。本课程的焦点是构建直角三角形模型时的定性分析。

(4) 感悟数学建模的思想。在建立模型的过程中,学生体会到数学建模的基本思想,即通过抽象和简化现实世界的问题,使用数学语言来描述和解决问题。通过这个过程,学生不仅学会了数学技能,还能够理解数学与现实世界的联系,以及如何用数学工具解决实际问题。

在"平均数(第 1 课时)"学习中,学生需要完成以下学习任务。

任务 1 根据成绩列表,确定招聘对象。

一家公司打算招聘一名英文翻译,对甲、乙两名应试者进行了听、说、读、写的英语水平测试,他们的各项成绩(百分制)如表 1 所示。

表 1

应试者	听	说	读	写
甲	85	78	85	73
乙	73	80	82	83

(1) 如果公司想招聘一名综合能力较强的翻译,应该录用谁?(孕育"权")

(2) 如果公司想招聘一名笔译能力较强的翻译,听、说、读、写的成绩还能同等对待吗?为什么?(感知"权")

(3) 怎样才能体现听、说、读、写成绩的重要程度不同,更注重读和写的能力呢?可以给题目增加条件,小组合作设计方案,并交流总结。(明晰

"权")

（4）如果公司想招聘一名笔译能力较强的翻译，应该录用谁？怎样计算？（理解"权"）

任务 2 如果公司想招聘一名口语能力较强的翻译，应该侧重哪些分项成绩？

招聘问题在现实中具有开放性，数据对招聘结果产生重要影响。学生需要根据数据的不同含义，赋予数据不同大小和表现形式的"权"，并发现这些数据"权"对招聘结果的影响。通过建模和分析这些数据，做出决策。在这一学习过程中，学生全程参与数据的提取、分析与处理的决策过程，实现对知识的同化、顺应、顿悟和发展，从而领悟数学建模的思想方法。

（5）体验跨学科实践活动。数学建模往往需要结合其他学科的知识，如物理学中的力学原理、生物学中的种群动态等。通过跨学科的实践活动，学生能够更好地理解数学模型在其他领域的应用，增强学习的实践性和综合性。

在"实际问题与二次函数"学习中，学生需要完成以下学习任务。

任务 1 河上有一座抛物线拱桥，已知桥下的水面离桥孔顶部 3 m 时，水面宽为 6 m。当水位上升 1 m 时，水面宽为多少（精确到 0.1）？

问题 1 建立恰当的直角坐标系，并求出抛物线拱桥对应的二次函数关系式。

问题 2 当水位上升 1 m 时，水面宽为多少？

问题 3 直角坐标系还有其他建立法吗？说说不同的方法并比较哪种更恰当。

任务 2 一艘装满防汛器材的船，在一座抛物线拱桥（已知桥下水面离桥孔顶部 3 m 时，水面宽 6 m）下的河流中航行，露出水面部分的高为 0.5 m、宽为 4 m。这艘船能从桥下通过吗？

本节课的核心内容是"建立恰当的直角坐标系，将实际问题转化为二次函数问题"。学生通过以下步骤深入体验：模型准备（识别拱桥的形状，即抛物线形）→模型假设（拱桥形状数学化成抛物线）→模型建立（构建二次函数模型）→模型求解（解决模型中的数学问题）→模型验证（检验模型的准确性）→模型优化（探讨不同建系方法的合理性）→模型应用（研究船只过桥的情况）。这一过程不仅涉及现实情境的数学化，还包含对空间形式的数量刻画和模型表达。此节课可拓展为跨学科项目式学习，如探索拱桥的形状设计及跨度限制等问题。

三、实践思考

1. 教师在教学过程中要注重培养学生的模型思维能力。教师可以引导学生在解决问题时运用模型观念培养学生的抽象思维能力和问题解决能力。教师要设计多样的教学活动来激发学生的兴趣和主动性。通过实例分析、课堂讨论等形式，让学生能够深入理解模型观念，并运用到实际问题中。

2. 模型观念的培养的重点在于发展学生的创新思维。教师可以设计一些开放性问题或组织小组合作活动，鼓励学生提出新的模型，并运用到实践中去。教师要关注实践中学生的学习反馈和评价，通过及时的反馈和评价，促进学生深入思考，帮助学生改进和提高思维品质。

综上所述，学生的学习应以问题解决为导向，将数学与其他学科的知识和思考方式相融合，从数学的视角来观察、分析、思考和表达，以及解决社会生活和科学技术中遇到的实际问题。通过这些活动，学生可以积累经验，提高自己发现问题、提出问题、分析问题和解决问题的能力，为未来在更高层次上理解和运用数学模型，打下了坚实的基础。

第九节 "综合与实践"的再理解[①]

《课标（2022年版）》要培养学生的核心素养，主要包括"三会"。"三会"应贯穿、融合于数学课程内容的学习全过程。从教学实践中看，在"数与代数""图形与几何""统计与概率"领域中，因其知识载体明晰、内容要

[①] 林祥华，张弘. 基于学习视角的初中数学"综合与实践"再理解［J］. 福建教育，2023（41）：21-24. 该文被《复印报刊资料 初中数学教与学》2024年第3期全文转载.

求明确，教师更容易对"三会"有实质性地把握与渗透，如：函数内容教学，要教函数概念的抽象、函数图象性质推导、函数模型应用，这个过程自然会引导学生"用数学的眼光观察现实世界、用数学的思维思考现实世界、用数学的语言表达现实世界"，学生的抽象能力、推理能力、模型观念、应用意识等素养得到相应的发展。但"综合与实践"领域，因其没有明确的知识载体、内容要求，需要教师根据具体现实情境，结合学生认知水平，选择合适的数学知识开展项目式学习，对此，教师在教学实践中往往不易准确把握，影响了"综合与实践"领域发展学生"三会"核心素养的无可替代的独特价值。

本节将对如何理解"综合与实践"领域进行阐述，意在：以深刻理解为前提，指引教学实践，充分发挥"综合与实践"领域的核心素养的育人价值。

众所周知，相较于《课标（2011年版）》，《课标（2022年版）》的"综合与实践"领域相关内容有较显著的变化。

两版课程标准虽然都体现了"综合与实践"领域是义务教育数学课程"综合性"与"实践性"集中标志和有效载体，以及该领域对于发展学生"四能"的独特价值。但二者在有关表述上还是有诸多不同。

在两版课程标准的正文中，"综合与实践"这一词语第一次出现，都在"课程内容"板块。在《课标（2011年版）》的该板块中，对"综合与实践"的界定是"一类以问题为载体、以学生自主参与为主的学习活动"，因此过去我们往往习惯称之为"综合与实践活动"。在《课标（2022年版）》中，没有对"综合与实践"进行界定，但指出了"综合与实践以培养学生综合运用所学知识和方法解决实际问题的能力为目标，根据不同学段学生特点，以跨学科主题学习为主，适当采用主题式学习和项目式学习的方式"，着重强调目标、学习方式，是课程视角的表述。也即，"综合与实践"是课程，有明确的课程目标、学生学习该课程的主要方式、课程的主要内容。这样的表述既体现了"综合与实践"与其他领域同等的"课程属性"，也点明了该领域与其他领域的显著不同。

学生是课程学习的主体，课程是促进学生发展的载体。对于每个领域的课程，都需要明确三个问题：学生要学什么？怎么学？学到什么程度？也即学习内容、学习方式、学习目标与学习评价的问题。而综合与实践领域的内容与其他三个领域不同，不以特定的知识、技能为核心内容，不以特定的数学基本思想为主线，那么在综合与实践领域的课程中，这三个问题的答案又有何不同？

本文将基于学习的视角，结合《课标（2022年版）》，对初中数学"综合与实践"的关键要素进行再理解，也为后续进行初中数学"综合与实践"关键教学点的研究奠定基础。

一、关键要素的内涵理解

在《课标（2022年版）》中搜索"综合与实践"，在课程内容、内容要求、学业要求、教学提示、教学建议、附录案例中都有明确详尽的阐述。本文从课程标准文本中梳理出以下基于学习视角的关键要素，并以课程标准中的表述为依据进行理解（本部分引号下内容均引用自《课标（2022年版）》关于综合与实践的原文）。

1. 学习内容

综合与实践领域的学习以"情境真实、较为复杂的问题为载体"。在解决问题的过程中，需要"综合运用数学学科和跨学科的知识与方法"。突出的是问题的"真实性"与"综合性"，指向真实的"实际问题"，以及"跨学科"的特点。

《课标（2022年版）》关于综合与实践的内容、目标、建议的阐述中都强调了"实际问题"，解决的是"现实情境"中的问题，充分体现"实践性"，与纯数学情境的探究性问题、拓展性问题应有所区别。例如："探究几何问题中有关'中点'的构图策略"是在数学内部解决问题，不宜列入综合与实践的学习内容。

综合与实践领域强调"从数学的角度观察与分析、思考与表达、解决与阐释……""积累数学活动经验，体会数学的科学价值""在这样的过程中，理解数学、应用数学"。也就是说，数学课程中的"跨学科"既要打破学科壁垒，使学生感受数学与其他学科领域的融合，也应特别注意数学的地位与价值。归根到底，主干任务是提取出数学问题，是指向数学本质的。在跨学科情境的问题解决中，应有数学知识、思想方法、思维方式的作用，有精准的定量描述、严密的逻辑推理，有明晰的数学"味道"贯穿其中，不应模糊或弱化数学学科特质。这样的问题解决能促进学生对数学概念、法则、定理、模型以及数学思想方法的深入理解与应用。

例如："制作医用口罩"的任务中虽然蕴含了"为什么口罩不能经过清洗或蒸煮后二次使用?"等其他学科的问题，具有一定的综合性，但数学在其中的作用不突出，因此不适宜作为数学课程中的跨学科学习内容。

理解"跨学科"还需注意两点：

第一，其他学科的知识与方法也应在问题解决中发挥作用。例如：在解决与物理知识"杠杆原理"有关的实际问题中，若"杠杆原理"以数学模型的形式直接给出，则该问题也不适宜作为综合与实践的跨学科学习内容。

第二，"跨学科"不是综合与实践领域学习内容的必备特点。《课标（2022年版）》中的表述是"以跨学科主题学习为主"，意味着"跨学科"是重要导向，但并不要求所有的问题或任务都必须跨学科。

2. 学习目标

综合与实践以"培养学生综合运用所学知识和方法解决实际问题的能力"为目标。通过该领域内容的学习，让学生"感受数学与科学、技术、经济、金融、地理、艺术、等学科领域的融合，积累数学活动经验，体会数学的科学价值，提高发现与提出问题、分析与解决问题的能力，发展应用意识、创新意识和实践能力"以及"发展学习能力"。

与其他领域不同，综合与实践没有特定的知识、技能目标。即使有时为了解决问题，需要学习新的知识，也不宜像其他领域那样，在技能巩固、变式训练、应用拓展上花过多的时间。事实上，在该领域的学习过程中，"学会学习新知识"的意义远大于知识本身。

综合与实践领域的学习情境是开放的，开放情境中的学习者有更多的社会属性，学生需要与人交流、合作，个人的情感、态度、价值观会影响学习过程，也会在学习过程中得以涵养与培育，因此将"培养学生良好的学习习惯、形成积极的情感、态度和价值观"作为综合与实践领域的学习目标是很有可为的。

3. 学习方式

《课标（2022年版）》明确提出："初中阶段综合与实践领域，可采用项目式学习的方式。"

项目式学习的本质是一种学习方式，以项目为载体，使学生的学习真正发生。强调"项目"旨在强调学习的综合性、实践性、完整性。

完整的项目式学习过程包括：在实际情境中发现并提出问题→转化为数学问题→提出解决思路与合理假设→设计解决问题的方案→预测问题结论→选择合理的数学方法→构建数学模型→求解模型获得结论→分析结论的意义→反思和检验模型合理性→修正模型→得到符合问题背景的模型解答→形成项目成果。上述过程中的每个环节都有不可替代的育人价值，经历完整的学习过程，学生才能真正发展用数学的意识，感悟如何运用数学与其他学科的知识和方法解决现实情境中的问题，体会如何合理规划、独立思考、合作交流、审辨质疑。

项目式学习过程还可能蕴含着对新知识、方法的认知活动。在完成项目的过程中，为解决问题，学生有时需要学习平时课堂上老师没有教过的知识和方法，并且这样的学习是一种主动的、自主的、基于理解的深度学习，不仅仅是查找资料、罗列信息、模仿应用。

与项目式学习相匹配的教学活动称为"项目学习教学"。项目学习教学是一种"综合性教学方式"，根据项目的特点及其过程中不同环节的学习目标，灵活选择讲授、启发、探究、参与、互动等教学方式。作为一种教学活动，当然也应有明确的教学内容、清晰的教学目标、合理的教学过程。

4. 学习评价

学习评价当然地"以学习目标为依据"，发挥正向激励、引导反思、改进学习的积极功能。

综合与实践领域的学习评价与其他领域的学习评价不同，不以特定知识与技能、思想方法的掌握为评价内容，而是关注能力、素养，关注学习的全过程，因而具有多元、多样、灵活的特点。

在评价内容方面，主要包括：学生对真实情境中问题的理解、用数学语言表达问题的适切性、结果预测的合理性，关注解决问题的实施方案，解决问题过程中的思考、交流与创意表现、项目研究成果的质量，以及学习过程中所表现的情感态度价值观。

在评价方式方面，可以是活动报告、活动观察、访谈等，评价工具可以是行为表现观察量表与评价量表、问卷或访谈、成长记录等。

在评价主体方面，可以是教师、学生（自评或互评）、家长。

在评价结果方面，可以采取定量和定性相结合，采用等级评价和分数制评价相结合的方式。

二、关键要素的实践理解

《课标（2022年版）》在"课程实施"的教学建议中特别对"进一步加强综合与实践"单列一个条目做具体化指导，既反映了国家顶层设计对综合与实践领域课程实施的重要关注，也从一定程度上反映了在实施过程中存在一些容易出现偏差的重、难点问题。在前文对关键要素内涵理解的基础上，本文也将对课程实施中可能存在的主要困惑进行梳理和初步思考，以期更好地实施目标导向的综合与实践的教学。

1. 情境主题的真与伪

综合与实践的"实践性"育人价值蕴育于学生在现实情境中解决真问题的过程，使学生能深刻体会数学确实有用、不断积累用数学的经验，在未来的学习与生活中，有用数学的意识和能力。因此，所选择的情境主题无论是学生熟悉的还是陌生的，首先应该是"真实的"。人为凭空编制的不符合实际的情境主题，不仅可能使学生在问题解决的过程中陷入科学性的矛盾或错误，不能获得有意义的结论，其活动经验对于未来真实的学习与生活情境的迁移价值低，甚至对学生求知、求真、求实的科学精神的培育产生不良影响。

当然，现实的情境往往纷繁复杂，存在多因素之间的互相作用。考虑到初中学生知识与能力储备的限制，有时需要在一个现实情境中选择某个主题，使任务和问题符合学生的实际情况，也使问题解决的过程更聚焦；有时需要对某个现实情境进行适当的"数学化"或"简化"。但都应避免使情境成为一个人为构造的纯数学情境，或是与真实情境相去甚远以至于不符合常理常识——这些都是"伪现实"情境。

事实上，若必须要对现实情境进行适当处理，还应当为学生分析和展示"为何、如何"进行这样的处理，一方面让学生理解问题解决的情境与现实情境之间的联系；另一方面使学生体会简化条件、控制变量、提取问题的一种研究方法和思维方式。当所要选择的情境主题既远超学生的知识与能力所及，一时又无法在尽量保有真实性的前提下进行适当处理，则应当考虑暂时搁置。

2. 问题任务的聚与泛

综合与实践的学习围绕着问题或任务展开。展开过程可以是开放性的，如：解决问题或完成任务的方案可以多样化，学生表现的水平或达成度可以差异化，甚至获得的结论也可能多元化等。但问题或任务宜明确清晰，避免过于宽泛、发散，既不利于学生有向有序地规划思路、设计方案，导致学习活动漫无目的，也不利于活动过程的指导和对结果的评价。

在开放性的现实情境中，蕴含着丰富的问题，还可以尝试让学生经过初步了解，分组提出自己想要探究的问题，再通过集体分析进行选择。例如：《课标（2022年版）》中的案例89"体育运动与心率"的教学设计，先引导学生围绕体育运动与心率的关系从不同角度提出研究问题，如：运动类型、运动时间与心率的关系，运动时间、性别与心率的关系，在有氧或无氧运动中分析运动时间与心率的关系等，再聚焦自己提出的问题进行探究。而如果仅以"探究体育运动与心率的关系"为任务，则任务过大、目标不清，难以入手。从某种意义上说，这也是对情境的"简化"。

3. 思维层次的深与浅

数学课程中的综合与实践的核心仍然是数学思维，要能体现数学的思想方法在问题解决过程中的策略性作用，而不是查一查资料，列一列信息，做一做简单模型，再下一个缺乏理论或实践支撑的结论。

在项目的发掘与设计时，必须摒弃那些"思维含量低，数学味道淡"的形式化的项目。

数学学习活动的本质是思维活动，复杂的任务需要高阶思维，通常来说，综合与实践学习过程中，学生所经历的思维深度，决定了学习成果价值的高低。综合与实践学习成果主要包括两个方面：

第一，所获得的结论。建立在高阶思维基础上研究结论往往具有不可替代的独创性。

第二，所积累的思维经验。经历深度思维过程，发展数学思维、积累用数学解决实际问题的思维经验。

4. 学习过程的收与放

综合与实践学习的主体是学生，教师需放手让学生发挥集体智慧和主观能动性，既要让学生自主参与，又要全程关注学生的活动，在关键环节上给予学生适当的指导，做到有收有放、收放两宜，而不是完全扔给学生，不闻不问。

在一个完整的综合与实践学习过程中，学生大概经历 11 个细化环节：1. 从情境中提出问题；2. 明确任务、目标；3. 设计方案；4. 依方案收集与分析；5. 建模；6. 解模；7. 解释分析现实情境、检验模型；8. 调整模型；9. 用之解决问题，物化成果；10. 展示交流；11. 反思提炼。有的环节需要放手，给学生多角度思考问题、解决问题的机会，如：环节 1，放手让学生自己提出问题，有利于培养学生在现实情境中多角度地观察、分析相关要素之间的关系，发展应用意识与创新意识。环节 2 则需教师引导学生确定研究问题，制定研究任务，拟定研究目标，使后续的活动过程能围绕问题、聚焦目标。而环节 3 则需先放再收，一方面先放手让学生基于集体智慧自己设计方案，另一方面能指导学生对方案进行评估、完善，有利于任务的顺利完成。

事实上，在每个环节中，教师宜在学生遇到困难或方法不当而靠自己无法解决时介入，既要让学生有机会体验攻克障碍的过程，又要通过适当点拨让学生突破难点、感悟方法。

教师的"收"体现在不同形式的学习指导上，包括：一、学习过程的设计。如项目开发—情境设计，问题预设、目标与成果设计、任务预设、评价设计。二、策略方法的指导。如如何设计活动方案，如何展开调查或数据收集整理，如何分析数据、建立模型，如何检验和修正模型，如何应用模型，如何梳理学习成果，如何撰写研究报告等。三、认知工具的提供。如信息获取的渠道、信息技术的推介、交流分享的平台、参考资料的推送、作品展示的途径等。四、新知学习的点拨。如有时问题解决需要用到数学或其他学科领域未学的知识或方法，当学生遇到认知困难时，需要教师的点拨、解惑，甚至邀请相关学科的教师进行学习指导。

与其他领域内容的教学一样，教师在项目式学习过程中的指导是提供一种适时、适当的引导或辅助，而非牵引或替代，从而减损了项目式学习的育人价值。即使需要教师的指导，也应尽可能降低学生被动干预的程度，如：学生需要学习其他学科领域知识或方法时，教师应鼓励学生先自学、互教；若还有困难，则鼓励学生自己寻找合适的相关学科领域的教师请教；若确实无法自主解决，才考虑由教师牵线搭桥、创造条件或直接邀请。又如：在进行策略方法的指导时，尽可能通过问题引导或推送相关的参考资料，使学生有充分的自学、自悟的机会。

前文提到，综合与实践领域是一种开放性的学习情境。学生在同伴互助下，利用丰富的学习资源、选择灵活的学习途径进行自主、探究、合作，各种能力、素养可以得到很大限度的发展，教师的教学干预应以尽可能发挥其育人价值为前提。在高价值的问题上，甚至要允许学生"试错"或"绕弯路"。事实上，过程中的深刻体会与感悟比活动的结论更为重要。

在综合与实践学习过程中，教师的理想角色是"学生学习的伙伴"，师生成为学习的共同体，使学生真正实现主动、自主的学习，而非精细掌控过程、精准掌握答案的权威。因此，综合与实践的教学也应基于学生核心素养培育的长程规划，多引导学生体会、感悟学习过程，总结、反思学习经验，发展元认知，将经验迁移到未来的该领域以及其他领域学习活动中。

5. 学习评价的实与虚

前文提到，综合与实践领域的内容与其他领域不同，没有特定的新知与技能学习，其学业质量不宜采用传统的纸笔测验试题。没有了测试分数作为定量评价的依据，该领域的学习评价就容易流于空泛的形式，虚化了评价的功能。

综合与实践领域的学习评价既有对学习物化成果的结果性评价，也有对学习过程中学习行为和情感态度等的表现性评价，评价标准的设定、评价表的设计是影响评价功能、评价效度的重要因素。

对物化成果的评价应根据教学目标、任务目标，在体现能力素养的关键结构要素上设定评价点，如：对研究报告的评价点应关注对现实情境的理解与抽象、问题的提出、转化数学问题、数学方法解决问题、结论的检验与修正、结论的合理性，等等。并对每个评价点进行评价标准的具体化描述，避免空泛、笼统，缺乏可操作性。如：对评价点"问题提出"的描述为"提出有价值的问题"，什么是"有价值的问题"呢？还需要进一步对"有价值"做具体、细化的描述，既能使评价者对所有评价对象的"问题提出"给予客观的、比较一致的评判，也能使学生根据评价标准对学习过程进行有针对性的反思与改进。

同样的，对学习过程中的学习行为与情感态度进行评价，也应尽可能通过具体化的行为表现的描述，使得评价基于证据，而非主观性过强的模糊判断。

综合与实践学习评价的"实"还体现在：评价应伴随整个学习过程，使评价真正成为促使学生对学习过程进行自我认知、自我监控的工具，对发展学生的元认知能力发挥宝贵的作用。

第三章
基于课程内容的初中数学关键教学点及其教学实施

从实际教学的操作来看,具体的教学内容,特别是按照《课标(2022年版)》所划分的主题进行教学研究更具有广泛的意义和实操价值。本章在遵循教学主题的基础上,基于单元整体教学的视角,对教材内容或保持原教学章节、或进行适当整合,划分为十个教学单元,对每个教学单元进行关键教学点的分析,并给出具体实施建议。其中"综合与实践"单元以跨学科主题学习为主,采用项目式学习的方式,从项目式学习的关键环节的处理策略给出教学实施的建议。

第一节 "数与式"的关键教学点及其教学实施

一、"数与式"概述

"数与代数"是义务教育阶段数学课程的四大领域之一,在初中阶段包含"数与式""方程与不等式""函数"等三个主题。从"数与式"到"方程与不等式"再到"函数"形成了"数与代数"连贯的学习体系。"数与式"是代数的基本语言,其学习是"数与代数"领域的起始阶段,为"方程与不等式""函数"两个主题的学习起奠基作用。

"数与式"由有理数、实数、代数式三部分组成,其教学主要围绕数与式的认识、数与式的表示、数与式的运算、数量的估算、数与式的应用等展开。

有理数与实数的教学，要求学生进一步认识数系的扩充。从实际生产、生活的需求的角度说，人类从对生活中相反意义量的认识中抽象出负数的概念，在解决"已知正方形的面积求正方形的边长"和"已知正方体的体积求正方体的棱长"的问题时，引入无理数；从数学内部发展的角度看，负数与无理数的引入，解决了数集与运算封闭性的矛盾，使得数系从非负数扩充到有理数，进而扩充到实数。教材分两个阶段形成有理数与实数的相关概念，引导学生逐步深入认识数的运算法则、运算律和运算性质，培养其数感；对于代数式，教材按照整式、分式、二次根式的顺序安排设置，不断促进学生对用字母表示数的理解，学会运用符号表达数、数量关系和变化规律等数学对象，在认识代数结构特征的基础上，选择合理的路径，运用符号进行运算和推理。

通过"数与式"主题的学习，学生不仅可以形成研究"数与式"的基本思路，还可以有效地促进其抽象能力、运算能力、代数推理能力等的发展。

二、"数与式"的关键教学点实施

1. 教学分析

初中阶段的"数与式"有两条内容主线：一条是实数，包括有理数、无理数、实数、二次根式等概念及运算；另一条是代数式，包括代数式、整式、分式等概念及运算。重视对"数与式"内容的整体理解，既要纵向打通"数与式"主题和小学阶段"数与运算"主题的关联，又要横向打通"数与式"之间的关联。初中阶段将数的学习扩展到了实数的范围，将式的学习扩展到了代数式的范围，而数又是代数式的一部分，整式不仅包含实数，还包含表示实数的字母。将实数系的结构图中的"数"替换成"式"，即可得到代数式的体系结构（如图1）。

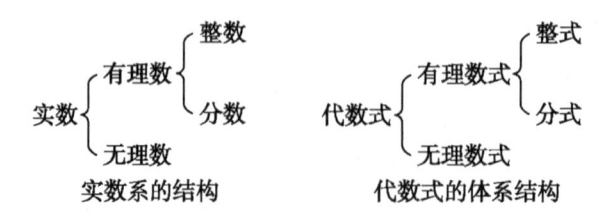

$$
实数\begin{cases}有理数\begin{cases}整数\\分数\end{cases}\\无理数\end{cases} \qquad 代数式\begin{cases}有理数式\begin{cases}整式\\分式\end{cases}\\无理数式\end{cases}
$$

实数系的结构　　　　代数式的体系结构

图 1

从教与学的基本思路及学生能力发展的两个角度出发，"数与式"主题的教学要特别关注概念和运算，关注概念的理解与解释，遵循理解—识别、解释—应用的发展顺序；关注运算规则的选择与运用，形成选择—优化、技能—运用的逐步提升。用字母表示数，并参与运算和推理是数与代数领域学习的一个重要任务。由于代数式里的每个字母都可表示数，因此关于数的各种运算法则和运算律对字母均成立，体现数与式的相通性。从数字运算到字母运算，学生的符号意识得到强化，并将数的运算抽象化、形式化、系统化，为学习方程、不等式、函数等内容奠定基础，实现从算术思维到代数思维的飞跃。显然，有理数的四则运算与整数的四则运算相同。引进无理数之后，自然希望建立无理数的四则运算，使得关于有理数的运算法则能运用在实数中。事实上，运用逼近思想，即用有理数来逼近无理数，可以由有理数的运算法则得到无理数的运算法则。这样就需要建立极限的概念。当然，在初中阶段不可能这样严格地介绍无理数及其运算法则，但教师可以根据学生具体的情况，渗透一些用有理数逼近无理数的思想，为学生以后的学习做一定的铺垫。学生经历生活的具体情境，进一步感受"数与量"的意义，提升了"数感、量感"的素养；学生经历"用代数式表述数量关系和变化规律"的过程，理解代数式的功能，强化了"符号表达"；学生从具体情境（生活情境、数学情境等）中，学会从数学的角度发现问题和提出问题，并综合运用数学知识和方法分析与解决简单的实际问题，发展了"四能"。

2. 确定关键教学点

根据以上教学分析，结合关键点所承载的功能，只要把这类的课分析并实施达到目的，就会有"种子成长为树"的效果。基于此，我们确定出"数与式"主题的 11 个关键教学点（如下表）。

关键教学点	选择理由
数轴	数轴的学习是初中学生首次经历用数轴表征数的过程，"点与数"的关系渗透数形结合思想，为后续学习相反数、绝对值、比较有理数大小，以及表示不等式组的公共解集和理解平面直角坐标系等知识奠定基础。

续表

关键教学点	选择理由
绝对值 （第1课时）	绝对值是数量大小与线段长度的表达，为后续学习数的运算和数的大小比较等奠定基础。本节课是绝对值学习的起点。
有理数的加法 （第1课时）	有理数的加法是研究有理数运算的起点，是数系扩充学习中的一个重要节点，它是对小学阶段自然数扩充到非负数的总结，它能提炼出数系扩充之后的研究思路，为后续有理数扩充到实数以及高中阶段实数扩充到复数的学习提供示范作用。
有理数的乘法 （第1课时）	有理数的乘法可视作是具有相同加数求和的一种特殊运算。这种法则是基于数学内部逻辑，通过观察两个数相乘的积如何随一个因数变化而变化，进行合乎情理的推理得出的。这个过程深入地反映了数系扩充后算术运算的基本法则的一致性。
有理数的混合运算 （加、减、乘、除）	有理数的混合运算综合课，旨在明确运算对象，分析算式结构特征，合理设计运算程序，选择恰当的运算法则，最终求得运算结果。这一过程不仅巩固了四则运算法则，还强调了四则运算的算理，为后续学习更复杂的运算提供了思路，并帮助学生构建前后一致的代数运算策略。
列代数式表示数量关系	学生通过探索实际问题的数量关系和变化规律，经历符号化的过程，在具体情境中理解字母表示数的意义，充分感受用字母表示数的必要性、简洁性和优越性，发展学生的符号表达能力。
整式的加减 （第1课时） （合并同类项）	理解同类项概念是掌握合并同类项法则的关键，也是对"同类"代数结构特征的初步了解。合并同类项法则是理解数式通性的重要工具，为后续学习更复杂的代数式运算奠定基础。
平方根 （第1课时）	本课时通过算术平方根概念的形成，引入新的运算——开方，为数系的再次扩充奠定基础。

续表

关键教学点	选择理由
实数 （第1课时）	实数是继有理数之后，在中学阶段学习的数系的又一次扩展。引入无理数后，运算法则和算理保持了一致性。相关学习活动涉及类比学习，还有归纳推理，为后续高中阶段学习从实数向复数的数系扩展再次积累活动经验。
同底数幂的乘法	幂的运算是整式乘法和除法的基础，同底数幂的乘法是幂的运算的起始课，为后续幂的性质研究提供方法借鉴。
平方差公式	平方差公式是学生在初中阶段遇到的第一个乘法公式。学生从多项式与多项式的乘法中，经历"特例→归纳→猜想→推理→验证→再认识→运用"的知识发生过程，提炼出平方差公式的一般形式，学会发现数学问题、研究数学问题的一般策略和方法。

三、"数与式"的关键教学点的教学实施

（一）实施建议

1. 理解新概念，化解认知冲突

学生在"数与式"主题的学习中遇到很多新的概念，如：数轴、相反数、绝对值、无理数、平方根、算术平方根、立方根、整式（单项式、多项式）、分式等。学生理解与掌握这些新概念，与已有学习经验（已有的知识及认知能力）间存在一定的认知冲突，导致学生对新概念的内涵与外延理解难以达到满意的效果。为了让教学设计更加合理，教学过程符合学生认知的"最近发展区"，教学行为能促进学生知识的正迁移，我们选择以下四节关键教学点进行说明："数轴"这节课，从生活实际问题抽象形成数学问题——数轴，让学生不断经历生活问题数学化的过程，从而提炼出数轴的概念，化解学生直接认知数轴概念的冲突；"绝对值（第1课时）"通过创设生活情境导入新课，引导学生从两事物之间的实际距离来理解绝对值的几何意义，实现化抽象为具体；"平方根（第1课时）"这节课中的算术平方根的概念，是从学生生活现实引出问题，再从数学学科本位理解概念，在应用算术平方根的概念

化简时,通过设计问题串,让学生经历语言与符号两种表征,化解算术平方根的符号认知冲突;"实数(第1课时)"的教学设计画图操作,让学生经历画图的过程,将"无理数是无限不循环小数"中抽象的"无限"通过图形来直观展示,并用数轴上的点表示,同时也解决了生活实际与数学内部发展的需求,化解了生活实际与数学现实的认知冲突,达到概念的同化与运用。同时让学生掌握概念学习的路径:从生活实际问题中识别抽象并提取出数学概念,再对数学概念辨析理解,最后升华到概念的应用。

2. 理解"用字母表示数",强化符号表达

在"数与式"主题内容的学习中,处处存在着"用字母表示数"。例如,"代数式"是从生活实际问题出发,用具体的数来表示所要求的问题,再用字母来表征一般性的问题;又如绝对值、平方根、算术平方根、立方根这些概念的理解,都是从具体的数到用字母抽象表达的过程,让学生体会到用字母表示数的简洁性和一般性,通过多次反复的符号表达,逐步理解代数的本质特征,实现从算术思维向代数思维的过渡。

3. 理解数与式的相通性,提升运算能力

培养运算能力是"数与式"主题教学的一个重要的教学目标。"数与式"中运算能力培养的两个维度:一个是注重对各种运算法则的归纳、发现与掌握;再一个是在算理的指导下根据代数结构特征选择合理的运算路径,其作用是帮助学生根据问题特征寻找能有效解决该问题的"数与式"的知识和方法。

"数与式"中运算能力培养分成两个层级。

层级一是运算程序的归纳及技能固化。

教学中应引导学生在算理的指导下,发现归纳出各类运算法则等陈述性知识,再应用各类运算法则等程序性知识让运算技能从训练(会做)到熟练再到自动化,达到培养学生的运算能力的目的。如有理数的加减乘除及乘方运算,先以有理数加法、乘法运算法则为基础,再推导出减法、除法、乘方等运算法则。"有理数的加法(第1课时)",在有理数范围内的加、减法可以统一成为加法,而加法又是学生接触的第一种有理数运算,学好本节课有利于学生形成有理数各种运算的思考方式(确定结果的两个角度:符号和绝对值）。在加法法则的探究过程中，渗透着数形结合，分类讨论等数学思想，同时，让学生感知法则的由来，有利于发展学生的运算能力；"有理数的乘法（第1课时）"从数学学科规律出发，探究两个有理数相乘的法则，这样更能解释"负负得正"的算理，在理解算理的基础上，更好地应用有理数的乘法法则解决问题。基于数与式运算的相通性，类比数的运算，有序学习了整式的加、减、乘、除等运算法则及简单应用，如"整式的加减（第3课时）""同底数幂的乘法"等。

层级二是根据代数结构特征选择合理的路径实施运算。

教学中通过不同运算方式的综合题的训练，对同一道题的多种解法的优选，达到策略性运算能力的技能逐级进阶。如"有理数的除法（第3课时）"是四则混合运算程序化梳理，巩固算法，同时合理选择运算顺序，优化运算策略，帮助学生构建前后一致、逻辑连贯的代数运算过程，也为后期学习复杂的数与式的运算提供可借鉴的范式。"同底数幂的乘法"和"平方差公式"这两节课，都是通过代数推理得到法则或公式，再通过适量的训练，达到运算的熟练，有的从式子结构特征中选择恰当的运算方法，可使运算简便，最终达到策略选择的最优化之目的。掌握整式（包括实数）和分式的运算路径：明确运算对象—分析算式结构特征—合理设计运算程序—选择恰当的运算法则—求得运算结果。随着"数与式"学习深度加深，抽象程度越来越高，让学生感受到由算术运算走向代数运算是必然的，在运算中强化符号表达，培养抽象能力，提升运算能力。

（二）实施要点

1. 数轴

数轴的新课教学关键在于如何建立"点与数"的对应关系，并且让学生从已有的认知自然地过渡到新知的学习中，因而在新授课的情境引入的环节中，设计如下的问题。

问题 在一条东西向的马路上，有一个汽车站牌，汽车站牌东3 m和6.8 m处分别有一棵榕树和一棵芒果树，汽车站牌西3 m和9 m处分别有一棵木棉树和一根电线杆，请同学们讨论用什么方式来刻画上述物体的相对位置？并表述它们的位置。

由于学生的理解能力存在差异，对于无法完成问题的学生，教师可增加以下追问为其搭建台阶。

追问 1　用什么几何图形来表示马路？汽车站牌、榕树、芒果树、木棉树和电线杆呢？

追问 2　你先确定的是哪一个地点的位置？为什么？对于有理数来说，哪个数字也可以起到类似的作用？

追问 3　你是怎么确定问题中其他各物体的位置？

追问 4　与汽车站牌的距离可以用数字来表示，如榕树和木棉树与汽车站牌的距离都可以用数字 3 来表示，那如何区分这两个位置呢？用什么数来表示这个位置更合适呢？

追问 5　对比各小组所画的图形，你认为怎样才能更准确地反映与汽车站牌距离不同的物体的位置？

在学生交流展示之后，教师通过系列追问引发学生进一步思考。对于追问 1，学生意识到可以把马路和汽车站牌等抽象成直线和点等几何图形，从而建立起生活与数学的联系；对于追问 2，学生会发现先确定汽车站牌的位置，其他地点的位置可根据汽车站牌的位置而确定，这里汽车站牌起到了"基准点"的作用，而有理数中的数字 0 也是区分正数和负数的"基准点"，从而可以用 0 来表示汽车站牌的位置；设计追问 3－追问 5，意在引导学生体会"东"与"西"之间的相反关系。在规定单位长度（1 米）的情况下，联系之前负数的学习，学生不难想到，可以用正数和负数表示榕树和木棉树等物体的位置（如图）。至此，引出课题便水到渠成了。

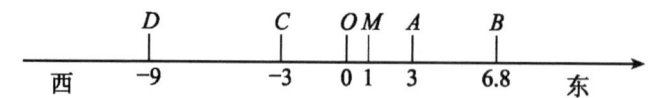

通过上述循序渐进、层层深入的问题引导，突破了本节课的教学关键点，在提高学生分析问题、解决问题的能力的同时，又结合具体情境让学生对数轴有初步的感知，进一步感受建立数与形的联系，发展空间观念和抽象能力。

2. 绝对值（第 1 课时）

对于七年级的学生来说，理解"绝对值的本质是数量大小与线段长度的表达"比较困难，为了更好理解上述表达及课标"能借助数轴理解绝对值的意义，会求实数的绝对值"的要求。在"绝对值（第 1 课时）"的教学时，教师应把"绝对值概念的理解与绝对值符号化的表征"作为关键点，第一是在生活情境中设置汽车行驶的距离与方向的问题，学生自主观察图形并回答，通过实际问题的体验表征，形成"绝对值"概念的"初步印象"，在已有的表征基础上，将数轴上的点与原点间的"距离"进行再次表征，形成"绝对值"概念的"雏形"，并用数轴理解绝对值的几何意义，达到运用几何直观特征求解绝对值的操作表征；第二是形成"绝对值"概念之后的数转化成字母的表征问题，利用数轴上正有理数、0、负有理数表示的点的位置与原点的相对位置不同，从而对不同符号的有理数的绝对值产生了分类研究的思路，抽象形成符号化表达，引导学生从具体有理数的绝对值计算中感知、发现运算规律，并进一步用字母表述绝对值的运算规律，锻炼学生将数学结论由文字语言向符号语言转化的能力。结合上述教学关键问题的分析，可设计相应具体的问题。针对上述的两个关键教学点的突破，设计如下的问题 1 与问题 2。

问题 1　如图，两辆汽车从同一处 O 出发，分别向东、西方向行驶 10 km，到达 A，B 两处。

(1) 如果规定向东为数轴的正方向，一个单位长度代表 1 km，那么点 A，B 表示的数分别是多少？

(2) 这两辆汽车行驶方向有何关系？行驶的距离是否相等？为什么？

教师再展示问题情景，学生自主观察图形，得到以下结果。

(1) 点 A 表示的数是 10，点 B 表示的数是 -10；

(2) 两辆汽车行驶的方向相反，行驶的距离相等。

问题 2

(1) 写出下列各数的绝对值

6，-8，-3.5，$2\dfrac{1}{2}$，$-\dfrac{2}{3}$，10，0；

(2) 画出数轴并表示（1）中的有理数；

(3) 在（2）所画的数轴上直接找出绝对值最大的数和绝对值最小的数，

与（1）的计算结果一致吗？为什么？

（4）绝对值越大的数在数轴上所表示的点一定越靠右吗？为什么？

学生自主完成画数轴、表示有理数、计算绝对值，从计算结果和数轴上找到绝对值的最大值和最小值，最后利用绝对值的概念进行命题判断。教师巡视学生作答情况，重点关注学生能否正确计算有理数的绝对值，能否从计算和图形两个角度判断绝对值的大小、推理命题的真假。通过例题，进一步巩固绝对值的计算与有理数的数轴表示，在绝对值大小的比较和命题判断上，引导学生从几何特征与代数运算的角度进行推理，发现二者的一致性，帮助学生进一步感受数形结合的思想。

3. 有理数的加法（第 1 课时）

有理数的加法是初中阶段引入负数后的第一种运算，在有理数加法法则的探究过程中，注重从两加数的正负性进行分类讨论，结合学生已有的学习经验，再应用数形结合推导出"先定符号，再算绝对值"的有理数加法法则。开展本节课教学要特别注意两个问题：一是如何对两个有理数相加进行合理的分类；二是如何探求不同类型的两数相加的法则。如何对两个有理数相加进行合理的分类？不妨设计如下的问题。

问题 小学学过正数与正数相加、正数与0相加。引入负数后，两两组合会出现哪些新的情况？

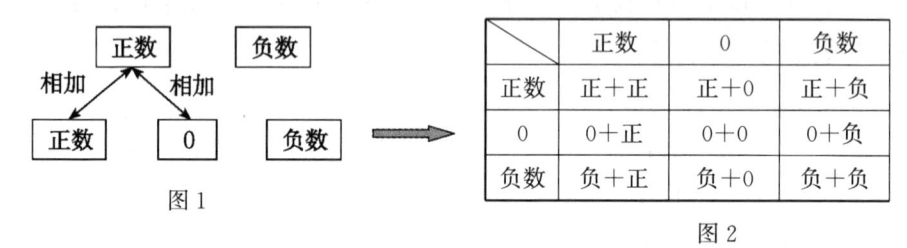

图1

	正数	0	负数
正数	正+正	正+0	正+负
0	0+正	0+0	0+负
负数	负+正	负+0	负+负

图2

教师引导学生共同完成图1，最后可归纳成图2的类型，明确了对于两个有理数相加，应先对两个加数的符号特征进行分类，然后再组合形成探究类型问题。

设计如下的问题串，并借助数轴的直观性可以有效地解决"如何探求不同类型的两数相加的法则"的问题：

问题1 根据图2的分类结果，每一种运算类型各写一个算式；

问题 2　结合所写的 6 种算式，应用已学的知识进行合理的解释（小组讨论）。

教师根据学生完成情况，适时进行指导并说明，如对于负数参与的运算，学生遇到困难时，引导学生借助具体情境和数轴来分析讨论，如设计这样的台阶性的问题：一个物体做左右方向运动，我们规定向右为正，向左为负。向右运动 5 m 记作＿＿＿＿，向左运动 5 m 记作＿＿＿＿。

如果物体先向右运动 5 m，再向右运动 3 m，用如下图的数轴表示两次运动的最后结果，再用算式表示：5＋3＝8。

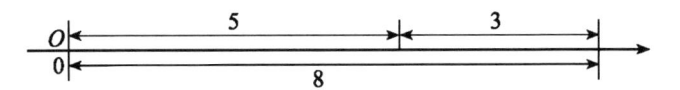

这样设计就明确了，同一物体两次连续运动抽象成两个数相加，而物体的运动方向决定了原来两个加数的符号（向右运动为"＋"，向左运动为"－"），因而从形象的物体运动就可抽象出两数相加，并从物体运动的结果总结两数相加运算的结果，再归纳出此类两数相加的法则，为后面探究有负数参与的两数相加的法则提供借鉴类比的思路与方法。

4. 有理数的乘法（第 1 课时）

有理数的乘法是对有理数加法的特殊化的运算，在探究有理数的乘法法则的过程中，从两数相乘的规律（其中一个因数相同，另一个因数逐次递减）探究运算结果的规律（符号与绝对值），为推导乘法运算中"负负得正"提供依据。因此，本节课要在"如何有序有理地探究得到两个负数相乘的法则"上下功夫，并可设计如下有递进关系的问题串。

问题 1　下面从我们熟悉的乘法运算开始。观察下面的乘法算式，你能发现什么规律？

$3\times3=9,$　　　　$3\times3=9,$
$3\times2=6,$　　　　$2\times3=6,$
$3\times1=3,$　　　　$1\times3=3,$
$3\times0=0。$　　　　$0\times3=0。$

追问 1　由上述规律得到 $3\times(-1)=-3$，根据发现的规律，填写如下的空白处。

$3\times(-2)=$

$3\times(-3)=$

追问2 先独立填写下列的空白处，再尝试进行归纳（小组讨论）。

$(-1)\times 3=$ ，

$(-2)\times 3=$ ，

$(-3)\times 3=$ 。

问题2 利用上面归纳的结论计算下面的算式，你能发现其中的规律吗？

$(-3)\times 3=$ ，

$(-3)\times 2=$ ，

$(-3)\times 0=$ ；

追问3 按照上述规律填空，并说说其中有什么规律。

$(-3)\times(-1)=$ ，

$(-3)\times(-2)=$ ，

$(-3)\times(-3)=$ 。

问题 1 可引导学生先观察再总结，从横向式子看是两数相乘的法则，而从纵向式子的比较来看有如下的规律：随着后一个乘数逐次递减 1，积逐次递减 3。问题 1 的规律可延续到问题 2，但问题 1 的追问 1 仅是规律的延续，而到追问 2 还应通过老师的引导从符号和绝对值的两个角度观察并归纳，为问题 2 的追问总结做铺垫，问题 2 的追问 3 由学生自主探究得出负数乘负数的结论。

5. 有理数的混合运算（加、减、乘、除）

本节课是有理数加法、减法、乘法、除法四则混合运算的综合课，目的是在巩固已学的四则运算法则基础上的技能固化，突出按"先乘除，后加减"的运算顺序，同时也为后期学习更复杂的运算提供学习方法上的示范，帮助学生构建前后一致、逻辑连贯的代数运算的学习。设计如下的问题。

问题 计算：(1) $6-(-3)\times(-1)$

(2) $-8+4\div(-2)$

(3) $3\times(-4)+(-28)\div 7$

(4) $(-7)\times(-5)-90\div(-15)$

问题（1）（2）只有"乘或除"与"加或减"简单的组合运算，问题（3）（4）是四则混合运算，通过举不同类型例子说明，运算时"先观察，后计算""先定符号，再算绝对值"，同时强化四则运算"先乘除，后加减"的顺序，理解有理数混合运算与非负数混合运算在运算顺序上的一致性。

混合运算中，还存在对多种解法的优选问题，为此在本节课的巩固环节，设计如下的计算题。

问题 计算：$\left(1\frac{3}{4}-\frac{7}{8}-\frac{7}{12}\right)\div\left(-\frac{7}{8}\right)+\left(-\frac{7}{8}\right)\div\left(1\frac{3}{4}-\frac{7}{8}-\frac{7}{12}\right)$

此题涉及去括号和除法、加法运算。在计算 $\left(-\frac{7}{8}\right)\div\left(1\frac{3}{4}-\frac{7}{8}-\frac{7}{12}\right)$ 时，需先对 $\left(1\frac{3}{4}-\frac{7}{8}-\frac{7}{12}\right)$ 进行运算，再进行除法运算；但在计算 $\left(1\frac{3}{4}-\frac{7}{8}-\frac{7}{12}\right)\div\left(-\frac{7}{8}\right)$ 时，通过化除为乘得到 $\left(1\frac{3}{4}-\frac{7}{8}-\frac{7}{12}\right)\times\left(-\frac{8}{7}\right)$ 后，就出现两种算法，一种是先对括号内进行减法运算再进行乘法运算，第二种是根据式子的结构特征利用分配律进行简便运算。本题中，明晰运算顺序是正确求解的基础，合理选择运算律是简便运算的关键，这为今后运算问题中策略性选择提供示范。

6. 列代数式表示数量关系

"列代数式表示数量关系"的关键在于理解用字母表示数的含义，突出算术思维向代数思维的过渡，体现数与式的相通性、关联性。在实际问题情境中让学生不断感受字母表示数的意义，是本节课的重点。为此，教师可以在情境引入环节设计如下的问题。

问题 智能机器人的广泛应用是智慧农业的发展趋势之一。某品牌苹果采摘机器人可以 1 s 完成 5 m² 范围内苹果的识别，并自动对成熟的苹果进行采摘，它的一个机械手 8 s 可以采摘一个苹果。根据这些数据回答下列问题：

(1) 该机器人 10 s 能识别多大范围内的苹果？60 s 呢？t s 呢？

(2) 该机器人识别 n m² 范围内的苹果需要多少秒？

(3) 若该机器人搭载了 10 个机械手，它与采摘工人同时工作 1 h，假设工人 m s 可以采摘一个苹果，则机器人可比工人多采摘多少个苹果？

问题的（1）(2)(3)都先让学生从小学的算术计算开始，再引到用字母表示数的计算问题，这样设计让算术思维过渡到代数思维自然生成。

为了突出字母表示数的含义，在本节课的巩固提升环节设计如下的问题。

问题 结合生活实际，举例说明 $3a$ 的意义（小组活动）。

师生与生生共同从字母 a 可表示生活中不同实际量的问题思考，形成了 $3a$ 有意义不同的表示形式，让学生进一步感受字母表示的意义所在。

学生通过现实情境了解代数式，进一步理解字母表示数的意义，经历字母表示数的符号化过程，发展符号表述能力。

7. 整式的加减（第1课时）(合并同类项)

同类项概念以及合并同类项是本课时的重点，但教学中，教师还应重视"为什么要界定'同类'""如何界定'同类'""'同类'如何合并"等问题。为了解决这些问题，教学中可尝试如下的递进式的问题。

铺垫：计算下列算式，并说说你运算的顺序和理由。

(1) $72 \times 2 + 120 \times 2$

(2) $72 \times (-2) + 120 \times (-2)$

(3) $100 \times \frac{1}{3} + 145 \times \frac{1}{4} + 200 \times \frac{1}{3} - 45 \times \frac{1}{4}$

(4) $100 \times \frac{1}{5} + 145 \times \frac{1}{6} + 200 \times \frac{1}{5} - 45 \times \frac{1}{6}$

问题1 在以上有理数的加法运算中，我们会遵循"同类相加"的原则进行简便计算，你能尝试解释一下吗？

教师从数字运算的角度提出关于"类"的思考，并通过举例做进一步解释："整数＋整数"时，"计数单位"为1，如 $17+18$ 可以看作 17 个 1 与 18 个 1 相加；"分数＋分数"时，"计数单位"为两个加数的最简公分数，如 $\frac{2}{3} - \frac{1}{5}$ 可以看作 10 个 $\frac{1}{15}$ 与 3 个 $\frac{1}{15}$ 相减；类似的 $0.2+0.01$ 可以看作 20 个 0.01 与 1 个 0.01 相加。

从同类的事物相加的生活实例出发，引导学生认识到数的相加也必须保持"计数单位"一致。学生通过这个过程进一步理清数字运算的算理，深刻体会数的运算单位的一致性。从而在后续的环节中容易迁移类比,体会式的加减运算也需要寻找相同"单位",感悟"数式通性"。

在概念生成与辨析的自主探究环节中设计如下的问题。

问题 2　既然数的运算遵循相同的"计数单位"相加的原则,那在整式的加减运算中是否也遵循这个原则呢?我们来看这个问题:求多项式 $2ab+2a^2b+\frac{1}{2}a-4ab-2a^2b+\frac{3}{2}a$ 的值,其中 $a=3$,$b=\frac{1}{9}$。

设计这样的问题,在直接代入与先化简再代入两种方法中,让学生感悟数学追求的简洁之美,也正因为需要而产生先合并再化简,结合铺垫环节,才产生了本节寻找同类项以及合并同类项的学习需求。

追问　为什么会想到将这些单项式分成几类再进行相加? $3ab$ 与 $2a^2b$ 可以相加吗?这些你们认为能够相加的单项式有什么共同特征?

学生观察并思考,从代数结构特征相同的角度引导学生说出分类依据。从而引出了同类项的概念。

问题 3　辨一辨:以下哪些是同类项?

① $6a$ 和 $6b$　② $-3a^2$ 和 $2a$　③ $4x^2y$ 和 $\frac{2}{5}yx^2$　④ $-5x$ 和 $2\pi x$　⑤ -5 和 5^2

问题 4　同类项该如何进行加减计算呢?以 $4x^2y+\frac{2}{5}x^2y$ 为例,请大家写出运算过程,并尝试归纳合并同类项的法则。

8. 平方根(第 1 课时)

教学"平方根(第 1 课时)",要关注以下两个问题:第一,为什么要引入算术平方根的概念?第二,如何进行数学符号化的简化运算?为解决第一个问题,本节课的教学从生活实际问题中引出算术平方根,让学生感受到数学来源于生活。情境引入环节设计如下的两个问题。

问题 1　学校要举行美术作品比赛,作品的尺寸要求不能大于 26 dm². 小杰裁出了一块边长为 5.1 dm 的正方形画布,画上自己的得意之作参加比赛,小杰的作品大小符合要求吗?为什么?若不符合请帮助裁剪符合规定的画布。

问题2 若知道正方形画布的面积，我们能说出其边长吗？快速填表。

正方形的面积/ dm²	1	4	9	16	36	$\frac{4}{25}$
正方形的边长/dm						

问题1旨在引导学生从实际情境出发，回顾已经学过的知识，自然而然引出乘方的逆运算，揭示因生活实际的需要而产生数学概念学习之必要，激发学生的求知欲。问题2是由实际问题抽象出数学问题，学生可通过独立思考，自主完成，加深对问题本质的认识：求一个正数的算术平方根，实质上就是求另一个正数的平方的逆运算。教师顺势而导，从中概括出算术平方根的概念，帮助学生加深对算术平方根的概念的理解。

对于第二个问题的解决，设计如下的问题。

问题3 求下列各数的算术平方根：

(1) 100；(2) $\frac{49}{64}$；(3) 0.0001。

上述问题的解决指向对算术平方根的文字语言和符号语言的掌握与转换，需要以师生互动、生生互动的形式实施。具体来讲，教师可以先让学生独立思考问题（约2分钟），然后鼓励学生相互交流（约1分钟），再随机抽取3位学生分享结果。在此过程中，教师应给出规范板书作为示范，学生应根据解答做出自我评价和合作评价。

9. 实数（第1课时）

实数概念的引入主要在于无理数的出现，因为有了新数的加入，对于原有数的结构体系的分类与运算规则是否发生变化是应该思考的问题，因此本节课的教学应突出"无理数如何引入"和"实数如何分类"。

在本节课的情境引入与新知探究两个环节对无理数的出现作如下的设计。

问题1 通过一个微视频介绍数的发展历程，重点介绍数的发展史上几个关键时期：自然数、分数、负数，数集由自然数扩充到整数，再扩充到有理数。接着由西帕索斯提出的问题"边长为1的正方形，它的对角线长是多少呢？"所引发的第一次数学危机引入本节课内容的学习。

问题2 通过前几节课的学习，我们知道边长为1的正方形，它的对角线长是$\sqrt{2}$。$\sqrt{2}$是有理数吗？它能化成整数或分数吗？

问题1从学生对数的认识经历出发，了解数的发展史，数系的扩充来于实际生产生活以及数学内部发展的需要，为本节课的学习做铺垫，同时也渗透数学文化，激发学生学习数学的兴趣。问题2通过"$\sqrt{2}$是有理数吗？"这个问题，引发学生的思维冲突，从而引出本节课的第一个活动：将有理数化为小数的形式。学生在问题2的指引下得到$\sqrt{2}$不是有理数的结论，教师也由此引出无理数的概念。

对于实数的分类设计如下的问题。

问题3　引入了无理数后，数系又一次扩充，新的数系名为"实数"。也就是有理数和无理数统称为实数。对于新的数集实数，我们要如何分类呢？

通过借助思维导图（如图3），回顾有理数的学习内容，类比有理数分类方式，对实数进行分类，让学生明确数系扩充后，新数集的研究方法、研究内容、研究路径都是一致的。

图3

10. 同底数幂的乘法

同底数幂的乘法是幂的三种乘法运算中最先学习的，而此节课又是《整式的乘法》整章的起始课，它的重要性不言而喻。教学时，教师应积极思考两个问题：一是本课采用什么形式引入更适合学生的认知？二是同底数幂的乘法法法则的发现、推导及方法的迁移。

为了突破本节课的第二个问题——同底数幂的乘法的法则和推导，在"自主探究"环节设计如下的问题。

问题1　根据乘方的意义填空

（1）$10^8 \times 10^7 = 10^{(\ \ )}$；（2）$a^7 \times a^9 = a^{(\ \ )}$；

（3）$5^m \times 5^n = 5^{(\ \ )}$.（$m$，$n$都是正整数）

追问1　观察上述三个式子的共同特征，你能发现什么规律？

追问2　请你用符号表示你发现的规律，并证明其成立。

以填空的方式从"同底数幂"的不同类型角度设计了三个问题，从"乘方的意义"角度解决问题，通过追问1与追问2的解决与推理证明。学生经历从特殊到一般的过程，从而归纳出同底数幂乘法的法则，并理清其中的算理与学理。

在本节课的"复习与回顾"环节，设计如下的问题来"巩固"与"迁移"本节课的学法，以达到方法的示范作用。

问题2　请同学们应用本节课所学的方法，尝试计算：(1) $(ab)^3 = $ _____ ；(2) $(a^2)^3 = $ _____ ；并说明计算的原理。

设计此问题在于引导学生巩固"同底数幂的乘法法则"的推导原理与方法，培养学生类比推理的思想与方法。体现"运用数学的思维方式进行思考，增强发现和提出问题的能力、分析和解决问题的能力"。

11. 平方差公式

平方差公式是学生初中阶段学习中遇到的第一个乘法公式，它的学习为后续其他公式或内容学习起到奠基与示范作用。因此，导入新课和公式的几何解释两个环节是突破本课时关键教学点的着力点。

本节课可以从学生的数学现实出发导入学习：在学习了一般的多项式乘多项式的基础上，教师提供一定量的多项式乘法的计算题，让学生通过计算，归纳出具有特殊代数结构特征的多项式乘多项式。

问题1　计算

(1) $(a+1)(b-2)$　　(2) $(a+1)(a-2)$　　(3) $(a+1)(a-1)$

(4) $(b+2)(b-2)$　　(5) $(2x+1)(2x-1)$

当然对于观察得到的结论，教师还应引导学生进一步从数学的角度给出一般性的证明，即利用多项式的乘法运算进行代数推理。

为了帮助学生直观地、更好地理解平方差公式，教师需要对平方差公式的几何解释实施教学。

问题2　观察平方差公式：$(a+b)(a-b) = a^2 - b^2$ 的左右两边的式子，类比多项式乘多项式的几何图形验证方法，画出图形，说明等式成立。

首先，教师引导学生观察式子的代数结构特征，并得到如下结论：等式左边是两个相同字母和与差的积的形式，右边是这两个字母的平方差的形式；其次，教师根据"乘积"和"平方"，提出可以分别联想到长方形的面积和正方形的面积，让学生尝试构造图形。经过师生的交流、讨论、修改等活动，最终给出方案：如图，在一个边长为 a 的正方形一角，剪掉边长为 b 的小正方形，通过两种不同方法计算图中阴影部分的面积，得到等式：$(a+b)(a-b)=a^2-b^2$，验证了平方差公式。

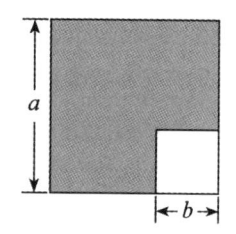

第二节 "方程与不等式"的关键教学点及其教学实施

一、方程与不等式概述

方程和不等式都是刻画现实世界中数量关系的重要模型；它们都是函数的局部，都可以与函数相互转化，对于函数 $y=f(x)$，当 $y=0$ 或 $y>0$ 时，就分别转化为方程 $f(x)=0$ 或不等式 $f(x)>0$；方程和不等式的不同之处在于：方程是等式，反映数量间的相等关系，而不等式则反映数量间的不等关系。因为方程和不等式在形式和本质上存在异同，使得它们相互联系、相互渗透、相互作用、相辅相成。

方程与不等式的学习对于运算能力和模型观念的发展有积极意义。首先，随着各种类型的方程解法的学习，学生的运算能力得到不断提升；其次，从实际问题中抽象出数量关系，进一步得到等量关系或不等关系，从而建立方程或不等式予以解决，有助于学生的模型观念的形成与发展。

二、"方程与不等式"关键教学点分析

（一）教学分析

《课标（2022 年版）》在"方程与不等式"主题中分为"方程与方程组""不等式与不等式组"，按照学习时间的先后顺序主要包括一元一次方程、二元一次方程组、不等式与不等式组、分式方程和一元二次方程。除了分式方程

外，教材对其余四个内容均独立编成一章，并且按照"概念—解法—应用"的逻辑关系编排。一元一次方程是"方程与不等式"主题的学习基础，二元一次方程（组）和一元二次方程分别通过消元和降次转化为一元一次方程，分式方程通过去分母可转化为整式方程，一元一次不等式的求解则可以类比一元一次方程的解法（如图1）。以下，我们从概念生成、解法研究、实际应用三个角度来看"方程与不等式"主题的教学。

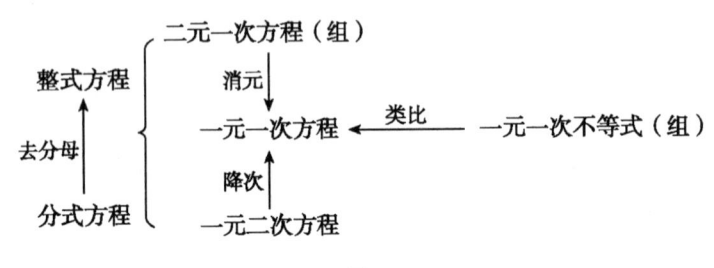

图1

从概念生成的角度看，教材均以实际问题为出发点，从不同的情境中列出关系式，观察、分析关系式的代数结构特征，抽象出具体的一类方程或不等式的概念。一元一次方程的概念可以看成是整个"方程与不等式"主题中概念教学的起点，在一元一次方程的学习时，学生首次结合"元""次"这两个元素以及式子的结构特征对一元一次方程下定义，这为后续二元一次方程（组）、一元一次不等式（组）、分式方程和一元二次方程等概念的学习提供示范。

从解法研究的角度看，首先，如图2所示，等式的性质作为移项、去分母的依据，是一元一次方程、二元一次方程组、一元二次方程、分式方程求解的基础，不等式的性质是解不等式的重要依据，而不等式的性质的学习可类比等式的性质的学习，因此等式的性质是方程和不等式的解法学习的基石；其次，对于一元一次方程的解法研究，教材按照"合并同类项—移项—去括号—去分母"的顺序，一个步骤安排一个课时，而对于二元一次方程组、一元二次方程、分式方程，则采用一种解法安排一个课时的形式，这就不难看出用合并同类项解一元一次方程的重要性；再次，消元、降次、去分母是解决多元方程、高次方程和分式方程的关键，因此二元一次方程组、一元二次方程和分式方程的解法研究应给予相应的突出，并由此渗透化归转化的思想。

一元二次方程的根与系数的关系是求根公式的自然延伸，从根与系数的关系的角度充实了对一元二次方程的解法研究，能有效帮助学生深化对一元二次方程的理解，提高运用一元二次方程分析问题、解决问题的能力，为后续的高中数学学习奠定基础。

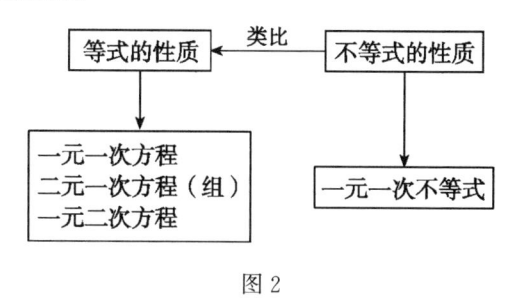

图 2

从实际应用的角度看，方程和不等式都是刻画现实世界中数量关系的重要模型，因此以方程和不等式为工具分析问题、解决问题是方程和不等式主题的学习的一个重点。学生在小学阶段解决实际问题是以算术解法为主，在《一元一次方程》这章中，通过引入方程，学生开始学习用方程解决实际问题，这是数学进步的表现。随着学习的不断深入，在《二元一次方程组》《不等式与不等式组》《分式》《一元二次方程》各章中，除了研究不同类型的方程或不等式解法之外，学生还需完成用这些模型解决实际问题的学习，在问题解决的同时，培养了模型观念，为高中阶段数学建模的发展奠定了基础。

（二）确定关键教学点

基于以上教学分析，我们确定"方程与不等式"的 8 个关键教学点（如下表）。

表 1

关键教学点	确定的理由
等式的性质	等式的性质是等式恒等变形的重要依据，是解方程的基础知识。
解一元一次方程（第 1 课时）	本课时利用等式性质对方程的结构进行化简，实现一元一次方程的求解，是实际意义上解方程的起始课。

续表

关键教学点	确定的理由
消元——解二元一次方程组（第1课时）	本课时给出的消元的思想是解二元一次方程组的基本思想，也为多元方程（组）的解决提供示范。
一元一次不等式（第1课时）	本课时类比一元一次方程的学习，求解一元一次不等式；用数轴表示不等式解集，为将来认识函数、方程、不等式的关系作好准备。
分式方程（第1课时）	通过去分母将分式方程化为整式方程，让学生感受化归转化思想；分式方程丰富了方程的类型，帮助学生完善方程体系。
解一元二次方程（第1课时）（直接开平方法）	本课时利用平方根的概念将一元二次方程转化为两个一元一次方程，实现一元二次方程的求解，所渗透的降次的思想为解决高次方程提供示范。
实际问题与一元一次方程（第1课时）	解决实际问题，是学习一元一次方程的起点和终点，它不仅有助于培养学生分析、解决问题的能力，还有利于提高学生的应用意识、实践能力，以及发展模型观念。
一元二次方程的根与系数的关系	从一元二次方程求根公式不同的角度揭示一元二次方程根与系数的内在联系，实现一元二次方程理论的完整性；一元二次方程的根与系数的关系是研究一元高次方程的根与系数的关系的起点，为高次方程的求解提供了一种思路和方法。

三、"方程与不等式"的关键教学点的教学实施

（一）实施建议

1. 关注代数思维在教学中的价值

发展代数思维是初中数学教学的重要任务之一，而方程是学生从算术思

维方式向代数思维方式的一次巨大转变,是学生代数思维发展的开始[1],方程主题的学习是发展学生代数思维的重要阵地。在"等式的性质""解一元一次方程(第1课时)""实际问题与一元一次方程(第1课时)""一元二次方程的根与系数的关系"等四节课的教学中,教师应关注学生代数思维的发展,具体建议如下:在"等式的性质"中,要让学生有意识地用符号化的形式表达等式的性质;在"解一元一次方程(第1课时)"中,引导学生从代数结构特征的角度分析、思考如何利用等式性质对方程的结构进行化简,并实现一元一次方程的求解;在"实际问题与一元一次方程(第1课时)"中,帮助学生理解代数方程与算术算式的区别,改变对未知数只有先求出后才能使用的认识,在此基础上体会方程的优越性;在"一元二次方程的根与系数的关系"中,引导学生观察一元二次方程的求根公式的代数结构特征,并思考如何运用代数的方式分析问题、表达结论。

2. 关注方程和不等式的研究内容和研究路径的一致性

方程和不等式研究的是用数与式表达现实问题中含有未知数的等量关系或不等关系。由于方程和不等式具有研究内容和研究路径的一致性,因此类比是不等式学习的主要的思维方式。类比方程的学习,从实际问题中抽象出不等式的概念;类比等式的性质的学习得到不等式的性质;类比方程(组)的求解研究不等式(组)的解法;类比布列方程(组)学习布列不等式(组)。教学中,教师可引导学生通过类比实现正向迁移,得到不等式的研究路径,不仅有助于学生结构化地认识、学习不等式,也有助于学生对方程的深入理解。

3. 关注对化归与转化思想的渗透

消元和降次分别是解多元方程(组)和高次方程的基本思想,化分式为整式是对于分式问题常见的处理手段,而这些都是典型的化归与转化思想的运用。因此,"消元——解二元一次方程组(第1课时)""分式方程(第1课时)""解一元二次方程(第1课时)"这三节课要将关注点放在如何"生

---

[1] 史宁中,曹一鸣. 义务教育数学课程标准(2022年版)解读[M]. 北京:北京师范大学出版社,2022.

成"及"理解"解法上,让学生在学习过程中领悟和运用化归与转化的思想。

(二) 实施要点

1. 等式的性质

突破本课时的关键点,需要重点考虑:为什么要研究以及怎么进一步研究等式的性质?

对于像 $x+1=2$ 这样简单的方程,可以直接看出它的解,但如果遇到复杂的方程显然就不能靠观察来解决。既然方程是含有未知数的等式,那么是否可以从等式的角度来研究方程求解问题。怎么进一步研究等式的性质?不妨按照"猜想—验证—应用"三个步骤有序地推进教学:

(1) 猜想。学生在小学阶段,对等式的性质已有所认识,引入负数后,在有理数范围内等式的性质是否还适用?把你们猜想的结论用数学语言表示出来。

经过交流、讨论,并将结论符号化:如果 $a=b$,那么 $a\pm c=b\pm c$;如果 $a=b$,那么 $ac=bc$;如果 $a=b$ ($c\neq 0$),那么 $\dfrac{a}{c}=\dfrac{b}{c}$。

一般来讲,学生会根据直觉得到猜想:在有理数范围内等式的性质仍然适用。对此,教师应给予肯定,直觉在数学学习中有着重要价值,很多数学问题的解决往往起源于直觉;当然,教师还需进一步向学生揭示这种直觉是建立在对数与式通性的理解的基础上。用数学语言表示等式的性质,这个问题的提出和解决都指向代数思维的发展,教学中应予以重视。

(2) 验证。猜想固然重要,而验证也必不可少。教学中,教师可提出问题:如何判断你们猜想的正确性?

一般有直观法和例举法解决该问题。学生容易想到例举法,即用具体的数字代入等式验证;直观法,就是借助天平的操作,从直观角度认识等式的性质。例举法便于操作,直观法渗透数形结合的思想,两种方法有各自的价值,采用不同的方法,从不同的方面认识同一规律有助于加深学生对等式性质的理解。

(3) 应用。通过应用能帮助学生更有效地理解等式的性质,因此本课还应设计适量的、典型的例子、习题帮助学生巩固新知。如,利用等式的性质解方程：$x+3=23$，$-5y=20$，$-2x-1=3$。需要指出的是，本课时安排解方程的侧重点在于应用等式性质并加深对其理解，即突出等式性质，教学中不宜过度追求方程的求解。

2. 解一元一次方程（第 1 课时）

等式的性质是解方程的重要依据，《课标（2022 年版）》将一元一次方程从小学移到初中，因此，解一元一次方程中首次应用等式性质是系数化为 1 这个环节。教学时宜采用师生互动的形式完成求解，在活动中设置"你们打算怎么解这个方程？""这样做的目的是什么？""这个步骤的依据是什么？"等核心问题。问"怎么解"旨在引导学生将该方程转化为 $ax=b\,(a\neq 0)$ 的形式，渗透转化的思想；问"目的"是让学生明确想法和操作之间的逻辑关系，形成清晰的思路，渗透程序化的思想；依据则体现了对算理算法的强调。下面呈现该环节的课堂实录：

例 解方程：$5x-3x=-8+4$。

师：你们打算怎么解这个方程？

生：通过合并同类项将方程转化为 $2x=-4$。

师：这个步骤的依据是什么？

生：合并同类项法则。

师：下一步怎么做？

生：系数化为 1，得 $x=-2$。

师：这个步骤的依据是什么？

生：等式的基本性质 2，等式的两边同时乘同一个数，或除以同一个不为 0 的数，结果仍相等。

在"解一元一次方程（第 1 课时）"的教学中，应关注如何在解方程中"合并同类项"，以及在合并同类项之后如何依据等式的性质实施"系数化为 1"，即使方程由 $mx=n(m\neq 0)$ 变形为 $x=a$。随着方程的学习，还会学习去分母、去括号、移项等步骤，因此，解一元一次方程的教学中应关注如何依据等式的性质实施解方程步骤。

3. 消元——解二元一次方程组（第 1 课时）

代入消元法的关键是要通过对方程组中的未知数特点的观察和分析，明确解二元一次方程组的基本思路是"消元",从而促成未知向已知的转化,进一步从二元一次方程组中未知数的不同表示法进行消元,转化为一元一次方程,体会运算策略选择的优劣,可以设计以下问题:

(1) 如何将二元一次方程组 $\begin{cases} x+y=10, & ① \\ 2x+y=16, & ② \end{cases}$ 转化为一元一次方程 $2x+(10-x)=16$?

(2) 刚才的变形是用含 x 的代数式表示 y,得到关于 x 的一元一次方程,用含 y 的代数式表示 x,求出来的解一样吗?算一算。

首先通过引导学生观察二元一次方程组与一元一次方程的异同点,体会方程①可以改写成"$y=x-10$"的形式并阐述其依据,渗透化归与转化的思想;其次,《课标(2022年版)》在运算能力的内涵中提到"能够理解运算的问题,选择合理简洁的运算策略解决问题",因此,问题(2)让学生经历不同的代入消元过程,体会如何选择合理的运算策略,发展运算能力。

4. 一元一次不等式(第1课时)

方程与不等式的诸多相同之处为类比方程学习不等式提供了可能。因此,本课时的教学可以充分发挥心理学上的正向迁移作用,在类比上下功夫。具体来讲,一是类比一元一次方程的定义给一元一次不等式下定义;二是类比一元一次方程的学习求解一元一次不等式。

针对定义环节的教学,教师可以先提供若干个一元一次不等式,让学生通过观察,从代数结构特征的角度概括出共同的属性,再引导学生类比一元一次方程的定义给出一元一次不等式的定义。

如何类比一元一次方程的学习求解一元一次不等式?教学中应注意以下几个问题:

(1) 类比的前提:不等式与方程在结构上相同,区别表现在符号上;方程有等式的性质支撑,不等式也有类似的不等式性质;

(2) 类比的内容:类比解方程的依据、步骤以及目标,得到解不等式的依据是不等式的性质,解不等式的步骤与解方程一样,解不等式的最终目标是将不等式转化为 $x>a$ 或 $x<a$ 的形式。

(3) 强调不同:不等式与方程有相同之处,也有不同之处。学生在之前的学习中已注意到不等式与等式在性质上的差异,此时类比方程的学习求解不等式还需强调由性质上的差异所出现的易错点,即"改变不等号方向"问题。

5. 分式方程(第 1 课时)

分式方程是认识分式这个整体所不可或缺的,整式与分式之间的联系是突破本课时关键的根本所在。教学时可以按照提出问题和解决问题两个环节具体实施。

(1)提出问题

教师提供实际问题:一分钟跳绳比赛是我校每年春季运动会的传统项目。八年级某班李强同学的一分钟跳绳成绩比班级平均跳绳成绩多 40 下,王丽同学的一分钟跳绳成绩比班级平均跳绳成绩少 20 下;已知李强、王丽两人的一分钟跳绳成绩之比为 3∶2。求班级平均跳绳成绩。

这个阶段的学生已习惯通过布列方程解决实际问题,教师应鼓励学生尽可能地列出所能想到的方程。如果设班级平均跳绳成绩为 x 下/分钟,那么学生可能列出结构不同的三个方程:$x+40=\frac{3}{2}(x-20)$,$\frac{x+40}{3}=\frac{x-20}{2}$,$\frac{x+40}{x-20}=\frac{3}{2}$。在教师的引导下,学生不难发现第三个方程不是一元一次方程。此时,教师可顺势提出问题:这个方程也是解决实际问题时经常遇到的一种方程,因此有必要对它进行研究。你们能否给这类方程命名,并研究如何解这个方程?

(2)解决问题

现在需要解决三个问题:一是给这类方程命名,二是研究这个方程的解法,三是归纳此类方程的求解思路。

类比整式方程的学习,学生应该不难给出分式方程的名称,但对于分式方程的概念,教师还需要进一步概括,并做适当辨析,以便学生达成理解。

同样可引导学生类比整式方程中二元一次方程组的学习经验,提出将该方程转化为整式方程的想法。至于如何实现想法,可让学生尝试、操作,并交流,形成一致的认识:去分母。

归纳此类方程的求解思路是一件重要的事，这是数学抽象的过程，可以帮助学生形成分式方程求解的程序化的思路，渗透程序化的思想。

6. 解一元二次方程（第 1 课时）直接开平方法

解一元二次方程的基本策略是降次，将一个一元二次方程转化为两个一元一次方程予以求解。本课时的学习内容是根据平方根的意义，通过直接开平方的方法解简单的、特殊结构的一元二次方程，是学生学习一元二次方程解法的起点。因此，本课时的教学重心要落在引导学生想到"降次"上，并体会"降次"对于解一元二次方程的重要意义。

教学时可以先提出问题：如果正方形的面积为 4，那么该正方形的边长为多少？

学生不难得出"该正方形的边长为 2"的正确答案。如果用数学符号语言予以表达，可以设正方形的边长为 x，问题则转化为求方程 $x^2=4$ 的正数解，这其实就涉及到解一元二次方程。对于这种特殊结构的一元二次方程，我们根据平方根的意义不难得到它的根。

在将上述方程一般化为 $x^2=p$，并研究一般情形的解的情况后，教师随即给出方程 $(x-2)^2=5$，让学生思考如何解这个方程。

类比方程 $x^2=p$ 的求解思路，不难得到：$x-2=\sqrt{5}$，或 $x-2=-\sqrt{5}$。于是，方程的两个根为 $x_1=2+\sqrt{5}$，$x_2=2-\sqrt{5}$。此时，教师应引导学生思考得出上述过程其实是根据平方根的意义将方程 $(x-2)^2=5$ 转化为 $x-2=\sqrt{5}$ 或 $x-2=-\sqrt{5}$，也即将一个一元二次方程转化为两个一元一次方程，通过"新化归为旧"实施新方程的求解，揭示出解一元二次方程的基本策略是"降次"。

通过学习用直接开平方法解特殊结构的一元二次方程，学生初步体会降次在解一元二次方程过程中的价值，也为后续学习配方、因式分解等方法解一元二次方程提供示范。

7. 实际问题与一元一次方程（第 1 课时）

本课时的关键点在于学会根据实际问题建立数学模型——一元一次方程，教学实施过程中需要重点考虑：为什么要研究以及如何在实际问题中建立数学模型?

本课时是首次运用方程模型来解决实际问题,其学习路径可以沿用到其他方程的学习,对整个方程体系的学习起到引领作用。理解本课时在"数与代数"领域"方程"部分中的地位,就不难理解研究实际问题与一元一次方程的原因。

教学时,教师可以先通过真实情境让学生回顾解决实际问题有哪些方法?(算术和方程)然后提出问题:你们认为哪种解法更利于解决问题?为什么?设置该问题的目的有三个:(1)比较算术解和方程解的优劣性,学生在小学解应用题的算术解法本质是逆向思维的运用,而列方程则是顺向思维,让学生体会应用方程解决复杂问题比较简单;(2)帮助学生从算式求解过渡到方程建模,让学生理解方程是一种程序化的解法;(3)让学生感悟方程解中所蕴含的模型思想。

怎么进一步研究实际问题与一元一次方程?以下列实际问题为例,我们进行具体说明。

问题 某车间有22名工人,每人每天可以生产1200个螺柱或2000个螺母。1个螺柱需要配2个螺母,为使每天生产的螺柱和螺母刚好配套,应安排生产螺柱和螺母的工人各多少名?

(1)引导学生寻找数量关系,分析等量关系,提出问题:题目中涉及的量之间存在着什么关系?

为了有效地关注过程引导,避免过于直接地要求学生寻找"等量关系",建议教师按如下步骤实施教学:先让学生用符号表达题目中有关的量,再让学生用符号表达量之间的数量关系,最后让学生根据题目条件找到可以解决问题的等量关系。需要注意的是,教师还应提醒学生,并不是所有的等量关系都要作为列方程的依据。

(2)引导学生突破上述配套问题中的难点:如"套数"中的数量关系等,进而找到题目中作为列方程的关键等量关系。分析条件,提出问题:为了配套,应从何处找数量之间的关系,它们有何关系?

(3)探索归纳找等量关系的方法——列表法。

为了能厘清题目中量与量之间的关系,有的学生提出用列表法更加清晰

135

明了地得到题目中存在的等量关系，教师此时应给予肯定，鼓励学生通过分析尽可能多地找到题目中的等量关系。运用表格这一工具表征、解释和解决具体情境中的问题，找出等量关系，可以将等量关系数学化、符号化，从而建立方程。

（4）引导学生思考，并总结用一元一次方程解决实际问题的基本步骤：审题—找等量关系—设未知数—列方程—解方程—检验答案—写出答案，体现建立数学模型全过程，也为后续其他方程学习奠定基础。

8. 一元二次方程的根与系数的关系

实施本课时教学，需要重点考虑：为什么要研究以及怎么进一步研究一元二次方程的根与系数的关系？

厘清知识的逻辑关系，就不难理解研究一元二次方程的根与系数的关系的原因。教学时，教师可以先让学生回顾一元二次方程的三种解法（配方法、公式法和因式分解法），然后提出问题：你们认为哪种解法的价值更大？为什么？设置该问题的目的有三个：（1）让学生理解公式法是一种程序化的解法；（2）求根公式 $x = \dfrac{-b \pm \sqrt{b^2 - 4ac}}{2a}$，反映了一元二次方程 $ax^2 + bx + c = 0$（$a \neq 0$）的根与系数之间的关系，即给定一元二次方程各项的系数就可确定方程的根；（3）让学生感悟公式法中所蕴含的算法的思想。

怎么进一步研究一元二次方程的根与系数的关系？不妨按以下步骤实施教学：

（1）引导学生回顾以往的学习经历，提出想法：给定方程的根是否也可以确定一元二次方程各项的系数？

大多数学生会根据直觉得出肯定的结论，但通过举反例不难推翻结论。

（2）引导学生观察、分析求根公式的结构特征，提出问题：一元二次方程的根与系数之间是否还存在其他的关系？

由 $x_{1,2} = \dfrac{-b \pm \sqrt{b^2 - 4ac}}{2a}$，学生不难想到可以将两根进行相加或相减的运算，得到 $x_1 + x_2 = -\dfrac{b}{a}$ 和 $x_1 - x_2 = \dfrac{\sqrt{b^2 - 4ac}}{a}$。借助具体方程可以验证，

$x_1+x_2=-\dfrac{b}{a}$ 是正确的,而 $x_1-x_2=\dfrac{\sqrt{b^2-4ac}}{a}$ 是错误的。教师应引导学生展开交流与讨论,并逐次得到以下结论:①因为加法具有交换律,所以两根和是确定的,而减法不具有交换律,故两根差不确定;②可将结论 $x_1-x_2=\dfrac{\sqrt{b^2-4ac}}{a}$ 修正为 $|x_1-x_1|=\dfrac{\sqrt{b^2-4ac}}{a}$。

(3) 继续探索一元二次方程的根与系数之间的关系。

有了前面的活动环节,此时学生能较为清晰地想到,将两根进行相乘,得到 $x_1 \cdot x_2=\dfrac{c}{a}$。当然,学生可能还会想到 $x_1^2+x_2^2$,$\dfrac{1}{x_1}+\dfrac{1}{x_2}$,…教师在给予肯定的同时,应鼓励学生观察分析这些结论中式子都具有轮换对称的结构特征。

(4) 引导学生思考,并总结:从简洁性和基础性的角度考虑,最终保留 $x_1+x_2=-\dfrac{b}{a}$ 和 $x_1 \cdot x_2=\dfrac{c}{a}$,将其作为公式使用。

$x_1+x_2=-\dfrac{b}{a}$、$x_1 \cdot x_2=\dfrac{c}{a}$ 和 $x=\dfrac{-b\pm\sqrt{b^2-4ac}}{2a}$,是从两个不同角度揭示一元二次方程 $ax^2+bx+c=0$($a\neq0$)根与系数的内在联系,充实了方程理论的完整。教学中引导学生观察、分析代数结构特征,在强调代数运算的同时关注代数推理,这是代数教学的应然样式。

第三节 "函数"的关键教学点及其教学实施

一、函数概述

函数是反映运动变化与联系对应的数学概念,在数学中占据重要地位,被誉为"数学的灵魂"[1]。通过符号运算和形式推理，函数揭示了现实世界中的事物的本质、关系和规律，成为"基本的数学语言和工具"[2]。函数的概念在学生各个学习阶段不断深化和发展：在初中阶段，函数以"变量说"呈现，用自然语言描述性表述；进入高中，是基于集合论的形式化的"对应说"；而在大学阶段，则以完全数学化的"关系说"来阐述。这对于发展和完善学生的认知结构，以及拓宽研究运动变化事物的视野，具有重要作用。特别是在初中阶段，函数作为连接常量数学与变量数学之间的桥梁，对学生从算术思维向代数思维的转变起到了至关重要的作用。

函数不仅是描述世界运动变化现象的数学模型，"更是认识世界的一种思维方式"[3]。在探索客观世界时，学生应从运动和变化的角度进行数量化研究，并理解到问题中的各种变量是相互联系的，这些变量之间遵循着对应规律，表现为单值对应关系。对于数量关系和空间形式中的运动变化问题，学生应借助图象、表格和式子等工具，从多个角度研究同一个问题。在这个过程中，学生需要理解函数概念中的本质属性"对应"，并建立函数模型。同时，他们还应认识到函数与方程、不等式等其他数学知识之间的联系，体会函数在整个数学体系中的统率作用。此外，这个过程也是学生感悟数学思想、积累"从特殊对象切入，再扩展到一般对象"的学习经验、提高实践意识和综合应用数学知识能力的重要途径。

函数的学习对培育学生的数学学科核心素养具有深远的影响。通过探究函数的图象与性质，学生能够感悟数形结合、特殊与一般的思想，对发展抽象能力和几何直观起到重要作用。同时，函数的应用为学生提供了一个实践的平台，使他们能够将理论知识应用于解决现实世界的问题，这不仅培养了他们的模型观念，还增强了应用意识和创新意识。

---

[1] ［德］菲利克斯·克莱因. 高观点下的初等数学（第三卷）精确数学与近似数学 [M]. 吴大任，等译. 上海：复旦大学出版社，2008.

[2] 中华人民共和国教育部. 普通高中数学课程标准（2017年版2020年修订）[S]. 北京：人民教育出版社，2020.

[3] 史宁中，曹一鸣. 义务教育数学课程标准（2022年版）解读 [M]. 北京：北京师范大学出版社，2022.

二、"函数"的关键教学点的确定

(一) 教学分析

数学课程内容设置具备整体性和发展性，函数作为刻画客观世界运动变化的数学模型也是如此。其学习过程贯穿于中小学整个数学学习过程，与核心素养的培育紧密相联，并随着学习阶段的发展而表现不同（如表1）。在小学阶段，学生通过具体实例理解数量变化的规律和基本性质，感知变量间的对应关系，对函数有了初步的感性认识。例如，当两数相加时，固定一个加数，和会随另一加数的改变而改变。类似地，这种关系也适用于减法、乘法和除法运算。此外，还有速度、时间与距离，单价、数量与总价，图形周长与边长、面积与边长，以及正比例等关系。进入初中，学生开始用字母表示数，接触"变量"，在求代数式值时感受变量间的"对应"关系，在二元一次方程中进一步理解变量之间的相互依赖关系。这些内容帮助学生认识到现实生活中存在着大量的变量，且变量之间并不是孤立的，而是相互联系的，为函数思维的形成打下基础。到了初中阶段，学生在小学基础上，从实际问题中抽象出函数的"变量说"概念，理解变量间的联系和单值对应，实现常量到变量数学的过渡。他们学习函数图象和性质，掌握研究函数的方法，并应用函数知识解决问题。此阶段，学生建立函数与方程、不等式间的联系，形成函数思维。高中阶段，学生对函数的理解和应用达到更深层次，函数思维不断发展和完善，标志着函数思维的成熟。

《课标（2022年版）》在"函数"主题从四个部分提出了12点内容要求，教材又将这些内容要求具体分解到《函数》《一次函数》《二次函数》《反比例函数》等章中，学生都要经历"实例—概念与表示—图象与性质—应用"的学习过程，基于"内容的整体性、逻辑的连贯性、思想的一致性、方法的普适性、思维的系统性"[1] 的思考，可将"函数"主题划分为函数的认识、具体函数学习、函数应用三个子单元。

---

[1] 章建跃. 数学学科核心素养导向的"单元—课时"教学设计[J]. 中学数学教学参考，2020（13）：5-12.

"函数的认识"子单元对应《函数》中的"变量与函数""函数的图象"的教学，该子单元包括两个主要部分：函数概念和函数的表示方式。函数是一个辩证概念[1]，其学习要经历"从繁杂背景中识别出事物的本质特征"到"对识别出的本质特征进行提取和描述"，再到"将抽取出的本质特征或规律进行一般化表达"[2]的抽象过程。函数的表示，学生需要通过"函数的图象"学习，学会列表、图象和解析式这三种方法表示函数。这有助于学生在操作层面，从数和形的角度，理解变量之间的对应关系和变化规律。

"具体函数学习"子单元的教学通过"正比例函数的图象与性质""一次函数的图象与性质""二次函数的图象与性质""反比函数的图象与性质"来完成。函数图象与性质既有几何直观角度的描述，也有代数角度的数量关系的刻画。具体函数学习包括一次函数、二次函数和反比例函数三个基本初等函数。在此过程中，学生要经历从"特殊到一般""整体到局部""连续—连续—间断"的认知函数的过程。

"函数应用"子单元涉及"一次函数与方程、不等式""二次函数与一元二次方程、不等式"及相关实际应用，通过对函数与方程、不等式的关系的探讨，学生感受到函数是刻画现实世界数量关系的一种有效的数学模型，从而提升用函数的观点解决实际问题的能力。在通过函数、方程和不等式之间的相互变形和转化解决问题部分，学生需要运用所学的函数知识来解决实际问题，将问题转化为方程或不等式的形式，然后利用函数的性质进行求解。

---

[1] 朱文芳. 函数概念学习的心理分析［J］. 数学教育学报，1999（04）：23-25+44.
[2] 史宁中. 数学思想18讲［M］. 北京：北京师范大学出版社，2016.

表1 与"函数"关联的主题系列及相应的数学学科核心素养

学段	主题	学段	主要内容	相应的数学学科核心素养	函数思维发展阶段
小学	数量关系	1—2年级	运用数和运算的意义解决实际问题,并解释结果的实际意义,形成初步的应用意识。	模型意识、几何直观、推理意识和应用意识。	萌芽期
		3—4年级	运用数和运算的意义、估算解决实际问题,形成初步的模型意识和应用意识。		
		5—6年级	运用常见的数量关系解决实际问题,合理解释计算结果的实际意义,逐步形成模型意识和几何直观,提高解决问题的能力。		
初中	方程与不等式	7—9年级	根据现实情境理解方程的意义,针对具体问题列出方程、不等式,解方程、不等式等,建立模型观念。	运算能力、模型观念、应用意识。	
初中	函数	7—9年级	根据实际问题构建函数模型,以及应用函数性质解决实际问题等,发展应用意识。	抽象能力、几何直观、模型观念、应用意识和创新意识。	形成期
高中	函数	高一到高三	函数的概念的"对应说",新增具体函数(基本初等函数:幂函数、指数函数、对数函数、三角函数、复合函数和一般函数)与抽象函数的学习,结合导数研究它们的单调性、奇偶性、对称性、周期性、凹凸性和两值(最值、极值)。	数学抽象、数学运算、数学建模、数学推理、直观想象。	成熟期

(二) 确定关键教学点

为了更好地发展学生的数学学科核心素养,我们从单元整体教学的视角审视"函数"主题中"函数的认识""具体函数学习"和"函数应用"三个子单元,研究能够促进学生知识积累、方法掌握、能力提升、思维进阶以及系统建构的关键教学内容。经过筛选,我们确定了"函数"主题的 9 个关键教学点(如表2)。

表2 "函数"的关键教学点及确定理由

关键教学点	确定理由
变量与函数	本节课是学生学习函数的起点,通过大量的具体实例抽象出变量间的对应关系,进而抽象出函数概念,是学生由常量学习正式迈入变量研究的奠基课。
函数的图象 (第1课时)	图象是函数的一种直观表示方法,也是研究函数性质的重要工具。通过本节课,引导学生理解函数的图象与函数解析式之间的联系,理解函数图象作为研究函数重要工具的合理性和必要性,掌握函数图象的画法,渗透数形结合的思想方法,为后继研究函数问题奠定工具性的基础。
函数的图象 (第2课时)	在分别学习了函数的表格、图象和解析式三种方式后,学生首次将这三种方式完整地应用于描述同一函数,并从数值(表格、解析式)和形态(图象)两个角度分析函数变化规律,进而构建接近实际的函数模型,对函数学习和数学建模具有示范作用。
正比例函数 $y=kx(k\neq 0)$ 的图象与性质	借助图象直观描述正比例函数的特征,并运用特殊与一般的思想方法归纳正比例函数的性质,为后续其他函数的学习提供示范和引领。
一次函数 $y=kx+b(k\neq 0)$ 的图象与性质	本节课类比正比例函数的图象与性质进行学习,逐步丰富函数学法结构;学生首次从图形变换(平移)的角度体会正比例函数与一次函数之间的联系,从数、形两个角度研究参数 k,b 对 $y=kx+b$ ($k\neq 0$) 图象与性质的影响,感悟从特殊到一般的数学思想;用待定系数法求函数解析式,为后继解决有关求函数解析式的问题奠定工具性基础。

续表

关键教学点	确定理由
一次函数与方程、不等式	本节课借助函数的图象与性质，一般性地、程序化地解方程和不等式问题，是引领学生用函数的观点看方程、不等式，是体会数学整体性、联系性的标志性课。
二次函数 $y=ax^2$ $(a\neq 0)$ 的图象与性质	本节课是线性函数向非线性函数过渡的课，学生通过类比正比例函数的学习，来研究函数 $y=ax^2$ $(a\neq 0)$ 的图象与性质，进一步强化函数学法结构，同时，关注线性函数与非线性函数的差异性。
二次函数 $y=a(x-h)^2+k(a\neq 0)$ 的图象与性质	本节课是再次从图象平移变换的视角来研究函数，是学生在"数"与"形"的相互联系和相互转换中，首次经历从上、下、左、右四个方向的平移变换研究函数，有助于更深刻地理解二次函数，是充分体现"四基"理念和要求的典型课。
反比例函数 $y=\dfrac{k}{x}$ $(k\neq 0)$ 的图象与性质	本节课主要探讨非线性和间断型函数的图象与性质，这不仅是学习函数图象与性质的典型范例，还是锻炼思维、提升能力以及培育素养的重要课题。学生综合运用三种语言（文字、符号、图象）来描述反比例函数性质，这对于培养代数推理能力极为有益。

三、"函数"的关键教学点的教学实施

(一) 实施建议

1. 立足系统思维，形成学习结构

《课标（2022年版）》强调"设计体现结构化特征的课程内容""改变过于注重以课时为单位的教学设计，推进单元整体教学设计，体现数学知识之间的内在逻辑关系，以及学习内容与核心素养表现的关联"。数学课程内容结构化是学生形成和发展数学学科核心素养的有效途径。在学习函数中，学生应从系统思维的角度出发，围绕函数主题，对学习内容和方法进行梳理、重构，形成函数的学习结构："实例—定义—表示—图象与性质—应用"。这有助于掌握核心概念和关键方法，促进知识的理解和方法的迁移。在函数关键

点的教学中，函数的概念和表示的学习方法具有普适性，源于实际，始于抽象，成于过程，适用于后续相关具体函数概念和表示的学习。因此"变量与函数"的学习目标设定为从大量实例中理解变量和形成函数概念。而"函数的图象（第 1 课时）"学习目标则是"画函数图象，并领会其与解析式之间的联系"。对于具体的一次函数、二次函数和反比例函数的图象与性质，学习目标应包括能够画这些函数的图象，通过图象和表达式探索并理解对应函数的变化情况。从正比例函数图象与性质，到反比例函数的图象与性质的研究，内容呈现出整体性，函数图象的研究均涉及形状、位置和变化趋势；性质研究都关注对称性、最值和增减性。因此，研究方法上也应保持一致性，在函数性质的归纳过程中，还应融入分类与整合、特殊与一般和数形结合的数学思想。此外，这一研究过程，学生也应完成从"形"释"数"到从"数"析"形"的变化，提高代数推能力，实现思维的进阶。在"函数的图象（第 2 课时）"和"一次函数与不等式、方程"的学习中，学生要运用函数知识和方法解决问题，体会知识间的横向与纵向联系，提高多角度地、灵活地分析问题和解决问题的能力。

2. 注重逻辑关联，凸显前后连贯

在初中阶段，"函数"的关键教学点的学习过程是逻辑连贯、逐层递进的。具体而言，"变量与函数"的重点在于变化与对应意义的函数定义，这源于具体问题的抽象。在此过程中，教师应充分发挥问题的作用，基于学生的经验进行通盘规划，确保问题既熟悉又能前后衔接。函数关系在学生的数学学习中大量存在，随着学习的深入，学生对其认识也逐步深化和发展。例如，有理数、实数等与数轴上的点的对应关系；代数式的运算、各种运算法则以及恒等变形、方程、不等式等都可以归结为函数关系；几何中的对称、相似、平移、旋转变换等都是从一个图形集到另一个图形集的映射关系；各种几何图形的大小与周长、面积、体积的关系也可以通过函数关系来理解，因此问题可设置行程问题、销售问题、几何问题，可以用表格、解析式、图象来呈现。

函数的图象是以几何形式直观地表示变量间的单值对应，是研究函数的重要工具。学生学习不仅要了解它的一般意义和画法，还要了解如何以图象为工具研究函数，感悟其中数形结合思想。从"函数的图象（第 1 课时）"开始，至"反比例函数的图象与性质"，其逻辑关联性与代数式学习顺序相似，数学方法涉及到类比和归纳，数学思想则融合了数形结合、特殊与一般、分类与整合，研究视角从整体到局部、静态到动态地探索。在此过程中，学生的探究活动基本遵循先从特定简化后的形式入手，通过绘制图象，以"形"来探究"数"，再逐步推广并归纳出一般形式下一类函数的性质。随着学习的深入，学生需要学会利用函数解析式，从代数推理的角度阐释函数的性质。如"反比例函数的图象与性质"，学生不仅要借鉴前面所学习"正比例函数 $y=kx$（$k\neq 0$）图象与性质""二次函数 $y=ax^2$（$a\neq 0$）的图象与性质"的经验，理解从"线性连续"到"非线性间断"的变化，还要通过代数推理探索函数性质，理解不同函数间的联系。

3. 注重思想渗透，把握函数本质

"函数"的关键教学点蕴含数形结合、特殊与一般、分类与整合、函数与方程这四种主要数学思想。在归纳"正比例函数 $y=kx$（$k\neq 0$）的图象与性质"时，学生运用特殊与一般思想，从几个具体函数出发，逐步将函数的性质推广到一般情况，此过程还涉及分类讨论思想。在学习"二次函数 $y=ax^2$（$a\neq 0$）的图象与性质"时，学生需要运用数形结合的思想，将函数的解析式的代数运算分析与函数的图象几何直观联系起来，理解函数的增减性、对称性和求解局部的最大（小）值。在"函数的图象（第 1 课时）""二次函数 $y=a(x-h)^2+k$（$a\neq 0$）的图象与性质"中的问题解决，学生用到函数与方程思想，经历分析条件、拟定函数模型、解模、验模、用模的过程，发展模型观念。此外，在这些问题解决过程中，学生需要结合几何直观和代数推理应用图表、数学符号分析数学问题中数量关系和变化规律，从而确定变化趋势，从而深刻地理解函数，并有效地解决问题。因此，在"函数"的关键教学点学习中，学生不仅要掌握函数的定义和性质，还要深刻感悟上述数学思想，把握初中阶段函数的"变化＋单值对应"的本质特征，从而提高数学思维能力和分析解决问题的能力。

（二）实施要点

1. 变量与函数

"变量与函数"是"函数"主题学习的入门内容,是学生从常量学习迈向变量研究的标志,小学阶段的比例关系,以及初中阶段的代数式、方程和不等式等知识是本课时学习的基础。对于初学者而言,理解函数的概括性、符号的抽象性和形式的多样性往往存在困难,难以从定义中直接领悟到它的内涵。因此,准确把握函数的本质对学习者来说是一个挑战。

为理解函数概念并破解难点,本节课主要讨论两个重要问题:一是抽象概括出函数概念;二是用精确的数学语言刻画函数概念[①]。在教学过程中,教师可通过以下学习任务帮助学生解决这两个问题。

任务1 通过以表格、解析式、图象的形式呈现的 5—6 个实例,来分析客观事物的运动变化过程,归纳变量之间对应关系的共同特征,抽象概括出函数概念。

(1) 表格形式。通过创建一个数据表,列出两个变量的值,突出强化一个变量的变化引起另一个变量发生变化以及它们之间的对应关系。可设计如下问题。

问题1 汽车以 60 km/h 的速度匀速行驶,行驶里程为 s km,行驶时间为 t h,先填下面的表,再试用 t 的式子表示。

行驶时间 t/h	1	2	3	4	5	6
行驶里程 s/km						

通过填表、列式,认识客观世界存在着一个量随另一个量的变化而变化的现象,为后续探究活动奠定认知基础。

(2) 解析式形式。通过列出具体问题中量之间的关系式,深入揭示两个变量之间的依赖关系。这种形式有助于阐释一个量随另一个量变化而变化的现象,对量进行对比、分类。观察发现,部分量的数值保持不变,部分量的数值则不断变化,从而归纳出常量和变量。可设计如下问题。

问题2 下面各题的变化过程中,各有几个变量?其中一个变量的变化是

[①] 章建跃. 问题引导到位 课堂生成精彩——"变量与函数"课例点评 [J]. 中国数学教育,2018 (11):11-14.

怎样影响另一个量的变化的？

（1）每张电影票的售价为 10 元，设某场电影售出 x 张票，票房收入为 y 元。

（2）如图 1，用 10 m 长的绳子围一个矩形，矩形的一边长为 x m，它的邻边长为 y m。

（3）如图 2，圆形水波慢慢地扩大，在这一过程中，圆的半径为 r，面积为 S。

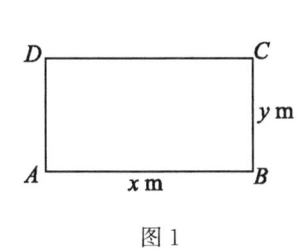

图 1

图 2

通过分析以表格、解析式的形式所呈现的四个实例，列出问题中量之间的关系式，初步归纳出实例的共同特征：在一个变化过程中有两个变量，且其中一个变量随着另一个变量的变化而变化，这两个变量之间存在一个关系式，当其中一个变量取定一个值时，另一个变量也会相应地被唯一确定。

（3）图象形式。散点图或曲线图等图象可以直观地呈现两个变量随彼此变化的情况，展示一些实例中非线性的变量关系，揭示更为复杂的变量变化的模式和趋势。特别是在解析式难以表达的情况下，当确定具体实例中一个变量的一个取值时，图象法可以帮助确定出另一个变量唯一对应的值，从而突出函数的本质属性，剥离"用式子表示变量关系"的非本质属性。可设计如下问题。

问题 3　如图 3，是北京某天的气温变化图。

任务 2　（1）请说出 0:00，5:00，14:00 的气温。（2）当时间 t（h）确定时，气温的数值 T（℃）是否也是唯一确定的？

图 3

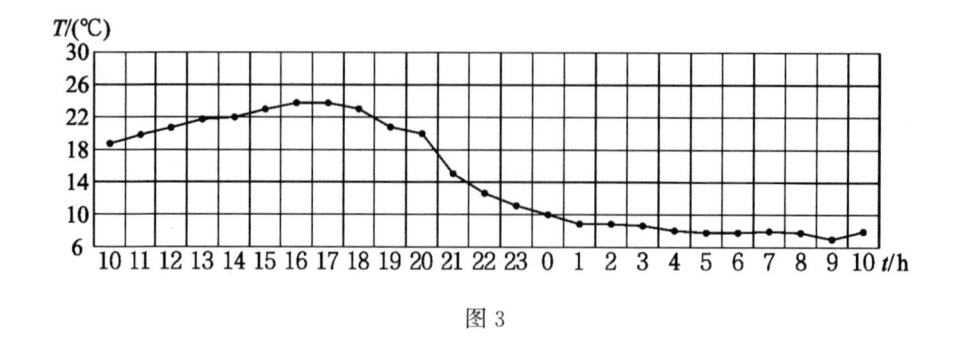

在问题解决过程中,学生通过比较、概括和类化的方法,深入分析生活中难以用解析式描述的变量间关系,剔除与变量关系无关的特征,使概念的本质属性——"单值对应"变得更加清晰。

任务 3 在对三类不同表现形式的具体实例特性进行分析的基础上,将关键要素串联起来,在观察、比较、抽象、概括等数学活动过程中,学生从大量不同实例的特性中发现和归纳变量对应关系的共同特征,从而理解问题中变量之间的变化与对应的关系,形成函数概念,再用精确的数学语言描述函数概念。

学生在学习函数概念时,需要经历"情境与问题—共性分析与归纳—抽象本质特征、下定义—关键词辨析—简单应用—联系与综合"的过程[①]。在这个过程中,学生通过分析、比较和综合典型且丰富的实例,归纳事物的共同属性,抽象其本质属性,从而理解概念的全面内涵。在描述概念的过程中,学生可能会暂时无法全面且严谨地描述"变化过程""变量之间的关系""一个量随另一个量的变化而变化"以及"一个变量取一值时,另一变量对应地取唯一确定的值"等特征。为了解决这些问题,学生需要有充足的时间思考,并有空间进行交流。这样才能逐步揭示函数概念的本质属性,并用准确、精炼的数学语言加以描述,用数学符号进行表示。接着,再以具体实例(正例、反例)为载体,学生可以分析函数概念关键词如"任意""唯一确定"等的涵义,识别变量之间是否构成函数关系,更准确地把握概念的内涵。最后,学生通过解决简单问题,形成用概念做判断的具体步骤,建立与相关概念的联

---

① 章建跃. 数学教学中的一些常识[J]. 中国数学教育,2024(01):1-3.

系，形成"概念网络"，以加深对函数概念的理解。

2. 函数的图象（第1课时）

函数的图象是在学习了"变量与函数"之后，进一步通过图象来深化对函数概念的理解。图象以几何形式直观清晰地呈现变量间的单值对应关系，是分析函数的变化规律的重要工具。因此，学生学习函数图象不仅需要知道它的一般意义和画法，还要感悟用数形结合研究函数性质的数学思想，形成以图象为工具研究函数的一般方法。教材在"函数的图象"中计划2个课时：第1课时，画函数图象，用图象分析函数性质，这是后续具体函数的图象与性质的学习基础；第2课时，应用函数的三种表示方式解决实际问题。学生在第1课时的学习中需要解决两个重要问题——"画图"和"析图"。

画图，是指学生在学习画函数图象时，首先需将具体的实际问题抽象化为数学问题；然后选择合适的解析式来表达这个问题中变量间的依赖关系；接着根据这个解析式，制作一个表格，列出变量间关系的数值表，作为画函数图象的基础；最后根据表格中的数据描点，画出相应的函数图象。

在画函数图象时，学生可能会面对散点图、分段不连续、有限不连续和无限延伸等复杂情况。因此，学生需要独立进行画图练习，关注平面直角坐标系中点的横、纵坐标与自变量、函数值之间的对应关系，归纳画函数图象的一般步骤，总结通过描点、平滑连线确定图象的基本形状、识别关键点确定图象的具体位置的画图经验，注意局部与整体的关系，理解从有限到无限的扩展过程。关于描点法画函数图象中用平滑的曲线连线的理解，学生可增加列表中的数据体会自变量与函数值的对应变化，再利用信息技术逐步加密取点的个数，直观感知函数图象的形状及无限延伸性。教学时，可设置如下问题帮助学生"画图"。

问题1 已知正方形的面积 S 与边长 x。

(1) 请写出 S 与 x 的关系式：_____。

(2) 根据 S 与 x 的关系式填写下表：

x	0.5	1	2	2.5	3.5	4
S			2.25		9	

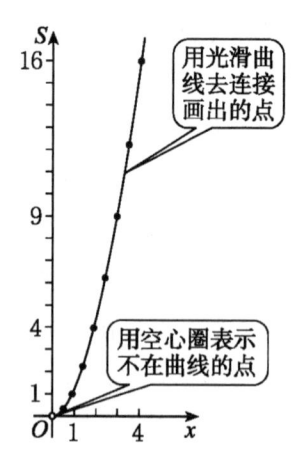

（3）根据上述列表列出的 S 与 x 的数值表，在同一平面直角坐标系中描点 (x, S)。

（4）上述所描的点唯一吗？若不唯一，有什么变化？

在解决上述问题时，学生需把实际问题转换成数学问题，确定变量间的解析关系，并据此制作数据表和绘制散点图。在分析这些散点图后，学生会发现它们不足以全面地反映变量间的变化趋势，意识到需要描绘更多的点。由于手工画图的限制，无法描出所有满足条件的点，所以学生需要借助软件工具增加点数，展示用平滑曲线连接这些点而形成的函数图象，从而直观地展示函数的走势。另外，还可将问题进行拓展，若无自变量 $x>0$ 的限制，函数的图象又如何呢？

析图，要求学生在分析函数图象以探究变量的变化规律时，需要全面观察：一方面，研究函数的增减趋势，识别最大值和最小值；另一方面，从实际背景出发，理解图象的深层含义。

学生通过分析具体函数图象，观察图中点的横、纵坐标与自变量值、函数值之间的对应关系，并用文字语言、符号语言来描述这些对应关系及它们的变化规律。在通过观察函数图象来分析变量的变化规律时，既要关注由图象研究函数的增减情况及其最大值和最小值，也要关注由图象分析其所反映的实际背景意义，将数学模型与实际问题相结合，理解图象所代表的具体含义，从而形成从图表中获取信息的思维经验。学生可通过如下问题突破"析图"。

问题 2 下图是某天 24 小时内北京、上海市气温的变化图。

（1）北京市气温 T（℃）是时间 t（时）的函数吗？为什么？上海市气温 T（℃）是时间 t（时）的函数吗？为什么？

（2）观察图象，请有条理地分类表达所获得的信息。

①变化趋势：上海市（北京市）什么时候气温上升？什么时候气温下降？

②两图交点：北京与上海何时气温相同？

③大小比较：哪段时间上海比北京的气温高？哪段时间上海比北京的气温低？

④最（大、小）值：什么时候上海（北京）气温最低？什么时候上海（北京）气温最高？

⑤点的坐标：0 点北京的气温是多少摄氏度？7 点北京的气温是多少摄氏度？

⑥函数值取值范围：24 小时内，北京的气温变化范围多大？温差是多少摄氏度？

（3）思考：这种函数表示法有哪些优点？

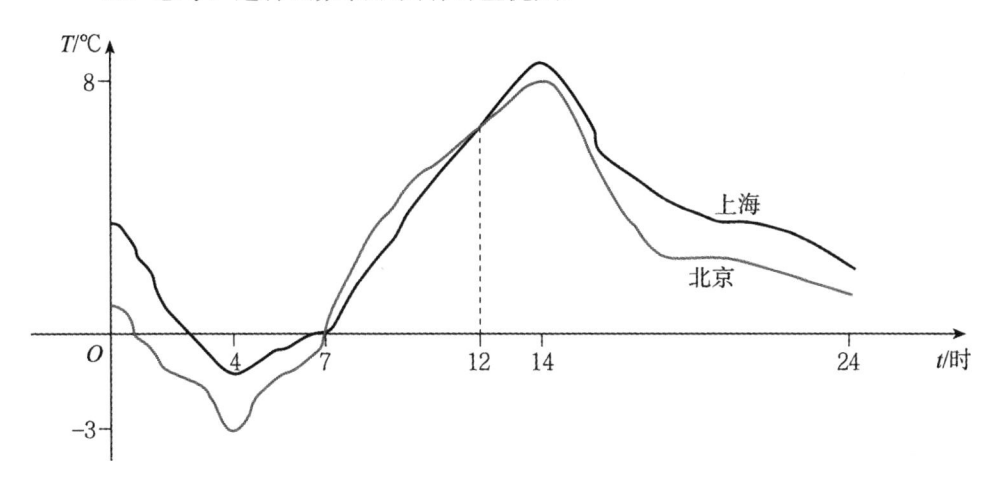

学生在解决上述问题时，要积累思维经验，关注函数图象的整体特征（函数图象的周期性、对称性）、变化趋势（增减性、函数取值范围、最大（小）值）、点的特征，并分辨出从图象、表格获取变量信息的优劣：表格能准确呈现部分自变量与函数值之间的对应关系，图象能直观呈现部分变化趋

势，解析式能直接表达两个变量之间的依存关系。

3. 函数的图象（第 2 课时）

"函数的图象（第 2 课时）"是在"函数的图象（第 1 课时）"的基础上，通过结合表格、解析式，运用函数图象解决实际问题，是研究函数的一般方法："实际问题—数学问题—典例研究—枚举归纳—图象与性质—融合应用"中的最后一个环节，它全面系统地引入了表格法、解析式法和图象法这三种表示函数的基本形式，并涉及函数拟合和数学建模。为此，学生在"函数的图象（第 2 课时）"的学习中，需要解决两个核心问题——"模型选择"和"模型解释"。

模型选择，是指在处理实际问题时，学生首先需要理解问题、明确目标并分析数据特征，以初步确定适用的数学模型；接着通过拟合效果来进一步验证模型的合理性。在选择模型时，学生应考虑数据的分布、趋势、是否存在特定规律性或限制条件，以及评估模型的计算复杂程度和是否能提供直观的解释。

模型解释，是在选择了适当的模型之后，学生需要进一步阐释该模型所表达的深层含义。在此过程中，学生不仅要理解图象的含义，还要对模型中的参数、变量，以及模型的适用范围及变量之间的相互关系进行详细解读。此外，他们还需将数学分析的结果转化为对实际问题的深入洞察，例如预测未来的发展趋势或制定相应的策略等。

学生需要通过这两个步骤来全面地理解和应用函数解决实际问题，可通过完成下述任务解决。

问题 一个水库的水位在最近 5 h 内持续上涨，下表记录了这 5 h 内 6 个时间点的水位高度，其中 t 表示时间，y 表示水位高度。

t/h	0	1	2	3	4	5
y/m	3	3.3	3.6	3.9	4.2	4.5

（1）在平面直角坐标系中描出表中数据对应的点，这些点是否在一条直线上？请写出由此发现的水位变化规律。

（2）水位高度 y 是否为时间 t 的函数？如果是，试写出一个符合表中数据的函数解析式，画出这个函数的图象，并判断这个函数能否表示水位的变化规律。

（3）据估计这种上涨规律还会持续 2 h，预测再过 2 h 水位高度将为多少米。

在完成本任务过程中，学生需要先将表格中的数据转化为散点图。通过观察散点图和表格数据，探索两变量间的变化规律，并初步判断它们的关系。然后，依据发现的规律，选择一个恰当的函数模型，并求出描述两变量关系的解析式。最后，利用这个解析式绘制相应的函数图象，并分析它，对变量变化趋势进行预测。通过这一系列步骤，学生可以加深对函数概念的理解，提高用函数解决实际问题的能力。

4. 函数 $y=kx(k\neq0)$ 的图象与性质

正比例函数 $y=kx(k\neq0)$ 的图象与性质是学习函数的基础内容之一，现阶段学生的抽象能力还不是很强，函数的学习还需从具体入手逐步深入探究。通过描点法，学生可以将正比例函数的解析式与图象联系起来，进而观察和概括正比例函数的性质，形成研究函数图象与性质的一般方法："分析解析式—分类讨论—典例研究—枚举归纳—图象与性质—融合应用"。这种方法具有一般性和代表性，还可以迁移到后续函数的学习中，起到示范和奠基作用。在本课时，学生可以通过两个任务的完成，实现对函数性质的归纳和研究方法的构建。

（1）函数性质归纳。学生从整体进入，将解析式 $y=kx(k\neq0)$ 分类后，先研究 $k>0$ 的正比例函数，由"形"析"性"，画出 k 特殊化后的函数图象，归纳出 $k>0$ 时，$y=kx$ 的图象特征，并根据图象归纳出正比例函数的性质。再由"式"析"性"，学生根据正比例函数解析式 $y=kx(k>0)$，从"数"的角度，借助代数运算，解读"对应的图象过第一、三象限""从左往右看呈上升趋势"的几何特征和增减性。接着，"数形结合"析"性"，类比 $k>0$ 的学习，研究 $k<0$ 时，$y=kx$ 的图象与性质，归纳出正比例函数 $y=kx(k\neq0)$ 的图象与性质。

（2）研究方法构建。在画函数图象列表取值时，学生要关注自变量 x 取值必须有向、有序、有代表性。自变量 x 取值方法：①代表性：自变量取值范围内的数，有正数、0、负数；②有序性：从小到大；③无限性：可以取无数个值，用"…"表示；④特殊性：端点值、特殊值 $x=0$ 等。在归纳正比例函数 $y=kx(k\neq 0)$ 图象的特征和性质时，学生要关注研究的程序，先分类 $k>0$ 和 $k<0$，再选择一类后特殊化，接着画图，由"形"析"性"，注意从图形的形状、位置、变化趋势来归纳函数变量的变化规律、自变量与函数值的取值、增减性，再由"式"析"性"，从数形两方面加深对性质的理解。最后，类比得出另一类的情况，总结出正比例函数一般情况下的图象特征与代数特征。

5. 一次函数 $y=kx+b(k\neq 0)$ 的图象与性质

一次函数 $y=kx+b(k\neq 0)$ 的图象与性质的学习，是建立在对正比例函数图象与性质的理解之上的。学生需通过类比的方法，深化对函数图象与性质研究的一般方法的理解，利用表格中的数据来观察函数值随自变量变化的规律，并采用"两点法"简化一次函数图象的绘制过程。同时，学生结合函数的三种表示法，从图形平移的角度，探讨正比例函数与一次函数之间的联系、参数 k、b 对 $y=kx+b(k\neq 0)$ 图象与性质的影响。这样的学习方式有助于更好地掌握函数的概念，以及通过不同的表示法来理解和运用函数。本课时，学生可以通过两个任务来完成图象的平移变化与简化作图、探究参数的影响。

（1）平移变化与简化作图。在画函数图象时，学生通常采用研究函数图象与性质的一般方法。首先，对 $y=kx+b(k\neq 0)$ 中 k，b 进行特殊化取某一具体的值，再选择一组自变量 x 的值，对于每一个选定的 x 的值，分别计算正比例函数 $y=kx+b(k\neq 0)$ 和一次函数 $y=kx+b(k\neq 0)$ 的对应的函数值 y。然后，在平面直角坐标系中标出每个点 (x, y) 的位置，并对比两个函数图象上关键点的位置，探寻这些关键点的变化规律。最后，通过观察一系列选定的自变量 x 的值所对应的点的位置，并利用信息技术增加更多的点，以验证观察到的变化规律：沿同一个方向平移相同的距离。因点平移，连线后直观呈现的是直线的平移，而直线由两点确定，学生可以通过确定两点快速地画出一次函数的图象，从而获得简化作图的经验。

任务1 类比正比例函数的学法，在同一平面直角坐标系中，画出函数 $y=x$，$y=x+2$，$y=x-2$ 的图象。

①画函数图象。

列表；描点；连线。

x	...						...
$y=x$	...						...
$y=x+2$							
$y=x-2$							

②观察并比较函数 $y=x$，$y=x+2$，$y=x-2$ 的图象的形状，以及它们的位置关系。

在此之前，学生学习函数时，遵循从整体入手，先分类，然后通过典型的、丰富的特例从特殊到一般的归纳概括过程。他们已有画函数图象和分析函数性质的经验，知道正比例函数 $y=kx(k\neq 0)$ 的图象是一条由无数个点构成的直线。为了绘制一次函数的图象，学生需要在同一平面直坐标系中，为同一个选定自变量取值绘制对应的两个函数图象上的点。通过观察，学生可以发现，$y=kx+b(k\neq 0，b\neq 0)$ 的图象上的点由 $y=kx(k\neq 0)$ 的图象上的点经过平移得到。因此，学生得出结论：一次函数图象也是一条直线，它是正比例函数 $y=kx(k\neq 0)$ 的图象沿 y 轴方向平移 $|b|$ 个单位得到的。直线由于可以由任意两个不同的点确定，学生可以通过选择两个特定的点来简化作图过程。

（2）探究参数的影响。在学习一次函数 $y=kx+b(k\neq 0)$ 的图象时，学生可通过平移正比例函数图象进行判断，而不是仅仅依赖于记忆系数的规律。在研究一次函数 $y=kx+b(k\neq 0)$ 的性质时，学生应从特殊情况推广到一般情况，考虑 k 相同、b 不相同或 b 相同、k 不相同的两种情况，从数形两个角度来探究一次函数图象与性质随参数 k 和 b 变化的规律。这样学生理解函数图形变化和函数性质背后的数学原理，而不是死记硬背规律。

任务2 （1）用简化法画出函数 $y=2x-1$ 和 $y=-0.5x+1$ 的图象，结合图象说一说 k 与 b 的正负对函数 $y=kx+b(k\neq 0)$ 的图象的影响。

（2）借助信息技术，改变 k，b 的取值，观察一次函数 $y=kx+b(k\neq 0)$ 图象的形状、位置、变化趋势的变化，总结出一般规律，并用文字、图象和符号语言表述其性质。

函数图象的平移，学生需要通过直观感知来理解函数图象的变化，关键在于识别函数 $y=kx+b$ ($k\neq 0$) 的图象与 y 轴的交点 (0, b) 的位置，它依赖于 b 的取值。函数的增减性，学生需要观察直线的倾斜方向和倾斜度，这由 k 的正负和绝对值大小确定。通过这样的探究，学生能够从转化、一般与特殊的角度再次发现一次函数和正比例函数之间的联系，他们认识到，除了解析式中 b 的取值不同导致了图象的平移之外，一次函数和正比例函数在本质上是相似的。这种理解有助于学生更深刻地把握函数概念，提高他们分析问题和解决问题的能力。

6. 一次函数与方程、不等式

函数、方程和不等式是人们刻画现实世界的重要数学模型。通过函数的视角重新审视一元一次方程和一元一次不等式，学生可以构建起关于这三个"一次"概念的整体认识，促进对相关知识的深入比较和研究，加深对原有知识（一元一次方程和一元一次不等式）的理解。此外，从函数的角度出发，学生能够将这三者统一起来，实现知识的横向与纵向有效融合，并建立循环关联。本课时，是"一次函数"这一章的最后一节，其学习内容是建立在一次方程（组）、一次不等式的基础上，通过数式运算、方程和不等式解法深化学习。这与九年级下册"二次函数与一元二次方程"、高中的"二次函数与一元二次方程、不等式"，同属重点关注学生的几何直观、模型观念等数学核心素养的课，是同质单元的中间链接课（前有一元一次方程、一元一次不等式，后有一元二次方程、二次函数）。这样特殊的地位，使其知识上和其他单元有关联，方法上能向其他单元迁移，素养上和其他单元相呼应。从方程到不等式，再到函数，这个过程体现了数学化的过程，是初中阶段形成和发展模型观念的有效途径。探究三个"一次"的概念对于培养学生的模型思维和数学建模能力具有重要意义。为此，学生可通过两个任务完成三个"一次"的结构化认识和模型观念的培育。

（1）三个"一次"的结构化认识。一次函数、二元一次方程和一元一次不等式都是用来描述事物客观变化规律及其相互关系的数学模型。函数能够描绘事物间对应变化的过程；方程则能表示某个特定瞬间的变化状态；而不等式通常用来表述变化过程中的一般现象或者某个特定的变化范围。这三个数学概念虽然各有侧重,但它们之间是相互渗透并且紧密相连的。例如,解二元一次方程往往可以直接通过观察相应的一次函数图象来得出,同样地,解一元一次不等式也可以通过分析一次函数的图象来解决。这些关系展现了数与形相结合的美妙。在学习上,学生要关注一次函数、二元一次方程和一元一次不等式之间的联系,有助于形成对数学知识的整体认识,提升综合运用能力。通过图象的直观展示,学生可以更加清晰地理解这些数学概念之间的内在联系,从而更好地提升解决实际问题的能力。

任务 1 通过具体的问题的解决归纳出 $k>0$ 时三个"一次"的结构图,再通过类比得出 $k<0$ 时的结构图。

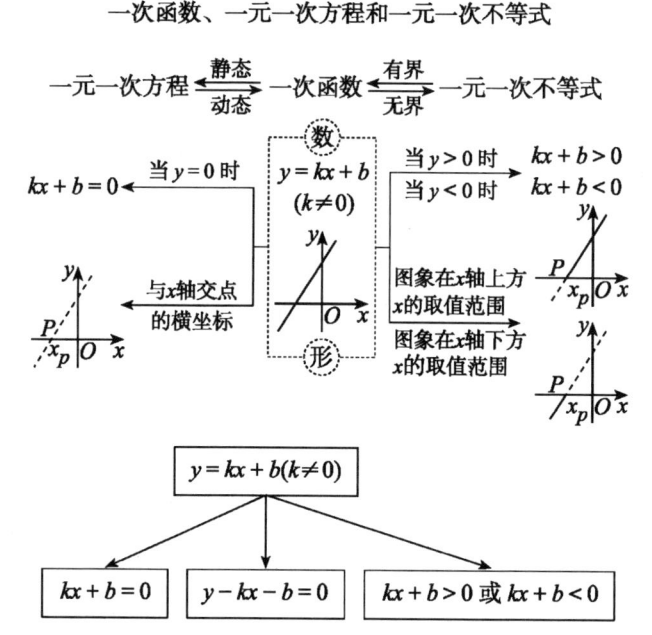

一次函数、一元一次方程和一元一次不等式

(2) 模型观念的培育。数形结合思想是本节课的重要思想方法,但如果仅仅停留在运用图象法解方程和不等式显然是不够的,本节课应站在更高的视角下,以函数观点统领方程、不等式的研究过程,通过这一方式构建起对模型观念的深刻理解,并将学习的重点聚焦于模型观念的培育上。将数与形作为研究问题的辅助,学生通过问题串的设计和数学活动的实践,领悟数学建模的方法和精髓,进而提升数学核心素养。

7. 二次函数 $y=ax^2(a\neq 0)$ 的图象与性质

二次函数 $y=ax^2(a\neq 0)$ 的图象与性质，是基于一次函数图象与性质的研究的进一步拓展，它涵盖了从线性到曲线性的研究，从连续性走向分段性的探索以及从整体到局部的分析。这一转变是数学学习中的一个重大进步，标志着学生对函数理解的深化。教材将"二次函数"这一章分为三节，共安排了 12 课时进行学习。其中，第一节介绍二次函数概念、图象和性质，占用 6 课时；第二节研究二次函数与一元二次方程的联系，用去 1 课时；第三节用二次函数的图象和性质解决问题，占据 3 课时。最后的 2 课时安排用于数学活动及课程小结。在第一节第 2 课时中，学生聚焦于二次函数 $y=ax^2(a\neq 0)$ 的图象与性质的研究。这不仅是二次函数图象与性质研究的起点，也是二次函数中其他类型的研究基础。为此，在学习二次函数 $y=ax^2(a\neq 0)$ 的图象与性质时，学生要通过两项任务完成图象与性质的探究以及性质的表达。

（1）图象与性质的探究

与正比例函数的图象与性质类似，二次函数 $y=ax^2(a\neq 0)$ 的图象与性质的探究，分为 $a>0$ 和 $a<0$ 两类，并逐类研究；对于任何一类，都先赋予 a 的具体数值，画出相应的函数图象；再通过观察图象，归纳出此类二次函数的对称性、最值和增减性等；最后抽象概括出 $y=ax^2(a\neq 0)$ 的图象与性质。

任务 1　通过从特殊到一般探究 $y=ax^2(a\neq 0)$ 的图象与性质。

问题 1　类比正比例函数图象的画法，画出二次函数 $y=x^2$ 的图象，并探究性质。

问题 2　通过分析 $y=2x^2$，$y=\frac{1}{2}x^2$ 与 $y=x^2$ 的图象和性质的共同点，概括 $y=ax^2(a>0)$ 图象与性质。

问题 3　通过类比研究 $y=-x^2$ 的图象与性质，概括 $y=ax^2(a<0)$ 的图象与性质。

问题 4　总结归纳二次函数 $y=ax^2(a\neq 0)$ 的图象特征与性质。

在画函数 $y=ax^2(a\neq 0)$ 图象时，学生可尝试从单元整体视角由二次函数解析式的一般情况 $y=ax^2+bx+c(a\neq 0)$ 入手，将其两次特殊化：$y=$

$ax^2+bx+c(a\neq 0) \to y=ax^2(a\neq 0) \to y=x^2$，从一般到特殊，先分析解析式自变量取值范围，根据分析预测其图象的大致位置、形状；然后，进行均匀取值并列表，通过描点、连线，画出函数 $y=x^2$ 的图象进行验证，分析其图象特征（形状、位置、变化趋势），归纳其性质（对称性、自变量与函数值的取值范围、增减性）；再通过枚举归纳概括出 $y=ax^2(a>0)$ 图象与性质；最后，类比探究概括出 $y=ax^2(a<0)$ 的图象与性质，从而形成二次函数 $y=ax^2(a\neq 0)$ 的图象与性质的一般认识。在分析、预测、实践、验证的过程中，学生需要有充足的时间和空间学习类比方法，感悟特殊与一般、数形结合以及化归与转化的数学思想，体验式、数、形之间的内在联系。

（2）性质的表达

函数是研究函数值与自变量间的对应关系的，函数的对称性、增减性、最值就是刻画二次函数 $y=ax^2(a\neq 0)$ 值在随自变量变化过程中呈现出的不变性、规律性。函数的增减性是刻画现实世界中很多事物增减趋势的重要模型，是函数最基本、最重要的性质之一，它刻画函数的增减变化规律，是学生进一步巩固理解函数对应关系的重要载体，在方程、不等式、最值问题的研究中发挥重要作用。对于二次函数 $y=ax^2(a\neq 0)$ 的性质而言，主要用几何直观和代数运算研究函数的性质。学生首先根据函数图象直观判断函数增减性，并用文字语言描述，完成从图形语言到文字语言的转化，利用数学符号来刻画函数值 y 随自变量 x 增大而增大（减小）。需要注意的是，学生通过有限取点画出的函数的图象，其精确度不高，需要通过代数运算给予严格论证。在此过程中，学生用严格的数学符号语言表示，与图形语言、文字语言表示相互对照、相互补充、相互转化，对自变量的取值从"具体"到"任意"，这里的抽象是从理性具体到理性一般的思维过程。

任务2 用图形语言、文字语言和符号语言表示函数的增减性、对称性。

问题1 利用代数运算说明二次函数 $y=ax^2(a>0)$ 的图象的位置和增减性。

问题2 类比二次函数 $y=ax^2(a>0)$ 的图象与性质的学习方法，研究 $y=ax^2(a<0)$ 的图象与性质，同时，从数的角度分析 $|a|$ 相等时两函数的关系，并完善学习函数的图象与性质的一般结构。

在研究二次函数 $y=ax^2(a\neq0)$ 的性质时，学生要经历"特殊到一般"的过程，从具体的二次函数 $y=x^2$ 入手，通过"观察—猜想—论证"，先用图形语言和文字语言描述函数 $y=x^2$ 的函数值随自变量变化而变化，再进一步通过"取点—作差—变形—定号—结论"，用代数学运算来探究二次函数 $y=x^2$ 的增减性、对称性。最后，推广到一般情形。

8. 二次函数 $y=a(x-h)^2+k(a\neq0)$ 的图象与性质

在本课之前，学生已对二次函数中的三种类型 $y=ax^2$，$y=ax^2+k$，$y=a(x-h)^2$ 的图象与性质研究有了明确的认识，并掌握了图象绘制和性质探究的通用方法。同时，学生也理解了这些类型函数图象之间平移规律以及解析式之间的关系。本节课旨在将之前的学习进行深化和一般化，帮助学生从变化、结构化的角度来理解二次函数。不同于以往的学习，学生需要从图形复合变化的角度来探究函数图象平移规律，从解析式的结构化角度来认识二次函数。学生可以通过两项具体的任务来实现上述目标。

（1）图形的复合变换。图形的复合变换指的是图形经过一系列的变化后所得到的最终形状。对于二次函数 $y=a(x-h)^2+k(a\neq0)$ 的图象而言，其形状与 $y=ax^2(a\neq0)$ 的图象相同，开口方向相同，只是位置不同。因此，$y=a(x-h)^2+k(a\neq0)$ 的图象可以看作由 $y=ax^2(a\neq0)$ 的图象经过两次平移得到，先沿 x 轴方向平移，再沿 y 轴方向平移；或者先沿 y 轴方向平移，再沿 x 轴方向平移，这两次平移合起来就构成了图形的复合变换。在这一复合变换过程中，平移方向和平移距离，可通过对比两个函数图象的关键点（如顶点）来判断。在学习过程中，学生通过观察和操作图形的变换，能够更深入地理解函数图象变化的规律，为后续研究更复杂的函数图象打下基础。

任务 探究二次函数图象的平移变换。

问题 1 比较二次函数 $y=\frac{1}{2}(x-1)^2+2$ 的图象与函数 $y=\frac{1}{2}x^2$ 的图象，说一说你的发现。

问题 2 请说出抛物线 $y=\frac{1}{2}(x-1)^2+2$ 是抛物线 $y=\frac{1}{2}x^2$ 如何变换得到的？

问题 3　多画几个类似结构的函数的图象，思考抛物线 $y=a(x-h)^2+k$ $(a\neq0)$ 与 $y=ax^2(a\neq0)$ 有什么关系？

(2) 顶点式的应用。二次函数的顶点式 $y=a(x-h)^2+k(a\neq0)$ 是一般式 $y=ax^2+bx+c(a\neq0)$ 的变形，通过配方得到，并具有特定的结构，二者是等价的。利用顶点式，学生可以快速地找出图象顶点的坐标 (h,k)。同时，结合二次项系数 a 的正负，还能判断函数图象的位置、对称轴和增减性。

9. 反比例函数 $y=\dfrac{k}{x}$ $(k\neq0)$ 的图象与性质

反比例函数的图象和性质，蕴含着丰富的数学思想。首先，反比例函数的图象和性质，本身就是"数"与"形"的统一体，通过对图象的研究和分析，可以确定函数本身的性质，体现了数形结合的思想方法。对于函数的图象与性质的研究，反比例函数与一次函数、二次函数的研究方法一脉相承，只是图象的分布由"一条"到"两支"，形态由"连续"到"间断"，与坐标轴由"相交"到"渐近"。教材将《反比例函数》这一章分为两节，共安排了 8 课时进行学习。其中，第一节是反比例函数的概念、图象与性质，占用 3 课时。第二节是实际问题与反比例函数，占据 4 课时。最后的 1 课时用于数学活动和课程小结。本节课是第一节第 2 课时的内容，学生知识的形成可经历由"解析式（确定自变量取值范围）"到"作图（列表、描点、连线）"，再到"性质（观察图象探究性质）"的过程。此过程充分体现了由"数"到"形"，再由"形"到"数"的转化过程。为避免差异性而产生的负迁移的干扰，学生在学习中既要关注正比例函数的研究方法类比的学习，还要注意差异性，融合代数推理与几何直观完成学习任务。

(1) 类比学习中趋同求异。在运用"类比"的方法研究反比例函数的过程中，学生还应注意"趋同求异"，关注反比例函数与正比例函数之间的"差异性"，如图形的"曲"与"直"，"间断"与"连续"等。注重分析"反比例函数图象的位置特征"、引导学生观察"反比例函数的增减变化趋势"的同时，更加强调对反比例函数解析式的剖析，如对于反比例函数 $y=\dfrac{k}{x}(k\neq0)$，先研究 $k>0$ 时，x,y 的正负符号相同，以 (x,y) 为坐标的点位于第一或第三象限,且在每一个象限内,y 随 x 的增大而减小;当 $k<0$ 时,x,y 的正负符号相反,以 (x,y) 为坐标的点位于第二或第四象限,且在每一个象限内,y 随 x 的增大而增大。同时,从解析式 $y=\dfrac{k}{x}(k\neq 0)$ 本身来看,显然 $x\neq 0$,$y\neq 0$,图象一定不经过坐标原点,也永远不会与 x 轴、y 轴有交点。通过分析解析式,学生在画图前对函数图象有一个大致的感知,然后再通过列表、描点、连线把图象精致地画出来,最后让学生对比其与预测的大致图象的"一致性",这种"大致——精致——一致"的研究函数图象的过程,学生对反比例函数图象和性质的认识更加科学精确,也为后续研究其他函数图象积累思维的经验。

任务1 类比探究反比例函数图象与性质

问题1 类比正比例函数 $y=6x$ 的研究方法,试研究反比例函数 $y=\dfrac{6}{x}$。

问题2 根据上述对反比例函数解析式 $y=\dfrac{6}{x}$ 的分析,请猜想 $y=\dfrac{6}{x}$ 的图象,并将其"大致"画在纸上。

问题3 请同学们用描点法画出反比例函数 $y=\dfrac{6}{x}$ 的图象。

问题4 请观察反比例函数 $y=\dfrac{6}{x}$ 的图象,并归纳其性质。

问题5 是不是所有的反比例函数的图象都具有这样的特征呢?

问题6 反比例函数 $y=-\dfrac{6}{x}$ 与 $y=\dfrac{6}{x}$ 的图象有什么共同特征?有什么不同点?是由什么决定的?

问题7 对比正比例函数 $y=kx$(k 为常数,$k\neq 0$)的图象特征与性质,总结出反比例函数 $y=\dfrac{k}{x}(k\neq 0)$ 图象的特征和性质,并会用三种数学语言表述。

(2)融合代数推理与几何直观。在"反比例函数图象与性质"的探究过程中,把"解析式特征"与"图形特征"紧密结合。通过先"想一想"再"画一画"的教学环节,紧紧抓住反比例函数解析式"定积"特征,"由数及形"推理得到反比例函数的图象"特征",观察图象"特征"归纳得到反比例函数的性质。这一过程,学生既可通过图形直观看出函数的增减性,也可通过解析式,设点、代入、作差比较来推理验证的观察到的结论。

任务2 融合代数推理与几何直观来探究函数增减性。

问题1 由 $y=\dfrac{6}{x}$ 图象可知在每一象限内,y 随 x 的增大而减小,试说明理由。

符号语言:当 $0<x_1<x_2$ 时,$y_1-y_2=\dfrac{6}{x_1}-\dfrac{6}{x_2}=\dfrac{6x_2}{x_1x_2}-\dfrac{6x_1}{x_1x_2}=\dfrac{6(x_2-x_1)}{x_1x_2}>0$,

则 $y_1>y_2$;

文字语言:当 $0<x_1<x_2$ 时,y 随 x 的增大而减小;

符号语言:当 $x_1<x_2<0$ 时,$y_1-y_2=\dfrac{6}{x_1}-\dfrac{6}{x_2}=\dfrac{6x_2}{x_1x_2}-\dfrac{6x_1}{x_1x_2}=\dfrac{6(x_2-x_1)}{x_1x_2}>0$,

则 $y_1>y_2$。

文字语言:当 $x_1<x_2<0$ 时,y 随 x 增大而减小。

问题2 由 $y=\dfrac{6}{x}$ 图象知其关于原点中心对称,试说明理由。

对称性:当 $x=a(a\neq0)$ 时,$y=\dfrac{6}{a}$;当 $x=-a(a\neq0)$ 时,$y=-\dfrac{6}{a}$,点 $\left(a,\dfrac{6}{a}\right)$ 与点 $\left(-a,-\dfrac{6}{a}\right)$ 关于坐标原点对称,则 $y=\dfrac{6}{x}$ 的图象关于坐标原点中心对称。

第四节 "图形认识初步"的关键教学点及其教学实施

一、"图形认识初步"概述

学生在小学阶段虽然已经接触了一些基本的几何图形(如三角形、平行四边形等），也能解决与这些基本图形的度量有关的简单计算，但学生并不知道这些图形的明确定义，也没有"图形性质"的概念，这个阶段学生对图形的认识只能算是直观感知。进入初中，学生需要进行系统的几何学习，要学会推理论证，而"图形认识初步"正处于直观感知和推理论证的纽带位置，是小学几何学习向初中几何学习的过渡。因此，"图形认识初步"可以认为是初中几何学入门学习的重要内容，其研究对象是几何图形，研究方法则是以说理为主。

学生经历"图形认识初步"的学习，不仅可以明确几何学习的研究对象（组成图形元素及其相关元素的数量关系与位置关系）、研究方法（基于基本事实的猜想与说理），初步了解几何研究的一般观念及基本思路，渗透了一般到特殊的深入研究途径，还可以有效地促进其几何直观、说理意识的发展。"图形认识初步"的学习基于学生的生活实际和小学阶段的几何学习，从基本图形的表示开始，以基本事实和几何定义为起点，以公理化体系为暗线，对图形展开研究与学习，其学习顺序为：基本图形的识别与表示→线段、角的度量→相交线与平行线的性质与判定。为后续直线型研究和圆形研究提供范式，是后续几何学习的基础。

二、"图形认识初步"的关键教学点的确定

（一）教学分析

《课标（2022年版）》在"图形的性质"中对"图形认识初步"提出了22点的内容要求，教材又将这些内容要求分解到"几何图形初步"和"相交线与平行线"两个章节中。从单元教学的视角，我们将"图形认识初步"划分为基本图形的识别与表示、线段与角的度量及数量关系、相交线与平行线的性质与判定等三个子单元。从知识层面讲，"基本图形的识别与表示"子单元包括点、直线、射线、线段、角的识别与表示，以及平行、垂直等位置关系的表示；"线段及角的度量与数量关系"子单元包括线段的度量及线段的中点、角的度量及角平分线；"相交线与平行线的性质与判定"子单元包括"相交线"与"平行线"两部分，其中"相交线"部分包括邻补角、对顶角、垂直等内容，"平行线"部分则包括平行线的性质与判定两个部分。从能力层面

讲,"基本图形的识别与表示"子单元更关注画图和符号表示,"线段与角的度量及数量关系"子单元更注重三种语言的表示与互换,"相交线与平行线的性质与判定"子单元则更突出说理与表达。三个子单元循序渐进地渗透"三段论"的表达、化归转化的思想以及公理化的思想。

(二) 确定关键教学点

基于上述教学分析,我们确定出"图形认识初步"的6个关键教学点。

关键教学点	选择理由
直线、射线、线段（第1课时）	本节课通过画图认识直线公理,用三种语言正确描述直线、射线、线段,以及点和直线的位置关系、直线和直线的位置关系,为学生系统地、规范地进行几何学习奠定基础。
直线、射线、线段（第2课时）	线段的大小比较以及线段的和、差、中点等都是线段可度量的表现形式,学生在这些内容的学习过程中可以感受图形和相应数量之间的联系。
角	与直线、射线、线段一样,角也是重要而基本的平面图形,因此本课时具有一定的基础性;本课时让学生从静态和动态两个角度认识角,其中用旋转的方式描述角,不仅有助于学生更好地理解平角、周角的概念,还对以后角的概念的扩展有积极意义。
余角和补角	余角和补角是在学习线段的度量、角的度量之后,从数量关系角度研究几何对象的较为典型的内容,可以帮助学生进一步感悟几何学习的内涵;同时本课时也是"简单说理"的起始课。
平行线的判定（第1课时）	本课时是学生进入几何学习之后首次运用判定定理解决问题的一节课;本课时已进入"简单推理"阶段,是推理能力的一个发展点。
平行线的性质	本节课通过对判定定理的逆命题进行考虑,向学生渗透判定与性质的互逆关系,为后续几何学习中用判定（性质）研究性质（判定）提供引领示范作用。

由于同位角、内错角、同旁内角的学习仅在研究平行线的性质与判定中有实质性的应用,而在直线相交的情形下并没有太大的意义。因此未将"同

位角、内错角、同旁内角（第 1 课时）"确定为关键教学点，学生能在平行线的背景下熟练识别同位角、内错角、同旁内角即可，教学时不必过度强调从复杂图形中识别这三类角。

三、"图形认识初步"的关键教学点的教学实施

（一）实施建议

"图形认识初步"的学习是基于学生的生活实际，以小学阶段的几何学习为基础，其研究对象是图形的数量关系和位置关系。教学时，教师应关注学生的观察、阅读、实践、思考和表达，发展其几何直观和推理意识，为此我们提出以下几点建议：

1. 创设情境，唤醒回忆

如前所述，"图形认识初步"是小学几何学习向初中几何学习的过渡，教学中应做好与小学学习的衔接。这里所说的衔接，显然是一种学习，而且是再学习，教师要把握好衔接的"度"，既要避免简单重复，又要规避"不教而过"的现象，这就很有必要创设合适的情境（生活情境、数学情境）激发学生已有的认知和学习经验。教学中，要注重与生活实际在两个方面的联系：一是从生活实际中归纳、抽象出几何体、点、线段、角、互余互补、相交线、平行线等几何概念，二是在生活实际中解释和应用这些概念。教学中，还要关注对已有知识的归纳、再现，如教学"直线、射线、线段（第 1 课时）"时，可以基于小学的学习，让学生以表格的形式对直线、射线、线段等知识进行归纳，并以此为基础深入学习；又如教学"余角和补角"时，教师可以设置"以小组为单位，寻找生活中或常见数学图形中的余角与补角，并比较哪个小组找得多、找得好"的活动情境，激发学生的学习兴趣。

2. 重视画图，做好示范

几何的研究对象是图形，会画图、画好图是学好几何的前提，更是"图形认识初步"的一个重要教学任务，教师应注重画图教学，增强学生画图的意识、规范学生画图的习惯，要根据文字语言的要求，画出相应的几何图形，要规范地描述画图过程。具体来讲就是：能通过动手实践与操作，熟练画图标量、补全图形；能初步了解并构造常见的辅助线；能从图形中获取相关信

息；养成"无图不阅读""无图不解题"的良好学习品质。画图教学不妨按以下几个阶段循序渐进、螺旋上升地进行教学：根据描述画图过程的语言画图（如"过……两点作直线""延长……至……""反向延长……"）→简单推理背景下的画图（如过点……作已知直线……的垂线）→画符合题意的图形→尺规作图。不管是画图语言的表述、画图过程的体现、画图原理的解释、画图步骤的规范、画图结果的呈现，教师都应该一步一个脚印做好示范引领、纠偏。画图教学要注重利用画图工具规范展示画图过程，要有意识地规避忽略过程、没有过程展示、不具示范性的多媒体演示画图。在"平行线的判定（第1课时）"利用三角尺画平行线这个环节，教师既要呈现整个画图过程，又要给足时间让学生进行必要的模仿，同时还要能够对所画出的图形进行规范的表示和标识。

3. 识别图形，学会表达

"图形认识初步"中还有一项重要教学任务是帮助学生识别图形并学会表达图形。表达图形指的是，用文字语言、图形语言、符号语言三种数学语言表示图形。教师既要按照"实物和模型→几何图形→文字表示→符号语言"的程序进行教学，也应适当关注"符号→文字→图形"的教学过程，促进学生掌握三种语言的应用与转化。在"直线、射线、线段（第1课时）"中，对于直线、射线、线段应引导学生达到"画好符合条件的图形""文字语言表示图形""文字＋符号"表示图形等三种语言的统一；在"直线、射线、线段（第2课时）"中，对于中点的学习更要关注数量关系在图形上的表示，从而初步学会"画好图形""标识图形"，夯实"有图标量，无图画（补）图"的几何学习的基础。

（二）实施要点

1. 直线、射线、线段（第1课时）

为了实现基于小学学情的再学习，教师应通过指导阅读，初步培养学生数学阅读的能力、画图意识和画图能力，这也为中学阶段培养学生的说理能力奠定基础。本节课可以设计成回顾与观察、阅读与思考、实践与拓展三个环节。

在回顾与观察环节，提出问题：小学已学过线段、直线、射线，请你们利用表格呈现这三者之间的联系与区别,并与同学交流。

在阅读与思考环节,让学生在阅读教材内容之后思考下列 4 个问题。

(1) 请你根据直线、射线和线段的定义,寻找生活中的直线、射线和线段的例子。

(2) 经过一点可以画几条直线?经过两点呢?

(3) 教材用几种方法表示一条直线?教材又是如何表示射线和线段的?

(4) 有人说,点与直线的位置关系有两种,分别是"点在直线上"和"点在直线下",你同意这个说法吗?直线与直线有几种位置关系?

师生通过讨论、交流以上 4 个问题,得出结论,完成主要教学内容。

在实践与拓展环节,提供以下画图练习:经过已知点 A 画直线 l,点 A 在已知直线 l 上,直线 m、n 交于点 A,延长线段 AB,反向延长射线 OA。

设置练习旨在帮助学生完成文字语言与图形语言的转化及画图语言的学习,教师应做好讲解与示范工作,培养学生"读语句、画图形"的习惯。

回顾与观察环节是为了解学情,唤醒旧知,并基于生活实际,点燃学生的学习热情;阅读与思考环节,以问题串促进学生思考,也是对学生阅读效果的检验;实践与拓展环节则是对画图的学习、规范与固化。

2. 直线、射线、线段(第 2 课时)

本节课以线段的度量为指向,以"画线段、比较线段长短、寻找特殊点(中点)、三种语言表示中点"为学习任务,采用任务驱动的方式展开学习,以教师的引导,促学生的思辨,进而展开自主学习,具体分为以下环节:

环节 1 小明说,他可以通过目测精准判别两个人的身高。你认为小明的说法可靠吗?你有没有其他的方法?

此环节创设情境,可唤醒学生已有经验,调动学生探究的热情,也体现说理的必要性。

环节 2 安排三个活动。

(1) 画一条线段等于已知线段。

教师引导学生从线段的组成元素考虑,利用圆规或刻度尺"画一条线段等于已知线段"。教师边讲解原理,边示范操作,并要求学生模仿,规范地画出图形。需要指出的是,这里只要求学生能规范完成画图,并进行线段的表示即可，不要求写出作法。

（2）画一条线段，使它等于两条已知线段的和。

该活动是在（1）的基础上开展的，既是对"画一条线段等于已知线段"的技能固化，也可视作对其的拓展与应用。

（3）如何比较两条线段的长短？你能想到几种方法？

该环节设计了递进的三个活动，逐步引导学生感受线段的可度量性。

环节 3　让学生在线段上找出除了端点以外的另一个特殊的点。

此环节，要让学生说明找出的点是特殊点的理由以及如何画这个特殊点。

3. 角

角是初中阶段研究的第一个组合图形，从静态的角度看，其组成元素为有公共端点的两条射线，从动态的角度看，它又可以看成是由射线绕着它的端点旋转而成的图形。本节课的学习将从静态和动态两个角度认识角，通过在运动变化过程中理解角的概念，体会角的两种定义之间的一致性。也为后续学习圆的定义奠基。教学中可以设计如下环节：

环节 1　学习静态的角，由生活实际中的角和数学图形中的角，抽象出角的定义。

环节 2　教师引导开放性的讨论，用四种方法表示给定的角，并比较各种表示方法的优劣。

环节 3　学习动态的角，以运动变化的视角对角的定义再学习，并基于此学习平角、周角、直角及角的分类等。

环节 4　回顾小学所学角的度量及度量单位的换算。

环节 5　以游戏、比赛的形式，利用一副三角板画角，在画出图形的基础上，进行标识，并直接写出所画出的角的度数。

环节 1 基于具体情境，从生活实际和数学本身学习静态的角，体现数学来源于生活实际的朴素的原理；环节 2 基于学生的学情，放手让学生大胆探索，引导学生发散思维，让学生基于组成元素进行图形表示并交流评价，在一定程度上培养学生创新意识，同时体现数学符号的简洁、直观，也渗透"画图标量"的意识，其中科学、精准表示指定的角是重点；环节 3 在运动变化过程中进一步理解角的概念，学习动态的角，体现动态背景下的角的本质特征，并发现角的两种定义之间的一致性；环节4基于小学的学习，了解与角有关的知识，并回顾利用量角器画出任意给定度数的角的方法；环节5以常见的学具为工具进行画图探索，画出相应的图形，更好地培养学生的画图能力和对图形的表示能力，也在提高学生学习兴趣、激发学生探索欲望的同时，为后续的特殊角的学习做好前期的铺垫。

4．余角和补角

余角和补角都是从数量关系上定义的一组角，其来源于生活实际，也大量存在于数学之中，有其定义的必要性。另本节课开始进行简单说理的学习，应培养学生说理意识和规范表达。本节课教学体现了"定义—性质—应用"的一般研究套路，其学习过程也可以按"抽象定义—探索性质—拓展应用"三个环节循序展开。

抽象定义环节设计两个活动。

活动1 展示生活中的互余的角与互补的角，让学生寻找、交流生活中具有相同特征的角；

活动2 展示数学图形中的互余的角与互补的角，让学生寻找、交流其他数学图形中具有相同特征的角。

在上述两个活动的基础上，教师可引导学生抽象出互余与互补的概念，并用数学语言予以表达，让学生经历抽象的过程，渗透三种语言表示与诠释图形。

在探索性质环节，教师应注意以下两点：

（1）通过观察、测量，猜想并验证（简单说理）同角（等角）的余角的数量关系，并用三种语言表示（探索图形性质，渗透几何图形研究的一般套路，规范几何证明的规范格式背后所蕴涵的道理，可以从填空或两步证明开始，由易到难，有序地推进说理教学，为后续图形性质的研究奠基）。

为了培养说理意识，渗透说理格式，为后续的说理奠基，我们不妨放慢进度，教师进行示范，学生进行模仿，师生共同完成教学任务。如：同角的补角相等可进行如下教学：

由于$\angle 1$与$\angle 2$，$\angle 3$都互为补角，

由补角的定义有$\angle 1+\angle 2=180°$，$\angle 1+\angle 3=180°$，

由等式的性质得∠2＝180°－∠1，∠3＝180°－∠1，

由等量代换得∠2＝∠3。

即同角的补角相等。

整个过程，应力求因果关系，及理由依据，以引导规范说理，为"三段论"的说理奠基。

（2）教师大胆放手，让学生以类比练习的形式，猜想并验证同角（等角）的补角的数量关系，并用三种语言表示。对于学生的表达，教师必须进行讲评及纠偏，以规范表达格式。其目的是类比学习说理，引导模仿说理，固化说理技能和说理格式。

在拓展应用环节，教师可提供适量的练习，帮助学生从常见的图形中识别互余的角与互补的角，并利用定义及性质进行相关的计算。

5. 平行线的判定（第1课时）

本节课的关键是基于平行线的画图，感受并得到基本事实，体会直线的位置关系是通过有关的角的知识反映出来的。实现由角的数量关系判定直线的位置关系，是学生首次应用判定定理解决相关问题，同时渗透转化与化归思想得到其他判定定理。初步体现公理化思想。其过程可设计如下：呈现问题→问题探究→问题解决→拓展应用，体现数学知识的发生发展过程，渗透"简单推理"。

（1）呈现问题。引导学生回顾平行线的定义，并思考利用平行线的定义判定两直线平行可能存在的困难。

（2）问题探究。引导学生回顾小学画平行线的方法和过程，并探究画图的本质是什么？画图过程什么量发生改变、什么量保持不变，可以给平行线的判定什么启示？

（3）问题解决。得到平行线判定的基本事实，同时用三种语言表示，为后续的应用做好前期的奠基工作。

（4）拓展应用。让学生探索平行线的其他判定定理，以此渗透转化思想。此过程是一个简单推理的过程，教学时应注重对学生说理意识的培养及其规范的表达，可以由"因为……，所以……"的形式，过渡到"∵……，∴……"的形式，同时应强调各步骤的依据。以下面问题为例，进行简单

说明：

如图，已知直线 a，b 被直线 l 所截，如果 $\angle 2$ $=\angle 3$，能得出 $a/\!/b$ 吗？

教师先提供说理的形式：

因为已知 $\angle 2=\angle 3$，

而对顶角相等 $\angle 3=\angle 1$，

所以由等量代换 $\angle 1=\angle 2$，

所以由同位角相等两直线平行有 $a/\!/b$。

根据学生的实际情况，可以介绍符号"∵""∴"的含义和使用，并给出用符号表达的推理过程：

∵$\angle 2=\angle 3$，（已知）

而 $\angle 3=\angle 1$，（对顶角相等）

∴$\angle 1=\angle 2$，（等量代换）

∴$a/\!/b$。（同位角相等，两直线平行）

6. 平行线的性质

本节课是初中几何学习中第一次探究图形的性质与判定的相互关系，是在平行线判定的基础上，用逆向的视角探究平行线的性质，即由"判定"研究"性质"，并逐步推进说理教学。同时在明确判定与性质的区别的前提下，灵活应用相关知识是本节课的关键所在。其基本流程为：

逆向视角，提出猜想→动手实践，验证猜想（基本事实）→应用基本事实，探究其他性质→应用性质解决数学问题或实际问题。具体可按以下环节实施：

环节 1　由判定猜想性质。

环节 2　让学生通过画图、测量或借助几何画板等，验证猜想，得到基本事实。

环节 3　通过说理得到平行线的其他性质。

环节 4　分析平行线判定与性质之间的关系。以例题或练习的形式，以"三段论"为表达格式，应用性质解决生活中或数学中的问题，其中应注重说理能力的培养和说理过程的规范表示，可以采取填空的形式适当降低难度，

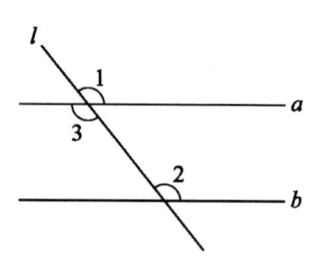

循序渐进展开。如：

如图，三角形 ABC 中，D 是 AB 上一点，E 是 AC 上一点，∠ADE=60°，∠B=60°，∠AED=30°。

你知道 DE 和 BC 平行的理由吗？

请在下面的括号中，填上依据：

∵∠ADE=60°，∠B=60°，(_____)

∴∠ADE=∠B，(_____)

∴DE∥BC。(_____)

(2) ∠C 是多少度？为什么？请规范地表达出求解的全过程。

第五节 "三角形"的关键教学点及其教学实施[①]

一、三角形概述

三角形是一种基本的几何图形，是最简单的封闭的直线型图形。一方面，三角形是后续认识四边形和圆的基础，特别是在研究直线型图形时，往往都通过割或补，将其转化为三角形的问题予以解决；另一方面，对三角形研究的问题和研究方法为四边形和圆的学习提供了思路。

两个平面图形之间的关系是指位置关系和数量关系，在数量关系方面，初中阶段正是通过全等三角形和相似三角形的学习来说明对于两个平面图形的数量关系研究什么、如何研究；在位置关系方面，三角形是研究图形的平移、轴对称、旋转的重要载体。

三角形的学习在发展学生的推理能力和几何直观方面有着积极意义。平行线的学习只要求简单说理，是发展推理能力的起点；从三角形开始，平面几何的学习，强调通过分析条件与结论之间的关系来完成推理论证。因此，

---

① 胡鹏程，张弘."三角形"关键教学点的教学实施[J]. 数学之友，2023（24）：8—11. 部分内容删改.

173

三角形是发展推理能力的重要阶段。几何直观需要更多的图形性质与逻辑推理的支持[1]，三角形丰富的图形性质，以及学习过程中所涉及的大量的逻辑推理成为发展学生的几何直观的重要载体。

二、"三角形"的关键教学点的确定

（一）教学分析

《课标（2022年版）》在"图形的性质"和"图形的变化"两个主题中对三角形提出了21点的内容要求，教材又将这些内容要求具体分解到《三角形》《全等三角形》《轴对称》《勾股定理》《相似》和《锐角三角函数》等章中。三角形在研究内容上有自身固有的性质和图形间的数量关系两个方向，基于数学内容逻辑关系的视角，可将"三角形"划分为三角形的再认识、图形间的数量关系、特殊三角形三个子单元。

"三角形的再认识"子单元对应《三角形》和《锐角三角函数》的教学，"再认识"具体表现在学习内容和认识程度两个维度。作为小学学习的顺延，《三角形》研究了三角形三边之间的关系和三角之间的关系，"锐角三角函数"研究三角形边、角之间的关系，这些学习内容是小学阶段所没有的。学生在小学阶段通过识别图形（淡化特征）、概括关键特征的形式初步认识三角形，并通过对图形的动手操作感知"三角形的内角和是180°"和"三角形任意两边之和大于第三边"，这都属于感性的认识；初中阶段则明显上升到理性层面，学生从下定义、表示、分类三个方面理解三角形的概念，并按照先从组成元素（边和角），再从相关元素（中线、高、角平分线、外角等）的顺序系统地认识三角形，还对"三角形的内角和是180°"提出了证明的要求。

"图形间的数量关系"子单元的教学通过《全等三角形》和《相似》来完成。初中阶段重点研究两个平面图形间的数量关系是全等和相似。首先，三角形是最基本的几何图形；其次，全等是特殊的相似。因此，初中阶段以三角形为例研究全等，让学生经历全等三角形的研究过程，并类比全等的学习

---

[1] 史宁中，曹一鸣. 义务教育数学课程标准（2022年版）解读[M]. 北京：北京师范大学出版社，2022.

研究两个图形的相似，以促进学生对两个图形之间的数量关系的理解。

"特殊三角形"子单元涉及《轴对称》和《勾股定理》两章。教材对几何的编排，按照先一般再特殊的形式，等腰三角形和直角三角形是两种特殊的三角形，它们除了具有一般三角形的所有性质外，还有很多特殊的性质。从对称的角度研究等腰三角形可以直观地、方便地得到等腰三角形的诸多性质，因此教材将等腰三角形的学习安排在《轴对称》一章中；将《勾股定理》作为单独一个章节，能凸显勾股定理在直角三角形的诸多性质中的核心地位。

（二）确定关键教学点

关键教学点是一个章节，甚至一个领域的知识网络结构中"节点"位置的课，抓住关键教学点也就抓住知识的联系点、能力的提升点、素养的发展点，因此可以认为实施关键教学点正是对教学内容结构化的一种理解。如前所述，我们将分散在不同年段的几个章节整合成"三角形"大单元，以实现三角形的结构化的研究；基于单元视角的教学分析，将"三角形"这个大单元划分为三个子单元，并从中选出5个关键教学点（如图1），便于着重用力、重点突破。

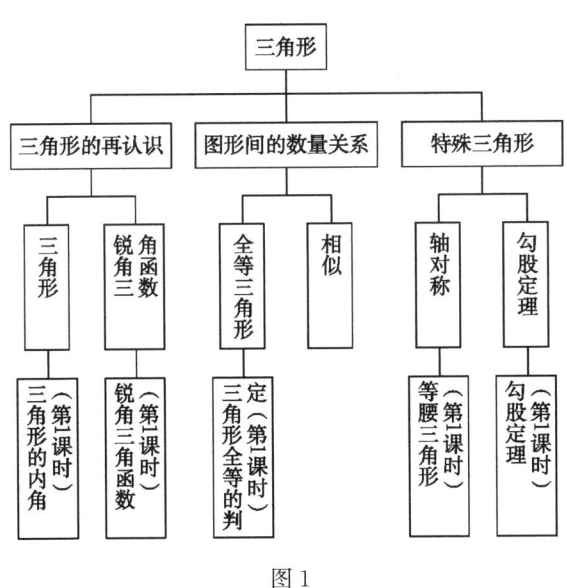

图1

每个关键教学点的确定理由如下表。

关键教学点	确定的理由
三角形的内角（第1课时）	三角形内角和定理的证明是学完"命题、定理、证明"之后，遇到的第一个有完整"已知、求证、证明"的规范的定理证明；本课时是通过添加辅助线进行几何证明的起点；本课时是实验几何向论证几何过渡的标志性课例，是复杂的推理的起始课。
锐角三角函数（第1课时）	本课时是用三角函数刻画直角三角形边、角之间的数量关系的起始课，完善了三角形组成元素之间数量关系的研究。
三角形全等的判定（第1课时）	本课时给出探究三角形全等的整体的研究思路，为三角形相似的学习提供参考；本课时"边角边"的探究是后续几个判定定理的学习样板。
等腰三角形（第1课时）	等腰三角形是特殊的三角形，本节点的学习为后续用从一般到特殊的角度研究其他的特殊几何图形的性质提供示范。
勾股定理（第1课时）	勾股定理是直角三角形的核心性质，是典型的从"合情推理"到"演绎推理"的策略的学习素材；勾股定理的特殊证明方法是渗透数形结合思想的典范。

三、"三角形"的关键教学点的教学实施

（一）实施建议

1. 帮助学生从实验几何向论证几何过渡

虽然学生在小学阶段已经由实验操作获得了"三角形的内角和是180°"，但该获得只是一种感知，并非由推理论证得到。因此，《课标（2022年版）》提出在初中阶段"探索并证明三角形内角和定理"的要求。由以往教学的经验看，学生往往把在小学阶段获得的感知当作"基本事实"，既没有意识到需要证明，也不知道该如何证明。"三角形内角和定理（第1课时）"应把教学目标设定为引导学生体会证明的必要性和添加辅助线的意义，以帮助学生从实验几何向论证几何有序地过渡。

2. 指引学生形成研究思路

《三角形》一章中已经分别研究了三角形三边之间的数量关系和三角之间的数量关系，那么三角形边、角之间是否存在数量关系？如果存在，该如何刻画这种关系？"锐角三角函数（第 1 课时）"的教学应引导学生体会这种研究思路；《三角形》《轴对称》《勾股定理》看似不相关的三个章节之间其实存在一条线索，那就是从一般三角形到特殊三角形（等腰三角形和直角三角形）的研究思路，因此，在教"等腰三角形（第 1、2 课时）"和"勾股定理（第 1 课时）"时应点明这条思路，而等腰三角形也是学生第一次经历图形特殊化的研究，这种经历在后续的矩形、菱形、正方形不断重复，并形成经验；"三角形全等的判定（第 1 课时）"强调从整体到局部的研究思路，第 1 课时给出判定三角形全等的整体的研究思路，后续几节课则对猜想命题逐一操作验证。

3. 引导学生感悟数学思想

数学学习的过程不仅要掌握知识，更要感悟蕴涵其中的思想方法。勾股定理被认为是平面几何甚至数学中最重要的定理之一，不仅仅因为它反映了直角三角形三边之间的数量关系，更重要的是，它搭建了数与形之间的一座桥梁，定理的证明以及应用中都蕴含着丰富的数学思想。因此，"勾股定理（第 1 课时）"这节课的教学应特别关注学生对数学思想的领悟。

（二）实施要点

1. 三角形的内角（第 1 课时）

三角形内角和定理是《三角形》一章的重点内容，教材将其安排在"三角形的内角"中，计划 2 个课时完成。第 1 课时是探索和证明三角形的内角和等于 180°，第 2 课时研究直角三角形的两个锐角之间的数量关系，第 2 课时可以看成是对三角形内角和定理的特殊化研究。因此，我们将第 1 课时作为关键点予以突破，并设计成回顾、生疑、解惑三个环节。

（1）回顾，即回顾小学剪拼三角形纸片的过程。教师不必在课堂上简单机械地重复小学阶段的操作，可以根据生情，采用课前操作或课上观看视频等灵活多样的形式帮助学生回顾。

需要注意的是，回顾的目的是唤醒记忆，为后续的学习做铺垫，教师应把握好回顾的度、控制好回顾的时间。另外，该环节有两个抽象，一是把三角形纸片抽象成数学图形，二是从三个角拼成平角的过程中抽象出证明所需的辅助线。

（2）生疑，是对操作的严谨性产生质疑，形成认知冲突。在学生回顾之后，教师提出问题"通过度量或剪拼所得到的结论可靠吗？能说明任意三角形的内角和都是180°吗？"。

（3）解惑，就是证明定理，也是整节课的重头戏。在质疑的基础上，教师设置以下两个问题：

问题1　如何对三角形的内角和等于180°进行一般性的证明？

问题2　我们将三个角拼成一个平角，由此验证内角和等于180°，大家能否从剪拼的操作中得到启发？

此环节，教师要关注示范和引导，示范如何根据命题画示意图，并写出已知和求证，示范用数学符号语言进行严谨的推导；引导学生从剪拼过程中抽象出证明方法，引导学生对抽象出的证法深入思考，得到多样性的，乃至一般化的证法，并对此过程进行提炼、总结（如图2）。

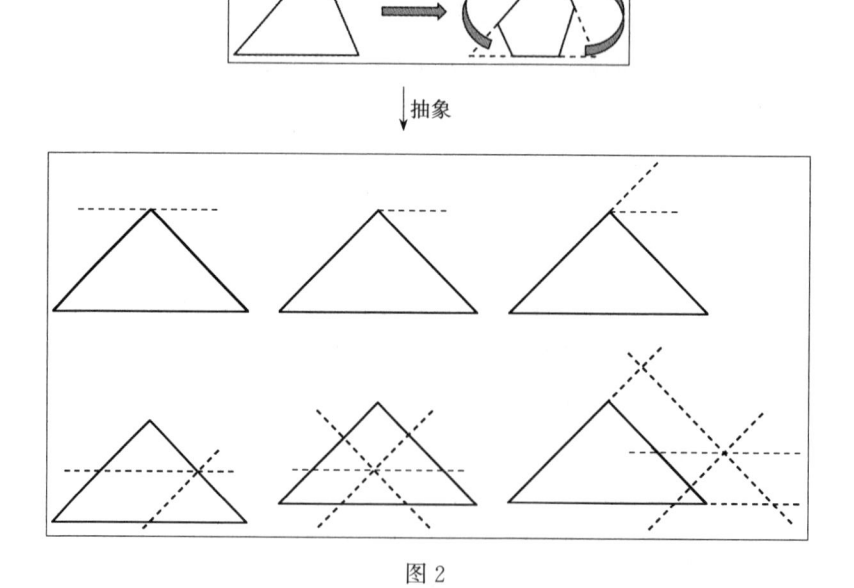

图2

本节课通过三个关联的、层层递进的环节，让学生体会证明的必要性、思考如何证明，可以有效地帮助学生从实验几何向论证几何过渡，并在此过程中，让学生感悟数学的逻辑性与严谨性，发展学生的推理能力[①]。

2. 锐角三角函数（第 1 课时）

锐角三角函数的概念既是《锐角三角函数》的重点，也是难点。具体表现在以下几个方面：锐角三角函数定义的合理性；锐角三角函数给出了角与数值之间的对应关系，蕴含着函数的思想；用含有几个字母的符号 $\sin A$，$\cos A$，$\tan A$ 表示函数，学生在之前的学习中没遇到过。教材在"锐角三角函数"中计划 4 个课时，分别用 1 个课时介绍正弦的概念，1 个课时介绍余弦和正切的概念，1 个课时研究特殊角的三角形函数值，1 个课时学习利用计算器求一般锐角的三角函数值的近似值。第 1 课时既是锐角三角函数概念的起始课，也是《锐角三角函数》章的起始课。

要想突破本课时的关键点，需要解决两个问题：为什么要研究三角形边和角之间的关系？怎么研究三角形边和角之间的关系？

厘清知识的逻辑关系，就不难理解研究三角形边和角之间的关系的原因。教学时，教师可以先对知识进行如下梳理："三角形任意两边之和大于第三边，任意两边之差小于第三边"指明了任意三角形三边之间的关系（定性关系），勾股定理则进一步指出直角三角形三边之间的数量关系（定量关系），三角形内角和定理反映了三角形三角之间的数量关系。此时再提出"三角形的边和角之间是否也存在数量关系"便水到渠成了。

怎么研究三角形边和角之间的关系呢？不妨按以下步骤实施教学：

（1）让学生回忆之前的学习中是否遇到过涉及三角形边和角的关系的问题？如果有，画出示意图，并说明。

学生不难想到直角三角形中熟悉的结论：在一个 Rt $\triangle ABC$ 中，$\angle C = 90°$，当 $\angle A = 30°$ 时，$\angle A$ 的对边与斜边的比值是 $\dfrac{1}{2}$；当 $\angle A = 45°$ 时，$\angle A$ 的

[①] 史宁中，曹一鸣. 义务教育数学课程标准（2022 年版）解读 [M]. 北京：北京师范大学出版社，2022.

对边与斜边的比值是 $\frac{\sqrt{2}}{2}$。

（2）让学生对上述结论做一般化的猜想。

这是一个难点，需要先从上述结论中抽象出"$\angle A$ 确定时，$\angle A$ 的对边与斜边的比值是定值"，再得到一般化的猜想：在一个 Rt$\triangle ABC$ 中，$\angle C = 90°$，当 $\angle A$ 是任意锐角时，$\angle A$ 的对边与斜边的比值都是定值。

为什么研究，强调知识的逻辑关系，旨在提供给学生一个前后一致，逻辑连贯的数学知识体系；怎么研究，突出学习方法，意在提炼一般化的研究套路。

3. 三角形全等的判定（第 1 课时）

三角形全等的判定方法是《全等三角形》的重点内容，我们将第 1 课时确定为关键教学点，本课时的关键之处有两个：一是形成判定三角形全等条件的整体的探究思路，二是提炼出学习判定定理的一致性的路径。实际教学中，教师应引导学生逐次获得以下结论：（1）利用定义当然可以判定两个三角形全等，但三条边对应相等，三个角对应相等的条件太强了，可以弱化；（2）弱化条件，也就是在"三条边对应相等，三个角对应相等"中选择部分条件，简捷地判定两个三角形全等；（3）列出图 3 所示的探究思路；（4）根据探究思路写出所有的猜想命题；（5）可以用举反例的方法判定假命题，通过画图操作，验证真命题，并形成每个判定定理的探究路径（如图 4）。

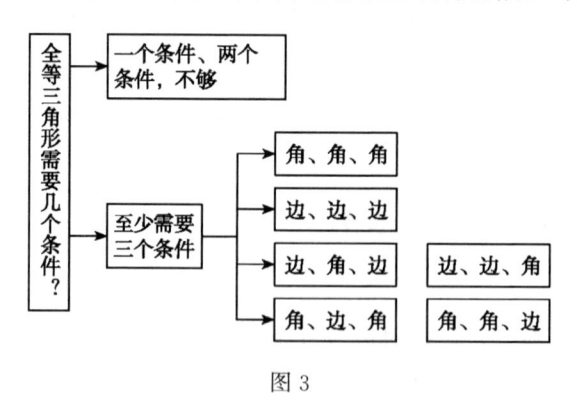

图 3

给出条件 → 画图操作 → 比较验证 → 获得结论 → 结论应用

图 4

诚然，先整体再局部，先总再分的学习，为学生呈现了结构化的"三角形全等的判定"；同时，三角形全等的判定的学习为三角形相似的判定的学习提供了类比的对象，学生在后续相似的学习时，可以参照三角形全等的判定定理，一次性地、整体地猜想出三角形相似的判定命题。

4. 等腰三角形（第 1 课时）

等腰三角形的很多性质都和它是轴对称图形有关，这是教材把等腰三角形的学习安排在《轴对称》一章中的一个重要原因。教材在"等腰三角形"中主要安排了等腰三角形的性质及其判定、等边三角形的性质及其判定和"在直角三角形中，如果一个锐角等于 30°，那么它所对的直角边等于斜边的一半"等三个内容的教学，其中第 1 课时研究等腰三角形的性质。在一般三角形的基础上用特殊化的视角分析、研究，得到"等边对等角"和"三线合一"是等腰三角形（第 1 课时）的关键所在。

教学"等腰三角形（第 1 课时）"，不妨提出以下几个活动任务，让学生开展数学探究学习：

任务 1　从一个一般三角形的纸片中，通过只剪一次的操作，得到一个等腰三角形。

驱动性问题：

(1) 你有几种操作方法？如何判断你所得到的三角形是等腰三角形？

(2) 你认为在"剪"的过程中，影响结果的关键步骤是什么？

任务 2　探究等腰三角形的性质。

驱动性问题：

(1) 对于"等腰三角形的性质"，具体要研究什么？你认为在以往几何图形性质的探究过程中的哪些经验可以借鉴？

(2) 等腰三角形的组成元素和相关元素有哪些？

子任务①：找出等腰三角形边与边的关系，并说明理由；

子任务②：找出等腰三角形角与角的关系，并说明理由；

子任务③：找出等腰三角形边与角的关系，并说明理由；

子任务④：对于等腰三角形其他相关元素（角平分线、中线、高等）的几何性质，你还有什么发现？写出你的结论，并证明。

驱动性问题：

在"剪"的过程中，等腰三角形的哪些元素重合？从数量关系和位置关系两个角度，你能得到关于等腰三角形性质的哪些猜想？

在学生完成等腰三角形的性质定理的探究和证明的基础上，可以布置学生课后以项目式学习的方式对等腰三角形的图形性质开展进一步探究：

项目式活动1：等腰三角形的图形性质探究。

驱动性问题：

（1）如果将相关元素"顶角平分线"改为"底角平分线"，你又有什么发现？写出你的结论，并证明。

（2）对于其他相关元素，从数量关系和位置关系两个角度，你能得到关于等腰三角形性质的哪些猜想？

（3）请同学们按照项目式学习的基本要求，分小组设计探究的计划，在一周内完成对等腰三角形的图形性质的探究，并提交研究报告。

若条件允许，还可以提供项目式活动2，鼓励学生从图形的特殊化出发，进一步研究等边三角形、直角三角形等几何图形的性质。

项目式活动2：探究等腰三角形进一步特殊化后的图形性质。

驱动性问题：

（1）你可以从哪些方面将等腰三角形进一步特殊化？

（2）如果要研究特殊化后的等腰三角形的性质，你打算如何研究？请你设计一个研究方案。

（3）对于特殊化后的等腰三角形，请你进一步研究它的基本元素和相关元素之间的关系，将你的研究结果按数学命题的形式书写，并在后续的学习中对你认为正确的命题进行证明，对你认为错误的命题给出反例。

这样的项目式学习的方式可以贯穿几何图形性质探究的始终，从等腰三角形的性质研究开始，从引导学生学会几何图形探究的一般策略和路径开始，走向引导学生主动发现、提出问题的自主探究学习。

5. 勾股定理（第 1 课时）

《勾股定理》安排"勾股定理"和"勾股定理的逆定理"两个主题内容，其中"勾股定理"又分为定理的探索与证明、定理应用两个具体教学内容。"勾股定理（第 1 课时）"的教学任务是探索并证明勾股定理，渗透数学思想方法是该课时教学的一个重要价值，在推导定理、练习巩固、课堂小结三个环节可着重用力：

（1）在推导定理的环节，先从等腰直角三角形入手，让学生观察、分析三边平方之间的数量关系，然后提出问题：其他的直角三角形是否也有同样的结论？该问题的思考和解决可指引学生猜想任意直角三角形三边之间的数量关系，渗透特殊与一般的思想。

（2）在练习巩固的环节，设计以下练习：设直角三角形的两直角边长分别为 a 和 b，斜边长为 c。①若 $a=5$，$b=12$，求 c；②若 $a=1$，$c=2$，求 b；③若 $b=15$，$c=25$，求 a。完成练习后，启发学生从方程思想的角度分析：$a^2+b^2=c^2$ 提供了 a，b，c 三个量之间的一个等量关系，进而抽象出"知 2 可求 1"的结论。

（3）在课堂小结环节，教师可以引导学生从内容和证明方法两个方面感悟勾股定理中蕴含的数形结合的数学思想：从内容看，勾股定理建立直角三角形三边之间的数量关系；从证明方法看，通过图形的拼接、组合，利用图形面积的等价关系证明定理，实现形与数的有机结合。

需要特别指出的是，数学思想是抽象的、无形的。因此，在实际教学中，教师应设计恰当的问题、适度的活动以及画龙点睛的语言，引导学生感悟思想。

第六节 "四边形"的关键教学点及其教学实施

一、四边形概述

四边形和三角形一样也是平面几何的基础图形之一，它在生活中十分常见，是解决实际问题的重要工具。首先，四边形是连接三角形和更复杂多边形之间的桥梁。在学习平面几何时，我们通常会从简单的图形开始，逐步扩展到更复杂的图形。四边形正好处于这个过渡阶段，它可以帮助我们理解多边形的一些基本性质和定理，为后续学习更复杂的多边形打下基础。其次，四边形具有许多重要的、独特的性质，这些性质能有效地解决一些实际问题。如"平行四边形的对角线互相平分"在计算面积、确定边长和角度等方面所发挥的作用，使得它在建筑、工程等领域有着广泛的应用。此外，四边形还是研究对称性和几何变换的重要对象。通过对四边形，尤其是特殊四边形的对称性和变换的研究，我们可以更深入地理解几何图形的性质和变化规律。

四边形的学习对于培养学生的空间观念和推理能力具有不可忽视的价值。学生在四边形的学习过程中，多次经历"合情推理—提出猜想—证明"的过程，对于这种数学研究的思路和方法，逐渐从体会上升至熟练运用，并内化形成自身能力。

二、"四边形"关键教学点实施

（一）教学分析

《课标（2022年）版》主要从图形的性质的角度研究四边形，内容涉及了解多边形及其组成元素、相关元素等概念，理解特殊四边形的概念，探究并证明特殊四边形的性质定理和判定定理，教材又将这些内容要求具体分解到《四边形》和《旋转》等章中。基于数学内容逻辑关系的视角，我们将"四边形"划分为四边形的再认识、平行四边形、特殊的平行四边形三个部分。

学生在小学阶段通过识别图形和概括关键特征两个阶段初步认识四边形，"多边形及其内角和"不仅明确给出四边形的有关概念（包括四边形的定义，顶点、边、内角、外角、对角线等要素），还介绍其基本性质（探索并掌握多边形内角和与外角和定理等），并将四边形的概念和基本性质推广到多边形，这是小学阶段四边形学习的延续和深入。这个部分的教学可以理解成是对四边形的再认识，这里的"再"突出了知识的系统性、结构性，体现了几何学习的逻辑性，渗透了图形研究方法的普适性。

"平行四边形"部分主要包括平行四边形的概念、性质及判定等内容的教学。教材对图形与几何部分内容的编排遵循先一般再特殊的形式。在相对完整地学习三角形后，安排四边形的有关内容，类比特殊三角形的研究路径，以概念的内在逻辑关系为依据，以"属＋种差"的定义方式，通过四边形的组成元素或组成元素关系的特殊化，以"概念—性质—判定—应用"的基本路径顺序学习平行四边形。对平行四边形的性质、判定方法的探索也为特殊平行四边形的研究提供了理论基础，即通过观察、类比、特殊化等方法探索其几何特性，并用逻辑推理对其进行论证。通过对平行四边形性质和判定定理的探索，可以让学生在实际应用中积累更多的经验，从而提高他们的逻辑思维和推理能力，使学生了解一般与特殊的关系，理解事物的辩证统一。

"特殊的平行四边形"部分对应《四边形》中矩形、菱形与正方形等内容。在特殊的平行四边形的学习中，学生进一步体会定义既可当作性质又可作为判定的双重性，明晰判定定理与性质定理之间的逻辑关系。在章节复习时，教师要特别关注两点：一是指导学生梳理本章所学知识，建立四边形知识结构图（图1）；二是通过对平行四边形以及特殊平行四边形的性质定理和判定定理的整理和归纳，帮助学生理解图形越特殊，性质越丰富、判定越复杂的道理。

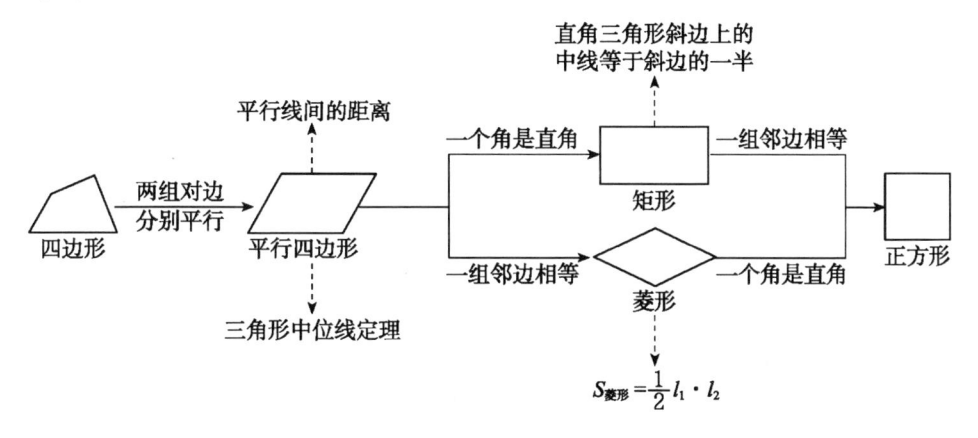

图 1 四边形知识结构图

（二）确定关键教学点

基于以上教学分析，我们确定"四边形"有以下 6 个关键教学点（如下表）。

关键教学点	确定的理由
多边形及其内角和（第1课时）	本节课通过合情推理得到多边形的内角和公式。学生第一次将四边形（或多边形）转化为三角形进行解决，渗透化归与转化思想，为后继学习平行四边形及多边形提供了方法的示范。
平行四边形的性质（第1课时）	本节课类比特殊三角形的研究思路和方法来探索平行四边形的性质，学生经历图形的分析与比较，几何命题发现、证明、表述等过程，增强推理能力。为后继特殊的平行四边形乃至其他基本几何图形的研究提供类比、迁移的范式。
平行四边形的判定（第1课时）	学生在掌握了判定定理的学法结构的基础上，再次经历用判定（性质）研究性质（判定）的过程，对后续几何图形及其性质的研究具有指导意义。
三角形的中位线	本课时通过构造平行四边形证明三角形中位线定理，这与将多边形转化为三角形进行研究在思想和方法上形成互补，促进学生对几何图形的局部和整体的关联性的理解。
矩形的性质	学生类比"平行四边形"的研究方法，继续对几何对象特殊化，进行"矩形"性质的探索，为自主地学习"菱形、正方形"提供示范，形成探索一类特殊几何图形性质的一般方法。
平行四边形章小结课	对平行四边形整章内容及学习方法进行系统整理与归纳，掌握研究一类几何图形的基本方法，形成平面几何学习的基本框架，为后续曲线型的学习提供借鉴。

三、"四边形"的关键教学点的教学建议

（一）实施建议

1. 注重类比学习，鼓励自主探究

学生在学习三角形及特殊三角形的过程中所积累的经验，对进一步探究四边形具有极大的帮助。平行四边形无论在研究内容、研究过程还是研究方法上，都与特殊三角形存在着很高的相似度，这可以方便学生运用已有的知

识储备和工具来研究平行四边形。教学中，教师要注重引导学生运用类比的方法研究平行四边形，指导学生整体建构平行四边形的研究框架，让学生在经历"概念—性质—判定—应用"的学习过程中体会一般与特殊、化归与转化以及分类与整合的数学思想。有了平行四边形的学习经验，在实施矩形、菱形与正方形的教学时，教师可以根据实际情况，设置恰当的问题鼓励学生自主探究。学生不断通过类比推进学习，逐步形成"四边形—平行四边形—矩形（菱形）—正方形"的完整知识体系，在这个过程中，学生的探究发现能力、自主学习能力得到较大程度的培养，其数学学科素养也将得到发展。

2. 加强合情推理与演绎推理的训练，提高推理论证能力

在数学学习过程中，合情推理和演绎推理是两种重要的推理方式。合情推理是基于已有的观察、实验或实例，得出某种规律或结论；而演绎推理则是从已知的前提出发，通过逻辑推理，得出必然的结论。这两种推理相辅相成，在数学研究中具有同等重要的地位。

平行四边形的学习是培养推理论证能力的关键时机。"多边形及其内角和（第1课时）"和"平行四边形的判定（第1课时）"的教学，都采用了先合情推理再演绎推理的形式，所不同的是，前者立足于特殊和一般的思想，将特殊四边形的结论推广到任意四边形中，后者是从性质定理和判定定理之间可能存在可逆性的角度出发，猜想判定命题，再实施验证；而"平行四边形的判定（第1课时）""矩形的性质"以及"三角形的中位线"等三节课均突出了演绎推理在几何学习中的价值。丰富的命题是四边形的学习的一个重要内容，而命题的发现和证明的过程无疑又是锻炼思维、提升推理能力的重要途径。

（二）实施要点

1. 多边形及其内角和（第1课时）

本节课是在学生学习了三角形内角和定理之后，对任意四边形的内角和进行探索，并进一步将三角形、四边形的角的性质一般化，推广到 n 边形，探索 n 边形的内角和，将多边形的问题转化为三角形的问题，是几何研究的一个重要思路，而本课时是学生在初中几何学习中首次运用该思路解决问题。教师应该着重引导学生进行类比转化和归纳，完成"用对角线将多边形问题转化为三角形问题"这一核心思路。故多边形转化为三角形来解决问题是本节课的教学关键,体现了转化的数学思想,具有启发性,对后续全等三角形、特殊四边形的探究式学习奠定方法论基础。为此需要设计以下问题串来突破关键点。

问题1 任意一个三角形的内角和都等于180°,那么任意一个四边形的内角和是否也是一个固定值?

若学生不能够得到结论,预设追问:我们先将问题特殊化,看看正方形、长方形的内角和分别是多少度?你们有什么发现?能否对任意四边形的内角和提出猜想?

问题2 你能证明这一猜想吗?

若学生出现证明困难,教师可以引导学生从三角形的内角和定理出发,证明四边形的内角和等于360°。

问题3 五边形的内角和是多少度?你怎么得到的?

问题4 总结一下四边形和五边形内角和的研究方法,它们有什么共同点?

问题5 四边形可以分割成两个三角形,五边形可以分割成三个三角形,那么,n边形可以分割成几个三角形,得到内角和是多少度?

若学生出现猜想困难,教师需引导学生把多边形分割成三角形,转化为三角形内角和问题,并用列表方式(如下表)逐步归纳得到多边形内角和公式。

多边形边数	过一个顶点的对角线条数	分割成的三角形个数	内角和
3	0	1	180°
4	1	2	2×180°
5	2	3	3×180°
6	3	4	4×180°
…	…	…	…
n	$n-3$	$n-2$	$(n-2)×180°$

通过有层级的问题串指引,学生经历特例观察、合情猜想和逻辑证明三个环节的学习过程,在这个过程中,学生将学会如何将多边形的问题转化为

三角形的问题，体会化归与转化思想方法，同时提升他们的合情推理和演绎推理的能力。

2. 平行四边形的性质（第 1 课时）

探索并证明平行四边形的性质定理，是推理能力形成与发展的一个关键节点。在解决这个问题的过程中，教师可以引导学生从图形性质研究的一般路径出发，类比等腰三角形和直角三角形的性质的研究思路和方法。教学中应引导学生通过分析平行四边形组成元素（边、角、对角线）的位置关系和数量关系，猜想出平行四边形的性质命题，再从演绎推理的角度对猜想进行证明，最终得到性质定理。这样的研究经验，不仅有助于学生更好地理解平行四边形的性质，还可以为进一步研究特殊平行四边形积累经验。教学本课时，我们不妨提出以下问题。

问题 1　根据定义画一个平行四边形，通过观察，你发现平行四边形有什么性质呢？

问题 2　说说你是如何得到这些性质，有借鉴哪些学习经验？

问题 1 和 2 的设计指向"图形性质研究什么"和"图形性质怎么研究"两个问题。在这里，教师要引导学生调动已有的学习经历，使学生明确平行四边形性质的探究方向。学生可调用等腰三角形（或直角三角形）的学习经验，几何图形性质主要是从数量关系、位置关系的角度研究图形的组成元素和相关元素。

问题 3　请用数学语言描述你的猜想。

问题 4　你的猜想是否正确？如果正确，请给予证明；如果错误，请举出反例。

证明平行四边形的性质时，教师可引导学生回顾四边形的内角和的已有研究经验（在处理与四边形相关的问题时，当不能直接运用四边形的性质来解决时，我们采用了一种有效的方法——通过作对角线将四边形问题转化为三角形问题来解决），通过迁移，学生联想到添加辅助线构造三角形，将四边形转化为三角形来解决。这种学习方式不仅帮助我们解决了平行四边形的证明难点，更为后续深入学习矩形和菱形的性质打下了坚实的基础。

3. 平行四边形的判定（第 1 课时）

本课前学生已经学习了平行四边形的定义和性质，并且对命题与逆命题、定理与逆定理已经有了初步的认识与理解，所以平行四边形判定的学习不能只是在实验操作中发现，而要培养学生有意识地从性质定理的逆命题出发猜想平行四边形的判定命题，再次经历用判定（性质）研究性质（判定）的过程，为后续的矩形、菱形和正方形的判定学习开启了有"类"有"向"的范式，对推理能力形成与发展有重大意义。为此需要设计以下问题情境来突破关键点。

情境 通过前面的学习，我们已经对平行四边形有了一些了解，请大家画一个平行四边形。

问题 简单叙述你的画法，说明依据。

一方面，学生在操作过程中可能发现不同于定义的判断平行四边形的方法；另一方面，叙述画法、说明依据，可以帮学生明确现状（到目前为止，判断一个四边形是平行四边形的依据只有定义），为回忆类似经验进而提出猜想埋下伏笔。

预设追问 1：除了平行四边形的定义外，是否还有其他的判定方法？

如果学生在研究平行四边形的判定时存在困难，教师可指引学生回忆研究图形判定的一般方法，得出猜想。

预设追问 2：大家还记得等腰三角形的性质定理与判定定理（或勾股定理及其逆定理）之间的关系吗？它们条件与结论有什么关系？类比前面的学习，请对平行四边形的判定提出猜想。

此时教师顺势呈现下表，并给学生提供时间进行充分的思考、交流，完善表格内容。

平行四边形的性质	平行四边形的判定
平行四边形的对边相等	猜想 1：
平行四边形的对角相等	猜想 2：
平行四边形的对角线互相平分	猜想 3：

教学时，教师还可根据实际情况，对部分或全部的猜想命题进行验证。需要注意的是，这里的证明属于文字命题证明，证明有一定难度，但意义不

容忽视，证明过程的规范（根据文字描述画出示意图，写出已知和求证）也应引起教师的重视。

上述所展示的教学片段，其意义在于判定方法的掌握和推理能力的深化锻炼，实现知识与方法的二次"全面整合"，从而为后续矩形、菱形、正方形等几何图形的判定学习奠定坚实基础。

4. 三角形的中位线

本课时中三角形中位线定理的证明可以添加辅助线，构造平行四边形，利用平行四边形的知识予以证明，为理解和应用平行性来解决问题提供示范，同时提高了学生对图形直观的理解与认识。虽然学生已经有一些添加辅助线构造全等三角形的经验（如：定理"含 30°角的直角三角形中，30°角所对的直角边是斜边的一半"的证明），但是这里需要将三角形、平行四边形的知识综合运用，学生常常束手无策。为此需要设计以下问题串来突破关键点。

情境　如图 2，在 △ABC 中，D，E 分别是边 AB，AC 的中点，连接 DE。像 DE 这样，连接三角形两边中点的线段叫做三角形的中位线。

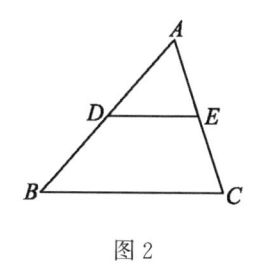

图 2

问题 1　图 3 中的 DE 与 BC 之间有什么位置关系和数量关系？

通过观察、操作，学生易得"$DE//BC$，且 $DE=\frac{1}{2}BC$"。

根据教学经验，对于该猜想学生难以完成证明，需要教师合理引导学生通过分析猜想的条件与结论的联系，条件或结论与已学知识的联系等，探寻证明思路。

问题 2　我们在研究平行四边形时，经常采用把平行四边形转化为三角形的问题，那么能否反过来，用平行四边形的相关知识研究三角形呢？

教师可从已知和求证相结合的角度分析，帮助学生回顾、提取已有学习经验（判断两直线平行，可以用平行线的判定，也可以用平行四边形性质；证明一条线段等于另一条线段的一半，常常需要构造全等三角形来延长一倍或截取一半），启发学生构造全等三角形和平行四边形的方案进行证明。

通过精心设计铺垫帮助学生自己找到辅助线的添加方法，可让学生注意所证明的结论既有平行关系，又有倍分关系，联想已学过的知识，可添加辅助线构造平行四边形来证明。

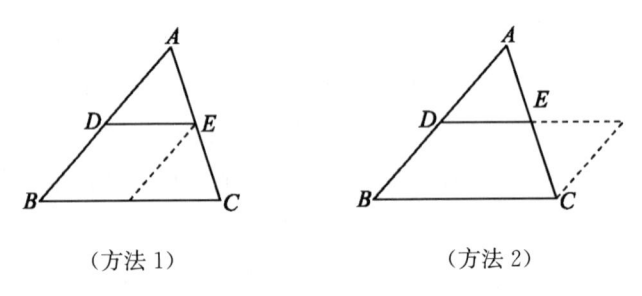

（方法1） （方法2）

图3

学生在独立思考的基础上分小组讨论，得到添加辅助线的方法如图3，学生发现方法1无法实施，而方法2可行，学生经历从失败到成功的过程，体会到数学问题的解决过程伴随着挫折，需要持之以恒地理性思考。

5．矩形的性质

学生在小学阶段用操作、发现的方法研究过矩形，本课时是在已有"平行四边形"的研究经验基础上，对平行四边形的组成元素（内角）进一步特殊化得到矩形，并基于这种特殊化背景下，探究在原有的平行四边形性质的基础上，增加了哪些新的图形性质，这对学生来说有一定困难。迁移"平行四边形"得到"矩形"的研究内容和方法，学生需在教师的引导下，逐步地建构"矩形"研究内容和方法，通过矩形性质的学习，形成针对一类特殊几何图形研究的一般方法，为后续自主学习菱形、正方形提供方法和策略示范。为此需要设计以下问题串来突破关键点。

问题1 研究几何图形时，我们常常需要研究特殊的情况，例如，前面我们研究了特殊的四边形——平行四边形。那么能否继续把平行四边形特殊化？如果能，说出你是怎样特殊化而得到的。

若学生研究平行四边形的特殊化出现观察角度的不清晰，教师需引导学生发现，可以从平行四边形的组成要素边或角的角度考虑，得出可以添加一个角是直角或一组邻边相等的条件。

让一个学生上台动手演示变化过程，利用四边形的不稳定性，改变平行四边形一个内角的大小，当该角为直角时停住，其他同学认真观察。

问题 2　这是一种特殊的平行四边形，你能给它下定义吗？

问题 3　作为特殊的平行四边形，矩形具有平行四边形所有的性质。此外，矩形还有哪些一般平行四边形没有的特殊性质呢？

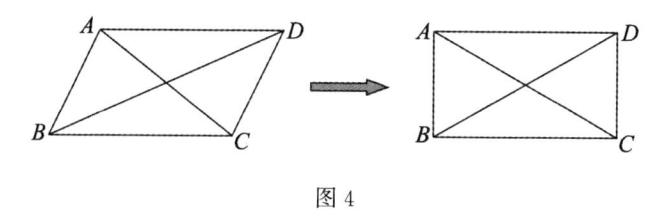

图 4

如果学生不能够得到结论，教师引导学生类比平行四边形性质的探究过程，对于矩形，仍然从它的边、角和对角线等方面进行研究。

预设追问：

（1）矩形的边是否有不同于一般平行四边形的特殊性质？

（2）矩形的角是否有不同于一般平行四边形的特殊性质？

（3）矩形的对角线是否有不同于一般平行四边形的特殊性质？

问题 4　请分别证明这些猜想。

问题 5　你能从轴对称的角度分析矩形的性质吗？请用数学语言描述你的发现，并用轴对称性质解析矩形性质。

上述五个核心问题，以平行四边形的学习为起点，深入探讨矩形与平行四边形之间的共性与差异，并着重理解特殊化过程对构成元素间关系的影响。通过归纳整理，学生形成对特殊几何图形研究的一般路径和方法的清晰认识，达成知识的结构化、系统化，为后续学习菱形、正方形等图形提供有效思路。这一学习意在培养分析归纳等推理能力和自主学习能力，为后续学习奠定扎实基础。

6. 平行四边形章小结课

三角形的相关概念和性质零散地分布在教材的各个章节，缺乏一个系统性的研究路径和策略总结，平行四边形和特殊平行四边形定理在教材中呈现出一致性的特点，使得四边形的学习相对三角形更加系统，并能在其中逐步发展演绎推理能力。在学习完四边形内容之后，应注意引导学生将零散的知识点串联起来，设计"构建系统的认知框架"的平行四边形复习小结课，为后续曲线型（如圆等）的学习提供借鉴。为此需要设计以下核心问题来突破关键点。

问题1　本章研究了哪些平行四边形，请你画图表示这些平行四边形之间的关系。

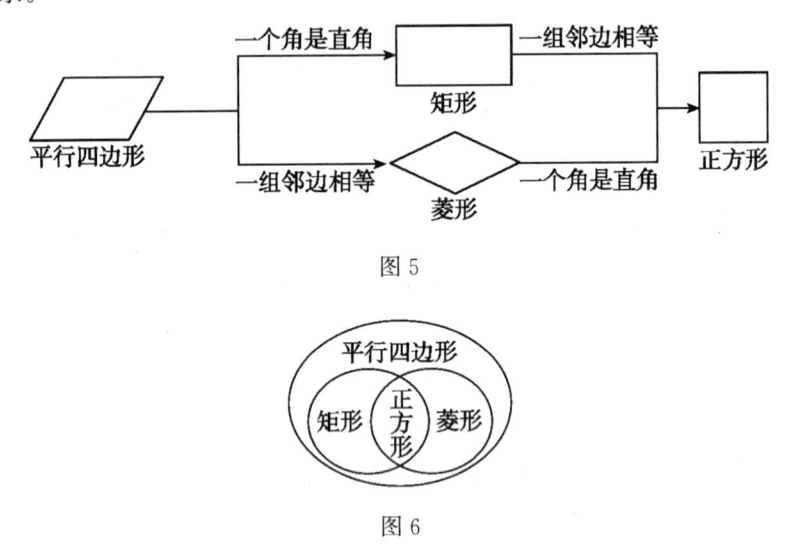

图5

图6

问题2　在平行四边形和特殊平行四边形的研究中，它们各自的研究内容、研究步骤、研究方法有什么共同点？请列表比较说明。

	研究内容	研究步骤	研究方法
平行四边形	边、角、对角线的特征	下定义—探性质—研判定	观察、猜想、证明；把四边形转化为三角形；从性质定理的逆命题讨论中研究判定定理。

续表

	研究内容	研究步骤	研究方法
矩形	边、角、对角线的特征	下定义—探性质—研判定	观察、猜想、证明；把矩形转化为（直角或等腰）三角形；从性质定理的逆命题讨论中研究判定定理。
菱形	边、角、对角线的特征	下定义—探性质—研判定	观察、猜想、证明；把菱形转化为（直角或等腰）三角形；从性质定理的逆命题讨论中研究判定定理。
正方形	边、角、对角线的特征	下定义—探性质—研判定	观察、猜想、证明；通过分析正方形与矩形、菱形的关系来得到性质和判定。

归纳出本章的研究内容为：各种平行四边形的边、角、对角线的特征。

研究步骤为：下定义—探性质—研判定。

研究的方法为：观察、猜想、证明；把四边形转化为三角形；从性质定理的逆命题讨论中研究判定定理；类比；特殊化。

通过各种平行四边形的研究内容、研究步骤和研究方法的回顾，归纳出几何问题研究的一般步骤和方法。

回顾本章所遵循的研究顺序："平行四边形—矩形—菱形—正方形"，以及"一般到特殊"的研究思路，通过师生与生生的互动交流，帮助学生全面、深入地理解各类型平行四边形之间的相互关联和内在逻辑。学生在学习过程中，可以从两个维度去理解这些概念：（1）概念内涵关系，即各类型平行四边形在定义、性质等方面的内在联系；（2）概念外延关系，即各类型平行四边形在实际应用中的拓展和延伸。在教学过程中，我们发现仍有部分学生在尝试用语言表达这些关系时存在不完整、不准确的问题。为此，需适时进行引导，采用图表等直观工具，帮助学生更清晰地梳理和理解各种平行四边形之间的关系，形成一个完整、清晰的知识结构。这一过程的重要性不仅在于帮助学生更系统地掌握当前的学习内容，更为他们后续学习其他图形知识，如圆等，打下坚实的基础。

第七节 "圆"的关键教学点及其教学实施

一、圆概述

圆在平面几何中不仅是一个基础而重要的图形,也是一个富有深度和广度的研究领域。它的独特性质、与其他图形的关联以及在实际应用中的广泛性,都使得圆成为平面几何不可或缺的一部分。

首先,圆是一种完美闭合的曲线,它所具有的很多独特的性质,在平面几何中发挥着重要的作用,圆的研究推动了人们对平面几何的深入理解。其次,圆与三角形、四边形等直线型图形的关联紧密,这些关联不仅丰富了平面几何的内容,也为我们解决几何问题提供了更多的思路和方法。再次,圆在日常生活和实际应用中也有着广泛的应用,从建筑、工程到物理等领域,圆都发挥着重要的作用。例如,在建筑设计中,圆常常被用来构建美观且稳定的结构;在物理学中,圆周运动是基本的运动形式之一。

圆的学习,不仅有助于提高学生的数学技能,还有助于培养他们的推理能力和几何直观;在圆的学习的过程中,学生将涉及较为丰富的实践活动,这些活动对于提升他们的动手能力和实践能力以及培养他们的审美素养、创新思维有积极的意义。

二、"圆"的关键教学点的确定

(一) 教学分析

教材将圆的教学内容独立成章,并从圆的特征、圆的性质、圆与其他几何图形、圆的相关计算等四个方面展开,其知识结构图如图1所示。

圆的特征,主要介绍圆的概念以及半径、弦、弧等与圆有关的要素。我们从生活中的实例出发,找到各种各样的圆形物体,如盘子、轮子、硬币等。观察这些物体,一方面可以抽象出圆的概念,另一方面,利用几何直观,体会圆的"大小"与半径有关,再由此延伸出弦、弧等概念。

圆是一个具有特殊对称性的图形，它同时具有轴对称性和旋转对称性，圆的很多性质也正源于其对称性。因此，教材从轴对称的角度研究垂径定理及其推论，从旋转对称的角度研究弧、弦、圆心角、圆周角之间的关系。

教材立足于位置关系，按照从定性分析到定量研究的顺序研究圆与其他几何图形，这里的几何图形主要包括点、直线以及正多边形等。如点与圆的位置关系，先分为点在圆外、点在圆上和点在圆内三种，接着用点和圆心的距离（d）与半径（r）之间的数量关系对三种位置关系进行定性刻画，最后再重点研究 $d=r$ 的情形；类比点与圆的位置关系研究直线与圆的位置关系，并重点研究直线与圆相切的情形。

图形的度量是几何图形研究的一个重要方面。学生在小学阶段已经学习了圆的周长和面积，因此初中阶段的圆的度量主要研究弧长和扇形面积的计算。

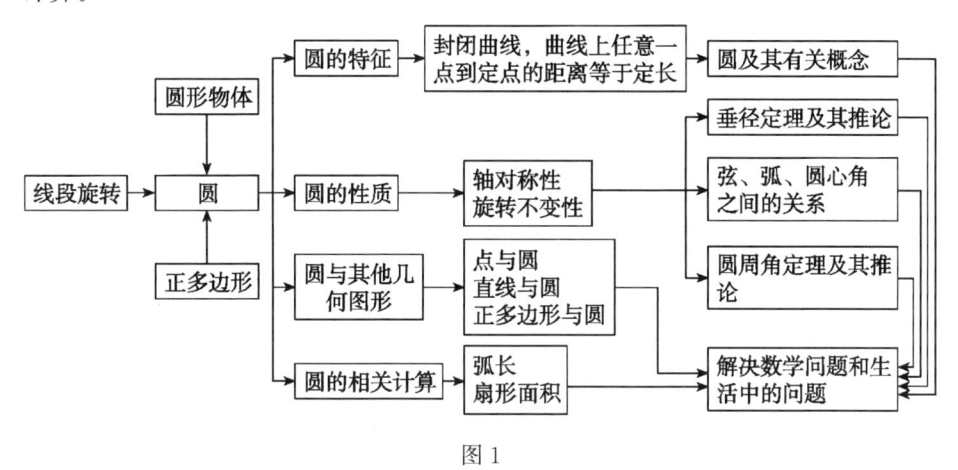

图1

（二）确定关键教学点

圆的学习更多的是运用所学过的知识、经验解决新情境下问题，发展能力。在圆的相关内容的学习中我们认为圆的概念、对称性、证明特殊性、研究方法是在教学过程中需要予以关注的点，为了学好这些知识，确定如下关键教学点。

关键教学点	确定的理由
圆	圆是学生第一次接触的特殊的曲线图形；其中从集合的角度对圆进行定义，为高中的解析几何做准备。
垂直于弦的直径	垂径定理及其推论是圆的轴对称性的具体化，是解决与圆有关的几何问题的重要工具，有助于加深对圆的几何特性的认识。
弧、弦、圆心角	弧、弦和圆心角之间的关系是圆的旋转对称性的具体化，是解决与圆有关的几何问题的重要工具，有助于加深对圆的几何特性的认识。
圆周角	圆周角定理的证明过程需要对图形的位置关系进行分类，先从最简单的情况——角的一边经过圆心入手，再将其他的一般问题转化为最简单的情况来解决，这在初中几何定理的证明中比较少见[1]，是提升逻辑思维能力的重要契机。
点和圆的位置关系（第1课时）	从几何特征和代数特征两个视角研究点与圆的位置关系，渗透了数形结合思想，为后续研究直线与圆、圆与圆的位置关系提供方法示范。

三、"圆"的关键教学点的教学实施

（一）实施建议

1. 运用数形结合渐进性突破关键教学点

圆的关键教学点内容非常适合使用数形结合的方法进行教学。数形结合是一种非常重要的数学思想方法，通过将数与形相结合，可以更直观地理解数学概念和性质，从而提高学生的解题能力和思维能力。在圆的教学中，数形结合的应用主要体现在以下几个方面：

在"圆"这节课中，通过数形结合，向学生直观地展示圆的性质，如圆心到圆上任一点的距离都相等，即半径的长度是固定的；在"弧、弦、圆心

---

[1] 史宁中，曹一鸣. 义务教育数学课程标准（2022年版）解读[M]. 北京：北京师范大学出版社，2022：186.

角"这节课中，数形结合同样能深刻地揭示弧、弦、圆心角、圆周角之间的内在联系；在"点和圆的位置关系（第1课时）"中，用数量关系刻画位置关系，更实现了数与形的有机结合。

2. 运用类比思维拓展性突破关键教学点

类比是一种强大的思维工具，它能够揭示看似不相关的问题之间的内在联系。因此，在日常教学中，教师应鼓励学生运用类比的方法，将新学的知识与已有的知识结构、学习方法和探究路径进行关联。通过这样做，学生不仅能够发现新旧知识之间的联系与区别，还能横向拓宽自己的知识结构，纵向深化对知识的理解[①]。

在教学中，我们需要注重引导学生发现各种性质和定理之间的联系和共通性。在"圆周角"这节课中，教师可以引导学生通过类比圆心角的概念来学习圆周角的概念，这不仅可以帮助学生更好地理解这两个概念，还可以让他们发现同弧所对的圆周角与圆心角之间的关系。"点和圆的位置关系（第1课时）"的学习为后续直线和圆以及圆和圆的位置关系的研究提供类比的对象。

（二）实施要点

1. 圆

圆是学生第一次接触的曲线型图形，特别的，教材提供了圆的静态和动态两种定义。因此教学本课时，需要特别关注的是对圆的概念的抽象，以及两种定义的描述。众所周知，概念教学重在概念的形成过程，圆的产生过程有多种方式，选择哪种方式切入需要考虑学生的认知规律、几何发展规律以及教学内容的特点。我们分析圆的三种基本产生方式的优缺点：

借助现实中的圆形物体抽象得出圆，这种方式有利于学生感受圆的现实情境，理解其必要性。但缺点是可能导致学生混淆"生活中的圆"和"数学中的圆"，且不能很好地反映圆的数量特征。

借助画图工具得出圆，使学生通过动手操作获得直接经验，有利于理解

[①] 王国芳，钟世瑾. 初中生数学抽象能力的发展现状及对策研究[J]. 初中数学教与学，2022（9）：56-58.

圆的几何特征（由线段旋转而成的封闭图形，到定点的距离等于定长的点都在同一个圆上）和数量特征（圆上各点到定点的距离都等于定长），有利于学生理解圆的本质特征，为从集合角度对圆进行定义做铺垫，为后续高中解析几何理解圆的方程做准备，但缺点是缺少与现实生活的沟通。

借助正多边形（边数无限增加）演绎得出圆，这种方式耗时较少，但同样不能反映圆的数量特征，且缺少与现实生活的沟通。

综合考虑这三种切入方式的优缺点，我们选择如下设计：

问题1 用圆规或绳子画若干个圆，根据画图过程并观察这些圆，你认为确定一个圆需要哪些元素？它们分别有什么作用？

在学生小学阶段已经学会用圆规画圆的学情下，引导他们在画圆的操作中感悟圆的元素是由圆心和半径构成的，其中圆心起到定点的作用，半径起到定长的作用。

问题2 这些圆有什么共同的几何特征（形状）和数量特征？

通过这个问题启发学生关注到圆是一条封闭的曲线，这条曲线上的点到圆心的距离相等，都等于半径，为圆的定义作准备。

问题3 我们借助三角形的组成元素（边）对三角形下定义，得到：三角形是由不在同一直线上的三条线段首尾顺次联结所组成的图形。请你类比三角形的定义方式尝试给圆下一个定义。

学生可能会回答圆是由无数条边构成的封闭图形，此时追问：为什么圆有无数条边？学生回答：因为圆是曲线。至此，学生自我纠正为：圆是由一条曲线构成的封闭图形。教师可再次追问：这条曲线是如何来的？学生能意识到圆是由固定线段（半径）绕着固定点（圆心）转动（旋转）而来的。需要注意的是教师在学生给出定义的基础上，引导他们从中挖掘出与定义有关的关键词：定点、定长、集合、线段、点、旋转。给足时间，经学生充分讨论后方能用严谨的语言对圆进行两种定义的表述。

问题4 请你举出一些含有圆的生活实例。

在学生对圆的定义有了清晰的理解之后，学生能自觉地从现实世界中选择出符合图形的几何特征和代数特征的具体实物，发展学生用数学的眼光观察现实世界的能力。

综上，这样的切入结合了上述两种方式的优点，既能反映圆的形状特征和数量特征，还能展示圆在现实生活中的广泛应用。

2. 垂直于弦的直径

垂径定理及其推论是圆的轴对称性的具体化，是解决与圆有关的几何问题的重要工具，有助于加深对圆的几何特性的认识。

本节课的教学内容旨在通过研究圆的轴对称性得到垂径定理，体现圆的重要性质。教学时可以让学生拿出事先准备好的圆形纸片，沿着圆的任意一条直径对折，反复做几次，引导学生自主发现圆是轴对称图形，任何一条直径所在的直线都是它的对称轴。

对圆的轴对称性的证明是本课时的难点，具体解决时需要在圆上任意取一点，证明它关于对称轴（直径所在的直线）的对称点也在这个圆上（这也是证明一个图形是轴对称图形的常用方法）。通过证明圆是轴对称图形，揭示垂径定理以弦定轴的本质特征。教学时可做如下设计：

问题1　轴对称图形的定义是什么？

问题2　请你根据轴对称图形的定义，证明圆 O 是轴对称图形。

方法1　如图2，圆上任意取一个异于直径两端点的点 A，作直径的垂线交圆于另一点 B，证明这两点到直径 CD 的距离相等。

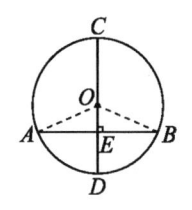

图2

方法2　如图2圆上任意取一个异于直径两端点的点 A，作直径的对称点 B，证明点 B 也在圆上。

问题3　请你在自制的圆形图片上画出弦 AB，并找出弦 AB 和圆的共同对称轴。

问题4　根据圆的对称性，请你找出圆形图片中相等的量，并尝试用文字语言和符号语言将它们互相依存的条件与结论表述出来并予以证明。

垂径定理的应用是这课时的重点，可以通过学生的自主类比与归纳，明确垂径定理的核心内容，即一个基本图形——直角三角形。在理解和应用垂径定理时，需要特别注意两条辅助线的使用：连接半径、作出弦心距。这些辅助线有助于我们更好地理解和应用垂径定理，解决相关问题。

教学时可以通过生活中的实例（如，求赵州桥主桥拱的半径），让学生学会用数学的思维思考现实世界，还可以利用教材中的案例或习题，加深学生对圆的几何特性的认识。如提供问题：圆 O 的半径为 13 cm，AB，CD 是圆 O 的两条弦，$AB/\!/CD$，$AB=24$ cm，$CD=10$ cm，求 AB 和 CD 之间的距离。解答此题除了需要考虑弦 AB，CD 是在圆心的同侧还是异侧，还需要运用数形结合的方法在圆的半径、弦心距、弦的一半中选择正确的线段，构造出直角三角形，结合勾股定理，求出所需的答案。

3. 弧、弦、圆心角

弧、弦和圆心角之间的关系是圆的旋转对称性的具体化，是解决与圆有关的几何问题的重要工具，有助于加深对圆的几何特性的认识。

本课时的内容是基于圆的旋转对称性，深入探讨弧、弦与圆心角之间的内在关联。学生在学习后，不仅能够深刻理解圆的旋转对称性，还能全面掌握圆心角的基本概念，以及弧、弦、圆心角之间的关联。更重要的是，学生能够灵活运用这些关系来解决各种证明和计算问题，进一步提升数学应用能力。

圆的旋转不变性是难点，学生在探讨圆心角、弧、弦之间的相等关系时可能感到困难。因此教学本课时，教师可以在导入、定理探究和定理推导三个环节重点用力。

在导入环节，教师可以让学生动手操作旋转圆和矩形，引导他们从直观上体会圆的旋转不变性及中心对称性。

教师在给出圆心角的概念后，让学生探究圆心角、弧、弦之间的相等关系，此环节可做如下设计：

问题 如图 3，若 $\angle AOB = \angle A'OB'$ 时，将圆心角 $\angle AOB$ 绕圆心 O 旋转到 $\angle A'OB'$ 的位置，你能发现哪些等量关系，为什么？

在定理探究环节，教师可以借助信息技术工具，让学生在动画演示的过程中，在旋转变化的过程中，发现不变量。

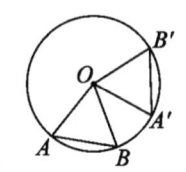

图 3

在定理推导环节，根据以往的教学经验，学生易受思维定势的影响，想借用"三角形全等"的判定方法来证明弧相等。教师应引导学生通过分析弧与线段的区别，否定错误的想法，并进一步帮助学生分析现有的认知，得出证明弧相等的两条路径：一是根据等弧定义，证明弧重合；二是利用垂径定理。

通过分析，利用定义证明较妥。证明过程实质采用的是叠合法：根据旋转的性质，若$\angle AOB = \angle A'OB'$时，将圆心角$\angle AOB$绕圆心$O$旋转到$\angle A'OB'$的位置，当射线$OA$与$OA'$重合时，则$OB$与$OB'$重合。由于半径相等，$OA=OA'$，$OB=OB'$，因此，点$A$与$A'$重合，点$B$与$B'$重合。所以$\overset{\frown}{AB}$与$\overset{\frown}{A'B'}$重合（圆的旋转对称性），$AB$与$A'B'$重合（两点确定一直线），即$\overset{\frown}{AB}=\overset{\frown}{A'B'}$，$AB=A'B'$。

4. 圆周角

圆周角定理的证明过程需要对图形的位置关系进行分类，先从最简单的情况——角的一边经过圆心入手，再将其他的一般问题转化为最简单的情况来解决，这在初中几何定理的证明中比较少见，是提升推理能力的重要契机。为了让学生自然发现圆周角与圆心位置关系只有三种情况，在教学过程中需强调直观、突出分类、重视归纳。可做设计如下：

任务1 请你使用圆规和纸板制作一个可移动的圆周角，观察当圆周角的大小和位置变化时，圆心与圆周角的位置关系如何变化？

通过直观演示，学生可以更直观地理解圆周角与圆心位置关系的三种情况：圆心在角的一边上；圆心在角的内部；圆心在角的外部。通过运动、变化的设计使得圆周角在学生眼中是自由的、运动的、变化的，以此破解分三种情况证明圆周角定理这个教学难点。

任务2 请你在刚才制作的圆周角的纸板上尝试标出圆心的位置，并观察圆心与圆周角的位置关系，不断改变圆周角的大小，再次标出圆心的位置，继续观察圆心与圆周角的位置关系。你能有哪些发现？

若学生不能抓住分类标准，可以追问：请你根据刚才所探究出来的圆心与圆周角的位置关系进行分类。

通过学生动手操作，自主探究圆周角与圆心位置关系的变化规律，直观感知圆心与圆周角的位置关系只有三种情况。再次破解分三种情况证明圆周角定理这个教学难点。

问题1 对同一段弧而言，在不断转动圆周角的变化过程中，有什么量是不变的？

学生在观察圆周角与圆心位置关系的运动变化的过程中，自然能感知到圆周角是变化的，圆心角是不变的。

任务3 在你们划分的几种情况中，哪种情况比较特殊？图中的圆心角与圆周角之间存在着怎样的数量关系？请说明理由。在对其他情况探究之后，你有什么发现？

这样的设计会让学生自觉尝试划分圆心角，将其转化为最简单的情况——角的一边经过圆心入手，从而得到等腰三角形，利用三角形外角等于与它不相邻的两个内角和，使得问题得以解决，如图4，5，6所示。

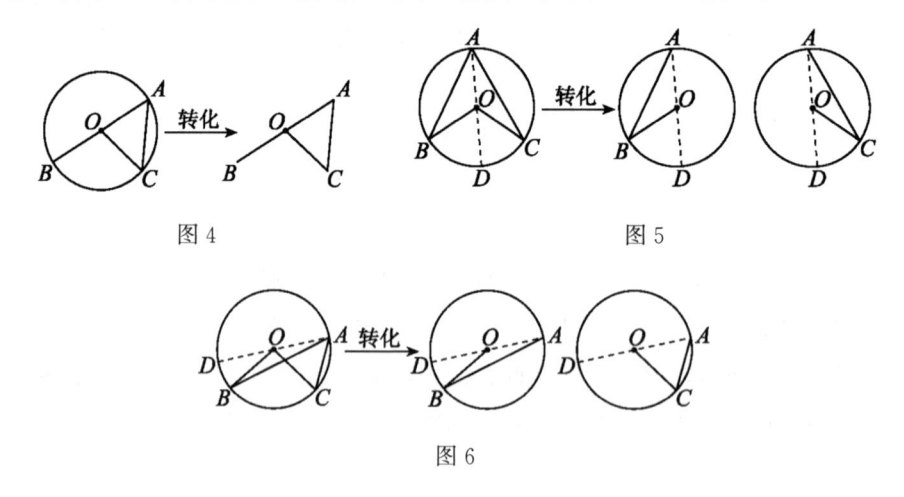

图 4

图 5

图 6

问题2 请对刚才所探究的过程进行归纳总结。

设计意图：在学生对圆周角与圆心位置关系有了一定了解后，教师引导学生对所学知识进行归纳总结。通过归纳总结，学生可以更加清晰地理解圆周角与圆心位置关系的三种情况，并对这一知识点形成理解性的记忆。

5. 点和圆的位置关系

从几何特征和代数特征两个视角研究点与圆的位置关系，渗透了数形结合思想，为后续研究直线与圆、圆与圆的位置关系提供方法示范。

类比点和直线的位置关系以及平面内两条直线的位置关系的研究，明确平面内点和圆的位置关系可以按照先定性再定量的思路进行研究：

采用定性方法，将圆分平面上的点进行分类，教师可以提出问题：圆将平面内的点分为几类？它们与圆有怎样的位置关系？

设置该问题，旨在引导学生将平面上的点划分为三个部分，每部分与圆的关系呈现出较为鲜明的特征，帮助学生直观地理解点与圆之间的空间关系，为后续的数量化分析奠定基础。

"用什么量的数量（关系）来刻画点与圆的位置关系？"是教学的难点。为了有效地突破该难点，教师可以先让学生分析、思考在平面上确定一个圆所需要的条件，通过讨论、交流得到"圆心的位置和半径的大小是形成圆的关键要素"，由此引导学生把关注点落在圆心和半径上；随后，老师设计以下的问题帮助学生深入思考：

问题 1　大家还记得我们是怎么规定点到直线的距离？

问题 2　为什么要用垂直距离来表示点到直线的距离？

问题 3　请用点到直线的距离来刻画点和直线的位置关系。

问题 4　一般来说，我们应该选定一个参照物和一个定量，当一个点从远处向圆移动时，随着点与圆的位置关系的变化，点与该参照物之间的距离随之改变，用选定的定量来刻画点和圆的位置关系。你们认为参照物和定量分别选什么？为什么？

通过以上问题的思考和解答，学生逐步理解"点和圆心的距离与这个圆的半径大小关系"可以确定点和圆的位置关系，从而引入数量化的指标，定量分析点与圆的位置关系。学生选择点和圆心的距离来刻画点和圆的位置关系是比较自然的，这样不仅增强了分析的准确性，还为我们提供了更多的视角来审视点与圆之间的关系。需要特别指出的是：对于问题 2 的解答，教师要帮助学生分析用垂直距离表示点到直线的距离具有存在且唯一的性质；对于问题 4，教师还可以适时追问"选择圆上的点作为参照物有什么不利的因素？"。

通过上述两个步骤，我们完成了对圆的不变关系的生成过程。从定性的初步分类到定性与定量相结合的深入分析，这一过程体现了我们对这一关系的逐步深入理解。

第八节 "图形的变化"的关键教学点及其教学实施

一、"图形的变化"的概述

"图形的变化"是数学研究的一个重要工具。我们从具体情境中的物体的运动变化来感悟图形变化的特征；反过来，通过图形的变化，我们可以更直观地理解和研究图形的性质、结构和规律，更好地认识和表达现实世界。正如德国数学家 F. 克莱因所说的，"平面几何研究的是平面图形在运动、变化过程中的不变性和不变量的科学。"通过对图形的平移、轴对称、旋转、相似等变化，我们可以发现图形之间的相似性和差异性，进一步揭示几何图形内在的不变的性质和不变量。

"图形的变化"在数学问题的解决中发挥着关键作用。许多问题，尤其是涉及空间形状和位置关系的问题，通过图形的变化实现图形位置的转化，可以把一般情形转化为特殊情形，使分散的条件集中起来，使问题得到简化和解决。比如，在证明几何定理时，我们可以通过图形的变化来找到证明的关键步骤。此外，图形的变化还与数学中的其他分支（如线性代数、矩阵论等）紧密相连，这些分支为图形的变化提供了理论支持，而图形的变化也为这些分支提供了实际应用的场景。通过学习和研究图形的变化，我们可以更好地理解数学的整体结构和内在联系。

"图形的变化"的研究内容广泛应用于计算机图像处理、游戏开发等应用领域，其研究策略与方法具有重要的价值。引导学生充分认识图形的变化，有助于学生发展空间观念与几何直观，提升抽象能力和推理能力。

二、"图形的变化"的关键教学点的确定

（一）教学分析

初中阶段"图形的变化"是小学阶段"图形的运动"的发展，内容要求上更多地将"了解"知识提升为"理解"知识，深化学生对图形运动变化的

认识。①

结合《课标（2022年版）》要求，基于单元整体教学的理念，分三个阶段开展"图形的变化"教学。

第一阶段，要求学生整体把握全等变换。这阶段的教学主要包括图形的平移、轴对称、旋转等刚体运动下的全等变换，依次安排于七、八、九三个年级。教学中，学生通过观察生活实例，认识并判别这三种全等变换，得到概念，接着探究其基本性质，最后应用于现实生活。从图形变化的视角审视一类图形，可以更深刻地把握这类图形的本质特征，因此教材在轴对称变化和旋转变化教学中分别安排了对轴对称图形和中心对称图形的研究。

第二阶段，引导学生类比全等变换学习相似变换。这阶段的教学主要集中在《相似》一章中。相似变换也被称为"保角变换"，它与全等变换既有相同之处又有不同之处，相同之处是它们都不改变图形形状，所不同的是全等变换不改变图形的大小，相似变换则不然。正是由于相似变换和全等变换存在相同之处，使得学生可以类比全等三角形的思路与方法来探究相似三角形。虽然教材借助相似三角形来探究锐角三角函数，但锐角三角函数反映的是直角三角形中锐角与两边的比之间的关系，其研究的对象是三角形组成要素之间的关系，相似三角形只是研究工具，因此我们将《锐角三角函数》归在"三角形"的学习体系中。

第三阶段，启发学生感受投影变换。这个阶段的教学内容，教材以《投影与视图》独立成章，主要包括中心投影、平行投影以及三视图等内容，通过丰富的具体实例让学生直观感受，发展学生的空间观念。

（二）确定关键教学点

基于上述的教学分析，确定了"图形的变化"7节课的关键教学点。

---

① 陈惠增，张弘."图形的变化"关键教学点教学实践与思考［J］. 福建教育，2023（33）：52-55. 部分内容有删改.

关键教学点	选择理由
平移 （第1课时）	平移是学生初中阶段接触的第一种图形变化，是学生直观理解图形性质、建立几何直观的载体，是后续学习旋转、轴对称的基础。
全等三角形 （图形的三种变化）	学生通过平移、翻折、旋转这三种图形变化，探索三角形全等，发现变化前后三角形对应元素的"不变性"，为后续学习几何图形及其性质提供了学习方法上的示范。
画轴对称图形 （第1课时）	学生通过画轴对称图形，理解对称轴这一要素与变化前后图形的组成元素的关系，为后续对称图形的研究提供了学习范式。
中心对称	中心对称是一种特殊的图形旋转变化，为从运动变化的角度重新认识平行四边形提供方法，为后续研究中心对称图形以及进行组合图案设计奠定基础。
相似三角形的判定 （第2课时）	相似变化可视为平移、旋转、翻折和放缩变化的复合。学生类比全等三角形的条件的探索的过程（"猜想—论证"），猜想两个三角形相似的条件，证明得到相似三角形的定理，积累了经验。
弧长和扇形面积 （第2课时）	圆锥侧面展开成扇形和将扇形围成圆锥，实现平面图形和空间几何体相互转换，借助弧长和扇形面积公式，研究立体图形和其展开图之间的相关元素的数量关系，发展空间观念。
三视图 （第1课时）	学生通过投影知识，学习将立体图形与其三视图之间互相转化，直观地理解平面图形与立体图形关键要素之间的关联，发展空间观念。

三、"图形的变化"的关键教学点的教学实施

(一) 实施建议

分析关键教学点重要，突破关键教学点更重要。以下，我们简要介绍突破"图形的变化"关键教学点的四个实施建议。

1. 指引学生认识元素

几何图形主要研究图形内部元素之间的关系，图形变化后，教师需要引

导学生从图形变化的视角观察原图形与新图形的元素之间的变与不变。在遇到与图形变化有关的问题时，很多学生无从下手，究其原因是"不知该观察什么及如何观察"。教学中，教师可以设计合适的活动，指引学生认识图形变化前后需要关注的元素，如"全等三角形（图形的三种变化）"中利用三种变化研究全等三角形部分的教学。

2. 引导学生体会要素

通过理解几何图形合同变换（平移、轴对称和旋转等刚体运动）的状态，感知并描述图形的运动和变化的规律，学习者应抓住图形变换的要素。如，平移的要素有两个，是平移距离和方向；轴对称要素只有一个，是对称轴；旋转有三个要素，分别是旋转中心、旋转方向和旋转角度。在"平移（第1课时）""画轴对称图形（第1课时）""中心对称"的教学中，让学生理解"为什么研究这些要素以及怎么研究"是很有必要的。

3. 启发学生理解路径

教师要启发学生理解几何问题研究的基本路径或方法，引导学生在学习中增强对问题研究框架的理解。如"图形的性质"研究的路径大致是：研究对象—抽象概念—探究性质（或判定）—综合应用；"图形的变化"研究的路径大致是：研究对象—抽象概念—探究基本性质—探究特例（性质）—拓展应用（数学内部或现实生活）。以"中心对称"教学为例，教师可设计如下的问题以引导学生理解几何问题的研究路径：（1）我们已经学习了"旋转"的内容，大家说说看研究图形的旋转的框架是什么？（2）大家能否用研究图形的旋转的框架研究今天所学的内容（旋转角度为180°）？类比一般旋转来学习特殊旋转（旋转角度为180°），学生不但能深刻理解数学中的"特殊与一般"，而且能体会几何问题研究路径的相似性与关联性。再如空间图形"归面"转化成平面图形处理时，首先处理好实物操作与表象操作之间的关系；其次引导学生清晰感知立体图形展开过程中各要素之间的联系，并进行描述和表达。通过将立体图形展开成平面图形、将平面的展开围成立体图形的双向表象操作，进一步感受立体图形与平面图形之间的联系，增进对不同维度的空间、图形的形式与位置关系的感知（如圆锥与其侧面展开图的教学）。

4. 引领学生注重应用

"图形的变化"来源于生活，又应用于生活，教师可以根据初中生的年龄和认知特点，设计适当的综合与实践活动，发展他们的情感态度。教师可考虑以下三个活动方向：全等变换的实际应用、探究测高、商品包装。全等变换的实际应用，要求学生运用平移、轴对称、旋转等知识解决问题，可以与数学文化相结合（如赵爽弦图问题）设计活动，或者开展为某产品设计商标广告的活动；探究测高，要求学生运用相似三角形、解三角形、锐角三角函数等知识进行实物的测量，可以让学生动手操作历史上著名的测量法（如泰勒斯测量法、商高测量法），还可以鼓励学生自己设计测量方案；商品包装，要求学生运用几何体三视图、展开图等知识，拆分或制作包装盒。

（二）实施要点

1. 平移（第 1 课时）

平移是初中阶段学习刚体运动的起始内容，本节课是先由实际生活中图案抽象出的几何图形沿着一条直线（不限方向）移动（距离适合）得到一个新的图形，再探究其图形的元素（对应点、对应线段、对应角）的位置关系与数量关系，最后归纳得到平移的性质。教学中，应突出"平移"两个要素——平移方向与距离。这种研究图形平移变化前后图形的元素与要素的关联性的方法可迁移到轴对称与旋转的学习中，在知识上具有奠基性，在方法上具有启迪性。本节课的教学应重点关注两个问题：一是平移的两个要素（方向与距离）在画图中的体现，二是平移前后图形的"变"与"不变"性质的探究。为有效开展教学，我们可以在学习任务单上提供如图 1 所示的图形，让学生在学习任务单的指定区域内画出一个形状、大小和图 1 一样的图形，并提出如下两个问题。

问题 1　将你画出的图形和原图形进行比较，什么改变了？什么没改变？

问题 2　你认为图形平移应该研究什么？为什么？如何研究？

设计该活动以及问题，旨在引导学生观察所画的图形与原图形之间的位置关系，以及它们之间的距离。问题 1 从前后两个图形的整体结构比较，从运动的角度给平移下定义，知道平移的方向和平移的距离是决定平移变换的两个要素；问题 2 则进一步启发学生明确点是构成图形的基本元素，并从局部和整体的角度分析、理解图形的变化是图形上每个点都发生了相同变化的结果，因此要深入研究图形在某种变化下的性质，应该从对应点的变化开始，接着研究对应线段、对应角、对应图形，主要研究它们的形状、大小、位置关系。

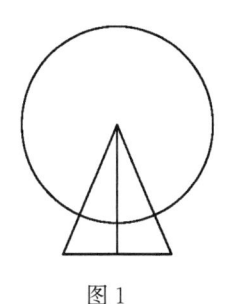

在此过程中，学生通过独立思考、合作交流，积累数学活动经验；通过互相启发，进行思维互补，获得思想方法；通过对问题思考结果的分享，培养学生的发散思维能力与数学语言表达的能力。

图 1

2. 全等三角形（图形的三种变化）

本节课需要关注的一个环节是，让学生通过动手操作，观察平移、翻折、旋转三种全等变化前后的两个图形，感悟对应元素之间不变的特性。基于以上分析，我们设计如下的教学活动。

活动 1　请同学们先剪出一对全等的三角形，再利用剪出的一对全等的三角形分别按平移、翻折、旋转三种不同方式在练习本上进行操作，并把变化前后的三角形描在练习本上。

问题　小组讨论，变化前后的两个三角形的位置、形状、大小有何改变？

活动 2　教师利用几何画板，动态演示三角形的平移、翻折、旋转（如图2、3），让学生观察。

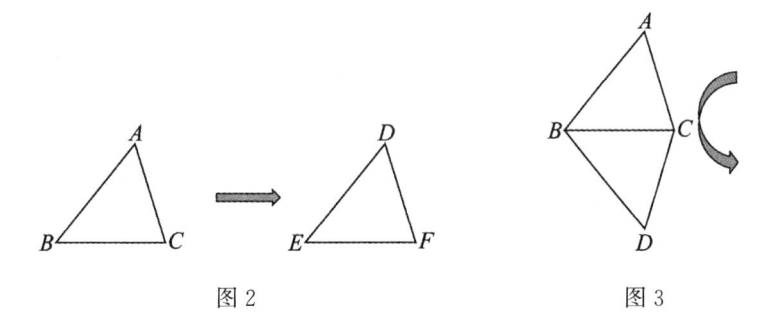

图 2　　　　　　图 3

图 4

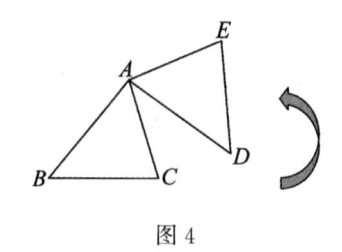

问题 根据你们的操作以及刚才电脑的动画演示，你们能否尝试归纳变化前后两个三角形的对应元素（点、边、角）之间有什么关系？

活动1是让学生经历图形的"刚体运动"三种不同方式（平移、翻折、旋转）的过程，对比变化前后两个图形的变与不变的元素；而活动2是用几何画板演示动态几何图形三种变化，让学生更直观整体体会变化前后两个图形的完全重合及对应元素的不变性。通过动手操作，电脑演示，师生共同分析，得出图形变化前后各对应元素（对称点，对应线段，对应角）的不变关系，归纳总结出图形的性质。

3. 画轴对称图形（第1课时）

"画轴对称图形"（第1课时）教学中，先复习"由轴对称图形画出对称轴"的方法，再引出"已知一个图形和一条直线，如何画出关于这条直线成轴对称的图形"的问题，让学生更深入体会轴对称图形的要素（对称轴）与变化前后图形的组成元素的关系。本节课的关键之处在于如何有序画出轴对称图形，为了有效突破关键教学点，教师可以在自主探究的环节设计如下的问题串。

问题1 如图5，在一张透明纸的上面，印有一只脚印，将纸对折并描出脚印，打开对折的纸，认真观察，两只脚印有什么关系？

问题2 已知平面内一点 P 和直线 l，你能画出点 P 关于直线 l 的对称图形吗？

问题3 已知线段 AB 和直线 l，你能画出线段 AB 关于直线 l 的对称图形吗？

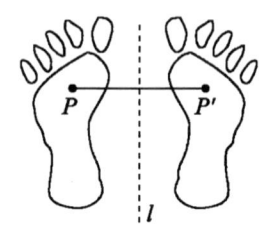

图 5

问题4 已知△ABC 和直线 l，你能画出△ABC 关于直线 l 的对称图形吗？

问题 5　将直线 l 向右平移 3 cm，你能想象出 △ABC 关于直线 l 的对称图形的位置吗？请你描述点 A 的对应点 A' 的位置所发生的变化。

问题 1 是利用有趣的图片，抓住轴对称的本质，引发学生的学习兴趣。从问题 2 至问题 5，图形逐渐复杂，操作难度逐渐加大。在上述教学中，教师应引导学生对问题进行简化。让学生通过不断操作，逐渐感悟出以下结论：(1) 找对称点是画图的关键，(2) 画图可以按照先确定点，再连线，最后画图形的顺序进行操作。

4. 中心对称

在"中心对称"这节课的教学中，学生经历"观察—操作—分析—类比—归纳—应用"的学习过程，类比轴对称，结合图形的旋转变化知识来学习中心对称的有关性质。中心对称是一种特殊的旋转，主要特殊在于旋转要素中的旋转角为 180°。学生掌握中心对称的有关性质，为后续研究中心对称图形（平行四边形、圆）、关于原点对称的点的坐标以及进行组合图案设计奠定了基础，为从运动变化的角度重新认识中心对称图形提供了研究方法、积累了活动的经验。本节课的关键之处在于如何体现中心对称是一种特殊的旋转。为此设计如下的两个问题予以突破。

问题 1　在图形的旋转学习中，如果要通过特殊化进一步研究旋转，你认为可以从什么方面进行特殊化？

问题 2　如图 6，把其中一个图案绕点 O 旋转 180°，你有什么发现？旋转前后的两个图形成轴对称吗？为什么？

问题 1 旨在唤醒学生的回忆，引发学生的思考，并指引他们用一般到特殊的思想方法研究问题。问题 2 从实际生活中的图案的旋转入手，激发学生的兴趣，同时可以从实际情境中抽象出模型，引导学生得到研究旋转角为 180°的情形，体会旋转的"三要素"的作用，从而理解"为什么要研究以及怎么研究三要素"，进一步体会图形的变化过程的要素的作用以及探究要素的一般思路与方法。

图 6

5. 相似三角形的判定（第 2 课时）

本节课，学生可类比全等三角形的条件的探索过程，通过构造两个全等三角形，进一步直观理解大小不同的两个三角形的放缩，猜想两个三角形的相似的条件，证明得到相似三角形的判定定理，积累学习经验。

本节课的关键之处在于如何利用三角形的"保角"与对应边的成比例放缩的变化探究三角形相似。在具体实施"三边成比例的两个三角形相似"的定理证明的教学的过程中，不妨设计如下的问题串。

问题 1 如图 7，已知△ABC，D，E 分别是线段 AB，AC 上两点，且 DE∥BC，你能得到哪些结论？

问题 2 如图 8，在△ABC 和△A′B′C′中，已知 $\dfrac{AB}{A'B'}=\dfrac{BC}{B'C'}=\dfrac{CA}{C'A'}$。

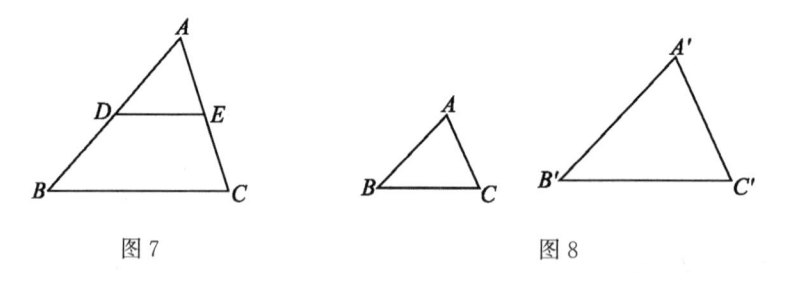

求证：△ABC∽△A′B′C′。

图 7　　　　图 8

追问 为了实施证明，从图形组合的角度，可以如何添加辅助线？

问题 3 用几何画板展示两个相似三角形，请同学们观察并说明哪些元素之间的关系改变了？哪些元素之间的关系没有改变？

要想解决问题 2，可以在线段 A′B′（或它的延长线）上截取 A′D＝AB，过点 D 作 DE∥B′C′，得到△A′DE≌△ABC（可以看作将△ABC 平移到△A′B′C′中，使得点 A 与点 A′重合）。因此，问题 1 是问题 2 的铺垫，是为解决问题 2 而设置的。考虑到可能仍有部分学生无法得到解决问题 2 的思考，教学中可以通过追问做进一步引导。问题 3 用几何画板展示三角形的相似变换，让同学们进一步体会"对应角相等"与"对变边的比值不变"等性质。

6. 弧长和扇形面积（第 2 课时）

弧长和扇形面积（第 2 课时）主要内容是认识圆锥的侧面展开图是扇形，

并借助弧长和扇形面积公式计算圆锥的侧面展开图面积。从图形的变化角度理解圆锥的侧面展开图是扇形是本节课的一个难点，为了有效地突破该难点，我们给出以下教学实施。

在本节课的复习环节，提出如下的问题。

问题 请同学回忆，圆柱的侧面展开图沿侧面哪些地方剪开？其侧面展开图是什么？并说明圆柱与其侧面展开图元素之间的对应关系有哪些？

此问题主要是针对小学阶段已学的知识，让学生明确：（1）圆柱应该沿高线剪开得到其侧面展开图，（2）圆柱的侧面展形图是矩形，（3）圆柱与其侧面展开图之间的对应关系，即圆柱的高是侧面展开图形（矩形）的一边，圆柱底面圆周长是矩形的另一边。因此，通过计算展开图矩形的面积可求得圆柱的侧面积。此环节为接下来"圆锥与其侧面展开图"的学习作铺垫。

在新知识学习环节设计如下的问题串：

问题 1 圆锥（如图 9）的基本元素有哪些？你能够画出包含这些基本元素的平面图形吗？

问题 2 请写出圆锥的基本元素间的关系。

问题 3 把一个无底圆锥（事先准备的模型）沿母线剪开，展开平放在桌面上，你可以确定它的形状吗？说说你的理由。

图 9

问题 4 圆锥的侧面展开图的基本元素有哪些？请写出它们的关系。

问题 5 圆锥与其侧面展开图的基本元素间哪些是相同的？为什么？

问题 6 请推导出圆锥与其侧面展开图的基本元素间的关系。

设计问题 1、2 是引导学生认识圆锥的相关概念（侧面、底面、高、母线），其中对母线概念的认识，为问题 3 的操作做准备。问题 3、4 是通过动手操作，让学生更好理解圆锥的侧面展开图是扇形。问题 5、6 学生通过不断的操作，认识圆锥与其侧面展开图（扇形）之间的元素对应关系，即圆锥的母线就是扇形所在圆的半径，圆锥底面圆的周长就是扇形的弧长。

解决上述难点问题，学生需要比较清晰地想象整个情境中圆锥与其侧面展开图的形状、方位、位置，最后才能将问题归结到关键的平面图形（圆锥轴截面等腰三角形和侧面展开图扇形）中。课堂上不能急于直奔"公式的推

215

导"，而应结合情境描述，逐一进行想象、理解，必要时，还需要借助模拟实物或画出三维示意图让学生直观感知，为学生示范如何通过模拟演示、画图、想象等途径，形成和发展"再造想象"，进而发展"创造想象"。

7．三视图（第 1 课时）

本节课的关键之处在于立体图形与平面图形之间的关联——视图，为此，在新知学习的环节，设计如下的问题。

问题 1　图 10 为某产品的设计图，请指出设计图是从哪几个方向来描绘物体的。

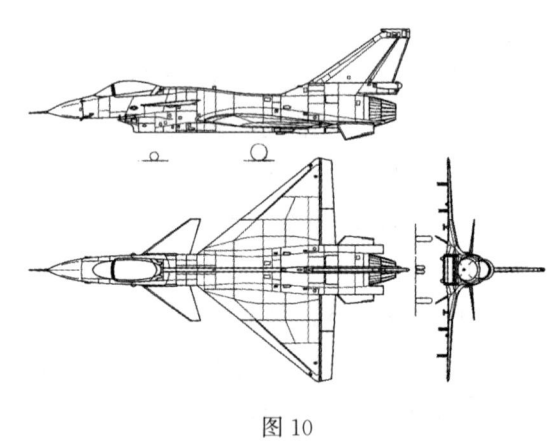

图 10

问题 2　观察图 11 中的物体，假如有一束平行光从正面、左面、上面照射到物体上，想一想得到的影子是什么样子的？

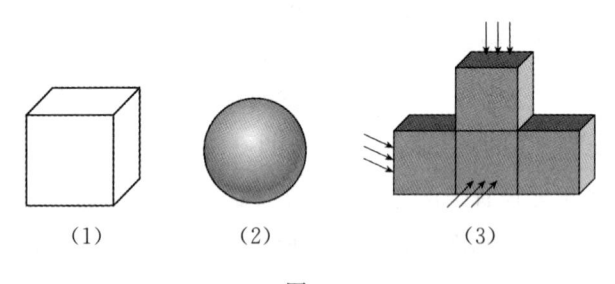

图 11

问题 1 是让学生从实物抽象出的简单视图，而问题 2 是从立体图形投影成平面图形，为学习视图打基础，这两个问题都是对问题 3 起铺垫作用。

问题 3　用几何画板展示图 12 中的左图，结合右图说出三视图的概念是什么。

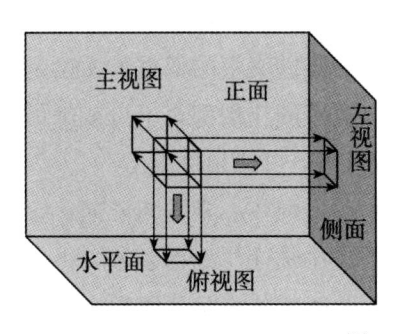

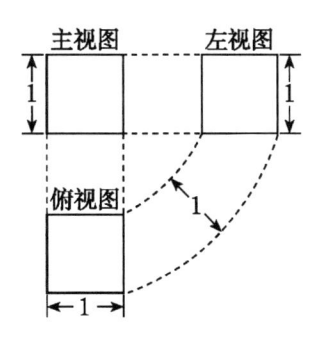

图 12

问题3是归纳得出三视图的概念：将多个方向观察结果放在一个平面内，得到这个物体的一张三视图。三视图是主视图、俯视图、左视图的统称。它是从三个方向分别表示物体形状的一种常用视图；并强调画三视图的口诀：长对正、高平齐、宽相等。对于问题3还可借助多媒体课件、动画等教学资源，使学生更直观地理解三视图的概念，激发学习兴趣，帮助学生更好地理解掌握画三视图的要求和原理，丰富了学生观察、操作、猜想、想象、交流等活动经验，培养了学生的空间观念，提升抽象能力。

第九节 "统计与概率"的关键教学点及其教学实施

一、统计与概率概述

初中阶段的统计与概率包括学习统计和概率两个方面，学生需要了解概率的概念、计算、应用以及统计数据的收集、整理、分析和解读，通过这些学习可以提高学生的科学思维、数据分析能力以及对事件发生可能性的认识和判断能力，为他们在高中和大学阶段的深入学习和日常生活中的决策提供基础。

初中阶段数据观念的形成主要体现在"统计与概率"学习中。"统计与概率"属于"不确定性"数学内容，它与"确定性"数学相比，不仅在研究的内容上不同，而且在研究问题的方法和能力培养上也有很大的不同。统计可以帮助我们从大量的数据中找出规律和趋势，进行推断和决策，而概率则可以帮助我们量化和度量不确定性，为我们提供决策的依据。无论是在科学研究、商业分析还是社会调查中，统计与概率的应用都是不可或缺的，为我们提供了一种理性的、准确的方法来解决问题，并做出决策。

初中学段的统计与概率教学以培养学生的核心素养为导向，旨在义务教育阶段树立品德和培养人才的根本任务。在统计与概率领域，小学阶段的核心素养是培养学生对数据的认识，让他们能够从充足的数据中发现规律、理解随机性，并应用到解决问题中。而初中阶段的核心素养则是培养学生的数据观念，让他们从只有数据意识到逐渐养成数据观念，对数据的意义和事件的随机性有更清晰的认识，并认识到在大数据时代数据分析的重要性。初中的统计与概率课程目标是基于大数据时代发展需求提出的，强调培养学生的统计思维，注重数学思想方法在统计过程中的应用。在此基础上，强调培养学生的创新意识和应用意识，让他们在深入学习数据的基础上，真正认识到数据的客观性和功能性，将数据看作客观现象和现实问题的抽象表征。培养学生将数据和统计方法应用于解决现实问题的习惯，并进一步培养和发展他们的数据意识和数据观念，以应对未来社会的需求，获得终身发展所需的数据应用技能。为了实现这一目标，课堂教学应关注学生对数学知识本质的理解，情景化问题解决以及数学思维的渗透。希望能够让学生通过使用数据来理解和描述现实世界的情况。

二、"统计与概率"的关键教学点的确定

（一）教学分析

《课标（2022年版）》中"统计与概率"在初中阶段的主要内容有：用抽样的方法收集数据，通过对样本数据的整理与描述，提取样本数据的特征，用样本数据估计总体的特征与变化趋势；刻画随机事件概率的两种方法，即在简单随机事件前提下求随机事件的概率，以及用频率估计概率。

初中阶段有"抽样与数据分析"和"随机事件的概率"两个主题。关于统计内容，初中阶段强调数据收集与分析方法，侧重对数据进行推断性统计

分析。收集数据的方法主要是简单随机抽样；整理与描述数据的方法主要是对数据进行合理的分组，并绘制扇形统计图和频数直方图直观呈现数据；分析数据的方法主要是提取数据信息，包括数据的数字特征，如平均数、中位数与众数等，以及离差平方和、方差等用于衡量数据离散程度的指标，另还可利用四分位数、百分位数等刻画数据的分布位置；而利用数据解释或说明问题的方法，则是通过样本数据进行统计分析，进而借助样本的变化来估计总体的变化趋势。至于概率的内容，在初中阶段主要是对随机事件的概率进行定量研究。可以通过列表、画树状图等方法列出简单随机事件所有可能的结果，并了解随机事件的发生概率。此外，还可通过大量重复试验用频率来估计概率[①]。

教材将"统计与概率"内容分散在初中的三个不同年级，共有两个"统计"单元（用表1所示的框架对其进行分析）和一个"概率"单元（用表2所示的框架对其进行分析）

表1 基于统计活动过程的人教版教材"统计"内容的分析框架

统计活动环节	类目	描述
问题与目的	问题	（1）无统计问题　（2）有统计问题
	目的	（1.1）前置的认知目的　（1.2）后置的认知目的 （2.1）前置的决策目的　（2.2）后置的决策目的 （3）行动目的
数据收集	数据来源	（1）教材提供　（2）自己收集
	考察对象	（1）普查 （2.1）抽样（未说明方法）　（2.2）简单随机抽样 （3）未明确
	收集方法	（1）查阅资料　（2）观察　（3）调查 （4）测量　（5）实验　（6）未明确

---

① 杨军，刘栋. 突出数学核心概念 凸显核心素养导向——2022年中考"随机事件的概率"专题命题分析[J]. 中国数学教育，2023（3）：31-38.

续表

统计活动环节	类目	描述
分类思想（包括数据收集与数据整理两个环节）	分类层次	(1) 给出类目　(2) 给出标准　(3) 自由分类
	分类类型	(1) 属性分类　(2) 数量分类
数据整理和表示	表示类型	(1) 简单统计表　(2) 频数分布表　(3) 频率分布表 (4) 条形图　(5) 折线图　(6) 扇形图 (7) 频数分布直方图　(8) 散点图
	表示对象	(1) 单个/单式　(2) 多个/复式
	表示水平	(1) 工具　(2) 概念　(3) 联系
数据分析和解释	统计特征分析	(1) 单数据　(2) 数据间比较　(3) 与标准比较 (4) 整体
	统计推断分析	(1) 推断整体　(2) 推测趋势　(3) 思考缘由
判断和决策	判断和决策	(1) 判断　(2) 决策
贯穿全局	随机思想	(1) 不确定性　(2) 样本空间　(3) 可能性大小
	背景知识	(1) 学科背景　(2) 社会生活
	数据类型	(1) 计数数据　(2) 称名数据　(3) 顺序数据 (4) 等距数据　(5) 比率数据

表2　基于随机思想的人教版教材"概率"内容的分析框架

随机思想	类目	描述
随机事件及其概率计算	基本事件数目	(1) 有限　(2) 无限　(3) 无限—有限
	基本事件是否等可能	(1) 等可能　(2) 非等可能　(3) 非等可能—等可能
	概率模型	(1) 古典概型　(2) 几何概型　(3) 几何—古典概型
	技术方法	(1) 列表　(2) 树状图

（二）确定关键教学点

基于以上教学分析，我们确定"统计与概率"的 5 个关键教学点（如下表）。

关键教学点	关键点选择的理由
统计调查 （第 2 课时）	通过本节课的学习，学生积累用统计的方法进行决策的经验，引导学生感受样本的代表性和随机性。
直方图	直方图是学生进入中学学习所遇到的新的统计图；频数分布直方图是数据描述的一种重要方法，是统计观念形成期的一个重要发展阶段。
平均数 （第 1 课时）	加权平均数是对小学算术平均数概念的一般化，是描述统计中的重要集中量指标，理解概念的关联与区别，对其他统计量的学习具有启示作用。
用频率估计概率 （第 1 课时）	本课是学生学习古典概率后又一种求随机事件概率的方法；通过随机试验研究频率和概率之间的关系，学会从统计与概率的角度认识现实世界中大量存在的随机现象，促进对概率意义的进一步理解。
用列表或画树状图求两次掷硬币的概率	列表与画树状图是初中概率教学的新增长点，也是小学学习的枚举、列举的延伸，也是将来高中进一步学习更为复杂的随机事件的概率的重要手段。

三、"统计与概率"的关键教学点的教学实施

（一）实施建议

在实际教学中，应选择适当的情境材料，引导学生利用所学的概率、统计知识方法，对现实问题的可能发生情况进行假设分析，并根据数据分析的结果进行合理判断，给出解决问题的合理性决策。

1. 合理创设情境，提高学生学习数据分析的积极性

教师可以利用生活中与学生相关的信息，改编成适用于教学的情境资源。

在生活中，到处都可以发现与数据分析有关的例子，如天气预报、彩票中奖率、商品房价格增长分析等。为了培养学生的数据分析观念，教师应设计贴近学生生活的情境，让学生参与数据收集、整理和分析的全过程，逐步提升他们的数据分析能力。例如，在学习频数分布表和频数分布直方图时，可以通过举办"环保小卫士"选举来让学生参与实际数据收集和整理的过程，并引入频数和频率的概念，帮助学生理解和体会数据分析的意义。

2. 强调让学生在学习中经历数据统计的全过程

在教授统计与概率知识时，教师应该注重采用体验式的教学方式，让学生亲自解决现实问题，进行调查、收集和整理数据，通过数据分析来理解信息和事件的随机性。教师在教学过程中应该组织实践活动，设置精彩的数学学习活动，以起到主导作用。在活动课的过程中，教师应该关注活动课达到的目标和完成的任务，并突出活动课程的实际价值，避免形式主义。同时，教师还应该确保活动课程的难度符合学生的认知水平、年龄特征和身心发展规律，让学生通过实际操作和参与来理解统计与概率的内容。在教学过程中，让学生参与完整的统计调查活动是很有必要的，通过这样的活动，学生能够逐渐理解样本选择、数据收集和分析方法对统计结果的影响。在调查过程中，学生能够综合运用统计与概率的知识，在解决实际问题的过程中将观念性的知识转化为实际操作能力[①]。

3. 利用现代信息技术辅助统计与概率教学

现代信息技术的发展也为统计与概率教学提供了辅助手段，它为数学课堂带来了新的活力和动力。例如，在学生计算一组数据的离散程度时，计算器可以快速计算平均数和方差。有些计算器甚至可以直接计算方差，从而减轻学生的计算负担。通过使用计算器，学生可以更好地理解统计量的意义，并将学习重点放在统计思想和实际统计应用上。从以往的教学实际来看，学生在学习方差时，因为在计算上花费了大量的时间，导致他们无法充分参与讨论和交流，也没有真正理解方差公式的推导和作用。为了解决这个问题，

---

① 李梦倩. 初中生数据分析观念形成过程及培养策略的研究 [D]. 山东：山东师范大学，2019.

可以利用计算机来记录和整理数据，使用 Excel 表格进行排序和比较。此外，计算机还能用于制作统计图表，展示数据的变化趋势。通过使用信息技术，学生可以有更多时间思考问题，并将主要精力放在理解统计和概率的意义上。

4. 加强统计与概率知识之间以及与其他知识的联系

为了提升学生对数据分析的意识，我们还需要加强统计与概率知识与其他学科知识之间的联系。这样做可以促进学生对统计与概率的学习和理解，避免知识遗忘。因此，在日常教学中应该将统计与概率的内容与其他学科内容结合起来，并融入教学工作中。比如，学生在研究某个历史时期的战争时，可以使用统计方法来计算参战国家的人口数量、军队规模等数据，并借助概率知识来预测战争结果。通过将统计与概率与历史知识相结合，学生能够更深入地理解历史事件的发展和影响。

（二）实施要点

1. 统计调查（第 2 课时）

抽样调查是一种常用的数据收集方法，用于获取代表性样本并推测未知或未发生事物的发展规律。通过合理选择样本，我们可以提高统计推断的置信程度。然而，样本的代表性和样本量取决于偶然因素的影响，因此学习如何合理地抽取样本对于形成统计思想至关重要。为了推测整体情况，可以通过选择代表性样本，随机选择对象进行调查，通过收集和整理这些样本数据，可以计算出调查对象的平均值、分布情况等统计量，从而推断出整体情况。为此需要设计以下问题串来突破关键点。

问题 1　要了解全班同学对新闻、体育、动画、娱乐、戏曲五类电视节目的喜爱情况，我们是怎么做的？

问题 2　想了解全校 2000 名学生对新闻、体育、动画、娱乐、戏曲五类电视节目的喜爱情况，请同学们想一想怎样调查。

问题 3　在问题 2 的调查活动中抽取多少名学生比较合适？如何抽取？说明你这样抽取的理由。

问题 4　你还能举出一些利用抽样调查的例子吗？结合实例，说明全面调查与抽样调查的优缺点。

通过以上教学，使学生明白全面调查在某些调查中并不可行，体会抽样调查的必要性，通过举例体会抽样调查除具有花费少、省时省力的特点外还适用一些不宜用全面调查的情况。让学生归纳分析全面调查和抽样调查的优缺点，以及各自所存在的局限性。然而，为了保证结果的准确性，需要注意样本的代表性和样本量，以确保抽样过程中的偶然因素对结果的影响尽可能小。通过学习抽样调查的过程，学生不仅可以了解统计推断的基本原理，也可以培养数据处理和决策能力，帮助他们在日常生活中做出合理的决策。

2. 直方图

通过引导学生了解收集、整理、描述和分析数据的活动是统计学习的首要目标。表格、扇形图、直方图、折线图等统计图是整理数据和表示数据的常用方法，并在现实生活中广泛应用。在小学阶段，学生开始认识这些整理和描述数据的知识和方法，为初中阶段面对大量纷繁复杂的信息作出理性的选择与判断提供储备了解决思路及思维方式的机会。教学中强调条形统计图是直方图学习的"固着点"，为连续型统计量的频数分布直方图的学习作了铺垫。教学中指出一般的条形统计图可用横向指标反映考查对象的类别，用纵向指标表现该类别的数量特征，形象直观，一目了然。但是对于考查对象数据的分布特征，条形统计图往往无法很好地反映，因此教材将条形统计图相关的知识与经验作为学生的"最近发展区"。让学生经历整理、表示与处理数据的过程，认知冲突引发对直方图的探求，从而体会用频数分布直方图表示数据的优越性。为此需要设计以下问题串来突破关键点。

问题情景 为了参加全校各年段的会操比赛，八年级准备从各班级推荐来的 63 名同学中挑出身高相差不多的 40 名同学参加比赛，这 63 名同学的身高（单位：cm）如下：

158	158	160	168	159	159	151	158	159	168	158
153	165	159	157	158	158	159	167	170	153	160
155	156	165	166	156	154	166	164	165	156	157
160	159	159	160	149	163	162	172	161	153	163
156	162	162	163	157	162	162	161	157	157	164
154	158	154	169	155	164	156	166			

问题 1　要挑出身高相差不多的 40 名同学参加比赛，我们应该怎样整理数据？

问题 2　究竟分几组比较合适呢？组数的多少由什么决定？如何对数据进行分组整理？

问题 3　如果我们先确定组数是 8，能否确定组距呢？

问题 4　生活中有很多应用分组的例子，你能举出其他的例子吗？

问题 5　要挑出身高相差不多的 40 名同学参加比赛，应该选组距是多少比较合适呢？

问题 6　可以画图来表示以上数据的频数分布情况吗？

问题 7　通过频数分布直方图，你能分析出数据分布有什么规律吗？

教学中通过设计问题情境，引导学生经历整理、表示与处理数据的过程，由于学生根据自己已有的经验所制作的统计图表无法很好地反映分布状况，这引发了学生对直方图的探求。教师在教学中重视绘制频率分布直方图的教学，通过实践中测量得到的一组数据，常使人看起来杂乱无章，毫无规律。在讨论中使学生理解在操作过程中，组数过多或过少都不利于问题的解决，理解组距与组数的关系，数据分组时可以先确定组距，再根据组距确定组数，也可以先确定组数，再根据组数确定组距，让学生通过实例比较体会如何选取合适的组距。经过绘制频数分布直方图后，数据的特征明了，规律显现，应用广泛。

3. 平均数（第 1 课时）

加权平均数是描述统计中非常重要的集中量指标，它在初中统计学中扮演着重要角色。加权平均数是对小学时学习的算术平均数概念的扩展，它通过引入"权重"的概念，更准确地表示数据集的特性，并为利用统计量进行定量分析提供了合理的指标。对于培养学生的数据分析能力具有重要作用。因此，在初中阶段，理解"权重"的概念是教学的关键和难点。在教学权的概念时，可以通过让学生了解权的数学本质，即某一数据在整体中所占比重，以展示该数据的重要性。为此需要设计以下问题串来突破关键点。

问题 1　同学间为了能够互相学习，共同进步，班级组成学习互助小组，通过某次八年级半期考，老师想了解 A，B 两个学习互助小组的半期考数学情况，我们可以做什么？

追问1 平均数有什么意义？或者说它描述了一组数据的什么特征？如何求它们平均数呢？

问题2 某次八年级半期考中，八（3）班40人，数学平均分90分；八（4）班40人，数学平均分110分，那么八（3）、八（4）两个班所有同学的平均分是多少呢？

问题3 在某次八年级半期考中，甲、乙两个学校的数学成绩如表所示，能否求出两个学校八年级所有学生数学平均成绩？

学校	甲	乙
平均分	90	110

问题4 如果知道两校八年级的人数，如何表示这两个学校八年级所有学生数学平均成绩？

学校	甲	乙
平均分	90	110
人数	a	300

追问2

(1) a 值取不同时，两个学校八年级所有学生数学平均成绩一样吗？

(2) 两个学校数学平均成绩更接近90分还是更接近110分由什么决定？

(3) a 值的大小对两校八年级所有学生数学平均成绩有什么影响呢？

(4) 若把数据全换成字母，如何求所有学生的数学平均成绩？

学校	甲	乙
平均分		
人数		

(5) 若又增加一个学校，如何求所有学生的数学校本作业平均成绩？

学校	甲	乙	丙
平均分	x_1	x_2	
人数	f_1	f_2	

(6) 对于式子①$\bar{x}=\dfrac{90\times80+110\times150}{80+150}$；②$\bar{x}=\dfrac{103\times90+110\times65}{103+65}$，你能找到①、②当中的数据及相应的权吗？在这个背景下，这些式子分子和分母分别表示什么？

(7) 如果两个分数的权重一样，a 的值应是多少？计算出的两校所有学生的数学平均成绩又是多少？

问题 5 在某次八年级半期考中，甲、乙两个学校的数学成绩如表所示，

学校	甲	乙
平均分	90	110

(1) 如果甲、乙学校人数之比为 3∶2，如何求两个学校所有学生的数学平均成绩？

(2) 如果甲、乙学校人数分别占两校总人数的 60%，40%，如何求两个学校所有学生的数学平均成绩？

(3) 如果给统计图，你会求两个学校所有学生的数学平均成绩吗？如何求？

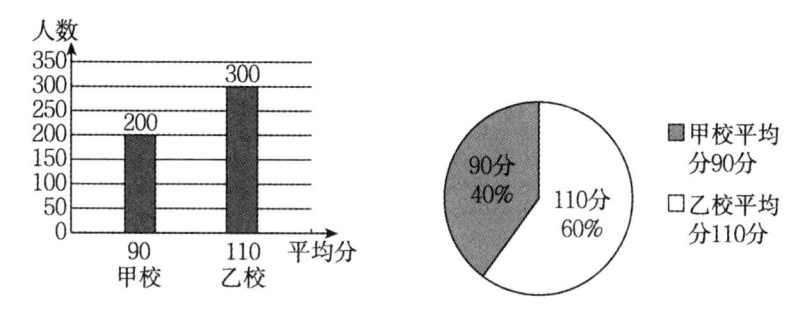

教学中通过具体情境唤醒学生平均数的意义和求法的回忆，引出"算术平均数"的概念，并体会它的统计意义。问题中已知甲、乙两个班数学平均成绩分别为 90 分和 110 分，对应班级人数发生变化，进而过渡到加权平均数的学习，引导学生逐步明确 a 的值的变化会引起两校平均成绩的变化，理解研究加权平均数的必要性。再进一步引导学生理解"权"的含义，规范加权平均数的定义。并会对具体的问题中的权重进行判断，引导学生深入思考，让学生发现算术平均数是权重相等情况下的加权平均数，进一步加深对平均

数意义的理解。权的表现形式有多种，从数据的出现频数这种形式自然过渡到比例和百分比这两种形式，学生在探究的过程中体会算术平均数与加权平均数的联系。

4．用频率估计概率（第1课时）

在用频率估计概率的学习中，可以进一步理解试验频率和理论概率之间的区别和联系。频率与概率是容易混淆的概念，而本课程是在学习理论概率之后，进一步体会试验频率和理论概率的差异。在现实生活中，事件的理论概率与实际频率往往不相等。当难以获取某一事件的理论概率时，人们采用"极限"的思想，通过多次重复试验来估计概率。用频率估计概率不仅是培养学生根据频率集中趋势估计概率能力的主要方法，而且与人们的日常生活密切相关，具有广泛的应用范围。为此需要设计以下问题串来突破关键点。

问题1　周末文化馆有一场热门音乐会，老师手中只有一张入场券，小丽与小李都是班里的音乐爱好者，两人都想去。这种情况下老师可以通过什么方法来分配入场券？

问题2　如果用抛掷硬币的方法分配入场券，"正面朝上"小丽去，"反面朝上"小李去，猜想一下小丽与小李谁能得到入场券？

试验操作1　给每个小组分发随机试验道具，并要求他们按照以下任务进行操作：

抛掷一枚硬币，观察正反面出现的频率，并记录下来。要求每个小组成员轮流抛掷硬币，并记录正反面出现的次数。组长需要负责汇总和记录整个小组的试验结果。

抛掷次数 n	50	100	200	300	400	500
正面朝上次数						
反面朝上次数						

问题3　随着抛掷次数增加，观察"正面朝上"的频率变化趋势。

试验操作2　利用计算机模拟掷硬币试验，给学生提供大量的、快捷的试验数据。

问题4　"反面朝上"的频率情况是怎样的？请你说出频率与概率有什么

区别与联系。

教学中学生不论用抓阄、抽签、猜拳、投硬币中哪一种方法，容易感觉到或猜到这两个随机事件发生的可能性是一样的，各占一半，所以小丽与小李得到入场券的可能性一样大。在这样认知冲突中，鼓励学生积极思考，引导学生完成试验操作过程。让学生观察和分析试验结果，引出用频率估计概率的基本思路和方法。通过动手试验，电脑辅助演示，让学生真实地感受到、清楚地观察到试验所体现的规律，大量重复试验中，事件发生的频率逐渐稳定到某个常数附近，即大量重复试验事件发生的频率接近事件发生的可能性的大小（概率）。同时，又感受到无论试验次数多么大，也无法保证事件发生的频率充分地接近事件发生的概率。学生可以明确理论概率和试验频率的差异，理论概率是基于数学推理得出的，而试验频率是通过实验观测得出的。学生还可以发现，在一次或少数次的实验中，试验频率可能与理论概率存在较大差异，但是当实验次数增加时，试验频率会逐渐接近理论概率。这就是用频率来估计概率的思想。

5. 用列表或画树状图求两次掷硬币的概率

在初中的概率教学中，学生需要学习如何计算生活中一些较复杂的随机事件的概率，例如掷两枚硬币都朝上的概率。这是基于等可能性的概率计算的基础。为了帮助学生理解这一点，我们可以使用不同的方法，如列表和画树状图，来列举所有可能的结果。在教学中，我们要让学生体会三个方面。首先，遇到复杂事件的概率时，可以通过用频率估计概率的方法，通过试验的频率进行估计，从而更好地理解概率的本质。其次，通过大量试验，学生可以进一步感受到在足够多的试验次数下，频率的稳定性，从而更好地理解概率的本质。最后，通过讨论，让学生认识到两次等可能事件的结果仍然是等可能事件，并让学生用多种方法不重复地列举所有结果，以体验列表或画树状图的优越性。为此需要设计以下问题串来突破关键点。

问题1　取两组相同牌，牌面数字都是1和2，从每组牌中各摸出一张，称为一次试验。如果某一次试验先摸得第一张牌是1，那么摸第二张牌时，猜测牌面数字为几的可能性大？请同桌合作进行30次的摸牌试验，看看有什么结论？

问题2　少量的试验也没有一般性，为了让结论更具有说服力应该怎么办？

问题3　在这个摸牌试验中，一次试验会出现哪些可能的结果？每种结果出现的可能性相同吗？

问题4　为了更好地表示上述试验，能否用图或表格来表示呢？引出用树状图和列表法表示等可能的结果，得出概率的计算方法。

问题5　随机掷一枚均匀的硬币两次，两次都正面朝上的概率是多少？至少有一次正面朝上的概率是多少？小明连掷3次，都是正面朝上，那么你认为小明掷第4次时，出现正面的可能性大还是出现反面的可能性大？

教学中创设摸牌试验，先让学生猜想，从理论上讲，如果摸的第一张牌是1，那么再摸第二张牌时，牌面为1和2的可能性是相同的。但真实试验中，结果很难预料，尽管同桌重复做30次，也未必出现牌面1和2各15次，有的16、14，有的13、17，还有的19、11……自身的不均等以及与别组结果的不一致，会导致学生争论、怀疑、困惑。受牌面数字的影响，学生对"先1后2"和"先2后1"都一样这种错误经验的负迁移，这将影响到后续正确使用树状图和列表法求概率。为消除错误认识，可以引入记号，突出有序，使学生真切感受四个并列结果，从而引出树状图和列表法求概率的方法，并体验列表或画树状图的优势。通过这样的教学，学生可以更深入地理解概率的基本原理和计算方法，并将其应用于更复杂的随机事件中，为将来高中阶段更深入的学习打下基础。

第十节　"综合与实践"的关键环节及其教学实施[①]

一、"综合与实践"概述

"综合与实践"是义务教育阶段数学课程内容的四大领域之一，是以主题式学习、项目式学习等形式呈现的活动性的课程；"综合与实践"强调的不仅是数学知识的整体性、综合性和应用性，更在于引导学生进行自主探索、合

[①] 张弘，高晓晴．初中数学"综合与实践"的关键环节的实施与思考[J]．福建教育，2024（06）：40-44．部分内容有删改．

作交流和实践操作；设立"综合与实践"课程，帮助学生在现实世界与数学世界之间搭建一座桥梁，学生在学习过程中不断积累数学活动经验，促进他们创新意识和实践能力的不断发展。

与其他领域相比较，"综合与实践"没有具体的知识、技能的教学任务，其课程内容具有更典型的"综合性"与"实践性"，并在提升数学知识应用能力、培养解决问题的能力、培养综合运用知识能力、增强学习动力与兴趣以及培养团队合作和沟通能力等五个方面表现出独特的育人价值。

数学综合与实践活动旨在将抽象的数学理论应用于实际问题解决。在解决实际问题的过程中，学生能更深入地理解数学概念、原理及方法，并学会将其运用于实际生活，从而增强数学知识的实际应用能力。

在数学的综合与实践中，学生需针对实际问题进行分析和解决。此过程有助于培养学生的解决问题的能力，涵盖问题分析、构建模型、求解及结果解释等多个方面。这些能力不仅在数学领域具有价值，同时对其他学科和日常生活中的问题解决亦具有重要意义。

在数学综合与实践的过程中，学生需运用多元化的数学知识与技能以解决实际问题。此过程要求学生具备综合运用知识能力，即学生应能整合各类数学知识方法，进而构建全面的问题解决方案。

数学综合与实践的学习过程更加符合学生的实际需求与兴趣，通过解决实际问题，学生能够深切体会学知识的实际应用与价值，进而激发学习动力与兴趣，唤起学生对数学学科的热爱。

在数学综合与实践活动中，学生经常需要参与团队协作，共同寻求解决方案。这有助于学生提升团队合作及沟通能力，懂得如何与他人协同工作、共享思维及交流见解。

随着《课标（2022年版）》的发布，特别是教育部等十八部门发布《关于加强新时代中小学科学教育工作的意见》，要求"各地要按照课程标准，开展实验和探究实践活动，落实跨学科主题学习原则上应不少于10%的教学要求"。"综合与实践"领域的教学引起了广泛关注，但在具体的实践层面，老师们必然会遇到一些困惑，因此有必要对"综合与实践"领域的实施进行更细化的阐述，以期为一线教学提供具体化、可操作的有益参考。

二、"综合与实践"活动的关键环节

课程的活动性，决定了综合与实践的活动设计将不同于其他数学知识的教学设计，其活动一般包括六个关键环节：主题策划、选题确定与合理性分析、制定学习计划、实施计划、实际问题解决与成果转化以及评价反馈。

（一）主题策划

主题策划是综合与实践活动的起点，它确立了活动的总体方向和核心要点。教师在对初中数学知识进行系统梳理和整合的基础上，结合学生的实际情况和兴趣爱好，策划适合的主题和活动内容。例如，设计一些与日常生活相关的主题，如"购物中的数学""旅行中的数学"等，让学生在实践中感受到数学的实用性和趣味性。综合与实践活动主题的策划是一项系统而细致的工作，为确保主题的合理、规划的高效，教师应当综合考虑以下几个要点：

1. 关注学科知识

数学学科的综合与实践本质在于数学"探究"与"应用"，即学生综合运用所学习的数学思想、方法、知识、技能解决数学问题或生活问题、社会中的问题。[1] 因此，在进行主题规划时，教师要对活动过程中可能用到的数学知识进行预判，并关注两个问题：一是用到的知识与学生已有的知识相匹配，二是用到的知识应尽可能的是初中数学的核心内容。如"测量罗星塔高度"可能涉及到相似、三角函数等知识，就不宜在七年级开展。

2. 结合生活环境

实践性是综合与实践的典型特征，结合学生的生活环境规划学习主题可以让学生更容易参与活动、进行实践。如："如何解决年夜饭中浪费桌子空间问题"的选题贴近学生的生活，增强项目的真实性和可行性，让学生将数学知识应用于实际情境；"欧拉图研究——如何安排三坊七巷游览路线？"的选题融入地方文化元素，同时也增强学生对家乡的认同感；"考察身边的轮椅坡道"的选题能够引发学生关注当前的社会热点问题，培养他们的社会责任感。

---

[1] 史宁中，曹一鸣. 义务教育数学课程标准（2022年版）解读［M］. 北京：北京师范大学出版社，2022：231.

3. 关注兴趣爱好

主题的选取应充分关注学生的兴趣。可以通过问卷调查、小组讨论等途径了解学生的兴趣和爱好，筛选出适宜的教学主题，提升学生的学习积极性，让学生真正"动起来"。如："双十一满减优惠方案设计"和"应用3D打印技术，制作出建筑物的立体模型"都是孩子们比较感兴趣的主题。

4. 促进跨学科学习

《课标（2022年版）》对综合与实践领域，加强了综合运用各学科知识的跨学科实践活动的要求。因此，教师应积极地、创造性地设计具有跨学科特征的主题，融汇数学与其他学科如科学、社会科学等领域的知识，如综合运用数学、物理、音乐等学科的知识与方法，让学生利用吸管制作能吹奏出曲子的简易乐器。

5. 关注系统性与层次性

作为一个独立的领域，"综合与实践"也应该有相应的教学计划，教师要依据学生的认知发展水平和学习目标，并综合考虑学校周边教育资源的实际状况，制定出有系统性和层次性的三年规划（如表1）。系统性是指各主题之间尽可能有内在逻辑关系，有助于学生对某个领域的问题有比较深入的了解，或是从不同角度形成合力，促进素养的结构化；层次性是指各主题的综合性逐渐增强，以及各主题所涉及到数学知识、技能、方法由浅入深、由易到难，既适应学生的认知发展规律，也有利于学生应用意识和创新意识的进阶发展。当然主题的三年规划需要根据过程中的具体情况进行适应性调整、优化，以更充分地发挥综合与实践课程的育人价值。

表1 福州屏东中学综合与实践三年规划

年级	学期	学习内容	项目	跨学科	课时数	项目持续时间
七年级	上学期	有理数运算	进位制的应用 如：探秘二维码	数学、信息科技	5	2周
		几何图形初步	环境设计与布置 如：设计冶山春秋园	数学、地理、物理、生物	5	4周

续表

年级	学期	学习内容	项目	跨学科	课时数	项目持续时间
八年级	下学期	不等式与不等式组	采光面积 如：(1) 房子的采光面积； (2) 太阳能集热器采光面积。	数学、地理、物理、信息科技	5	1年
		数据的收集、整理与描述	采光时长 如：小区高楼采光时长。	数学、地理、信息科技	5	1年
	上学期	全等三角形	平面图形设计 如：(1) 平面图形镶嵌； (2) 重心。	数学、艺术、物理、信息科技	5	2周
		轴对称	图形的变换 如：(1) 建筑中的数学结构美； (2) 取镜借光。	数学、艺术、物理	5	3周
	下学期	一次函数	音乐中的数学 如：(1) 钢琴键盘中的数学； (2) 音符中的数学。	数学、艺术	5	2周
		数据的分析	体质健康中的数学 如：(1) 体育运动与心率； (2) 体重与脉搏。	数学、体育与健康、信息科技	5	2周

续表

年级	学期	学习内容	项目	跨学科	课时数	项目持续时间
九年级	上学期	反比例函数	交通出行中的数学 如：（1）高铁运行中的数学； （2）减速带间距的设计。	数学、信息科技	5	2周
		直线与圆的位置关系	生活中的优化问题 如：（1）购物优惠问题； （2）出行优化问题。	数学、信息科技	5	4周
	下学期	锐角三角函数	测量问题 如：（1）停车位的设计； （2）遮阳棚的设计。	数学、物理	5	2周
		随机事件的概率	保险、彩票类概率问题 如：（1）彩票中奖问题； （2）保险赔付问题。	数学、信息科技	5	2周
合计					60	

备注：

1. 综合与实践的整体的课时应该不少于数学课时数的10%，具体实施时根据项目特点划分相应课内和课外的学时；

2. 项目持续时间应根据项目的特点和学生的研究需要进行设定；

3. 项目规划可以由教师设计，也可以由学生在活动中自主提出；

4. 教师在指导学生选题时可以给出选题示例，应倡导由学生根据自身的环境提出选题。

（二）选题的确定与合理性分析

选题的确定与合理性分析是在规划的主题之下进行的进一步聚焦和可操作化处理，为活动的顺利开展提供坚实的基础。选题涉及内容选择、目的设定及合理性评估等方面。在此过程中，学生需运用所学的知识与技能，对选题进行深入剖析和全面评估，通过对选题合理性的细致分析，学生的审辨能力也将得到发展。该环节的实施有以下三个关键点。

1. 教师引导

教师应根据学生的实际情况，提供选题设计的指导和建议，帮助学生明确研究方向和方法。如：在"改造教室——让学习更美好"主题下，教师引导学生思考："教室是同学们日常学习与活动的重要场所，在教室中你是否发现了一些物品的摆放位置、工具的使用存在不便利的地方？请各小组在力所能及的范围内寻找一个研究主题，思考造成不便的原因是什么，如何应用数学和其他学科的知识和方法进行改良，提出教室改造的合理建议。"

2. 学生主体

学生是学习的主体，选题应充分尊重学生的主观能动性，才能最大限度激发学生的主体意识，从而更积极地投入。在选题环节，教师可鼓励学生以小组为单位，基于兴趣和生活经验进行讨论提出1—2个选题，并进行详细的分析和说明，包括选题的重要性、研究的可行性等。如，在"教室改造"主题下，学生分小组讨论后得出如下几个选题：改进桌椅分布位置以提升活动的便利性；调整时钟摆放位置让更多同学看清时间；改进黑板擦的扬尘和擦出效果；寻找黑板反光问题的解决策略。这些选题在不违背主题的条件下，具有一定的自主性。

3. 可行性评估

为了确保选题的价值性和可操作性，教师还应该组织一个选题的论证会，对所选的题进行可行性评估。教师可事先提供如下主题评估表（如表2），让学生展示他们的选题，并接受教师和其他同学的提问和反馈，围绕五个维度进行讨论，根据论证会的反馈，每个小组最终确定一个合适的选题。这个环节有助于评估每个选题的实际操作性和研究价值，确保研究的质量和深度。

表2 项目式学习主题评估表

维度	内容	案例解读
选题意义	选题是否具有真实意义（是否贴近社会和生活）	四个选题均贴近学生的生活实际，如选题（1）是源于学生课间在教室活动的真实感受，通过项目的实施引导学生合理调整课桌椅分布位置，增加教室的活动空间。像这样从提升便利性的角度寻找研究的项目，能够充分激发学生探究的欲望。
选题价值	是否有应用价值	项目的实施要让学生切身感受到项目成果带来的巨大价值，这样有助于积累学生参加项目式学习的成就感。将四个选题的项目成果应用于教室的场景，能立竿见影看到效果的改善。如选题（2）的研究能够帮助我们找到时钟在教室摆放的最佳位置范围，通过调整摆放位置能让更多的学生看清时间。
可行性	是否具有可操作性	可行性是保证项目顺利实施的前提条件，方案的设计不能仅仅停留在"纸上谈兵"。"教室大改造"项目主要围绕观察、测量、画图、计算等基本活动，操作水平要求比较符合初中生的实践能力，对提升学生动手能力也有很大的帮助。在实际活动过程中，对于选题（3）在擦除效果的评价上，师生始终无法找到一个便于操作的评价标准，最终使得项目难以进行下去。
可用资源	是否有足够的资源支持	为了保障项目的顺利实施，除了考虑所用工具、活动场景等客观条件是否满足，还应考量项目所涉及的知识是否超出学生和教师的认知范畴。在进行以上四个项目活动过程中，所使用的工具（如：卷尺、时钟、课桌椅、黑板擦、日光灯等）都能方便地获取，解决问题所涉及的知识与方法都在师生力所能及的范围内。

续表

维度	内容	案例解读
学习目标	涉及相关知识和技能是什么	在确定选题的过程中，还应关注学科知识与技能是否能够在活动过程中得以体现，这样才能充分发挥学科优势，培养学生的跨学科应用能力。如选题（2）能够引导学生从教室、时钟中抽象得到数学中的线段、角、三角形等几何图形，从而可以利用所学的几何知识进行推理、运算得到想要的结果。在提出改进建议时，也涉及到物理中光的折射原理的应用，体现了跨学科的思维方法。
	是否凸显数学学科思维	选题的确定还应该注意突出数学的学科本位，关注对学生数学核心素养的培养。以上四个选题中，教师引导学生将实际情境数学化，利用数学的工具、方法找到实际问题的解答，这对于提升学生的应用意识和创新意识都大有裨益。

备注："教室大改造"学生选题如下：（1）改进桌椅分布位置以提升活动的便利性；（2）调整时钟摆放位置让更多同学看清时间；（3）改进黑板擦的扬尘和擦出效果；（4）寻找黑板反光问题的解决策略。

（三）制定学习计划

制定学习计划，是活动有序性和高效性的有力保障。这里所说的"学习计划"与前面提到的"三年计划"不同。三年规划是整体性的，统领三年的综合与实践活动，其制定者是教师；而学习计划则是针对每个具体的综合与实践活动，其制定者是学生。"综合与实践"建议多采用"主题活动和项目式"学习方式，激发学生学习热情和潜能。项目式学习计划实质上是实施方案设计，包括制定学习方案、交流修订学习方案以及确定时间表和路线图等三个重要环节。

1. 制定学习方案

制定学习方案需要小组的所有成员共同讨论完成，首先确定研究目标，明确需要解决的问题；其次分析问题，提出初步的解决思路和合理的假设；再次设计详细的解决方案，包括所需的步骤、方法和工具；最后根据解决方案，预测可能的结论或成果。

2. 交流修订学习方案

建议在各小组相互交流的基础上完成对学习方案的修订，一般可以先由各小组展示自己的学习方案，分享解决思路和预测结论；再由教师和其他小组提供反馈，提出建议和改进意见；最后由小组根据反馈进行讨论，对学习方案进行修订和完善。

3. 确定时间表和路线图

各小组应在教师的指导下，根据修订后的学习方案制定详细的时间表和路线图。时间表应包括每个阶段的开始和结束时间，以及关键里程碑和检查点，路线图可明确每个阶段的目标和任务，有序推进项目。

(四) 实施计划

实施计划，是学生亲身参与和实践的关键环节。在这个过程中，往往会涉及到数学模型的建立和验证，即基于实际问题，通过数学建模的方法将问题转化为数学表达式，并对数学模型进行分析和求解，以得出问题的解答或结论，图1是构建与验证数学模型流程图。

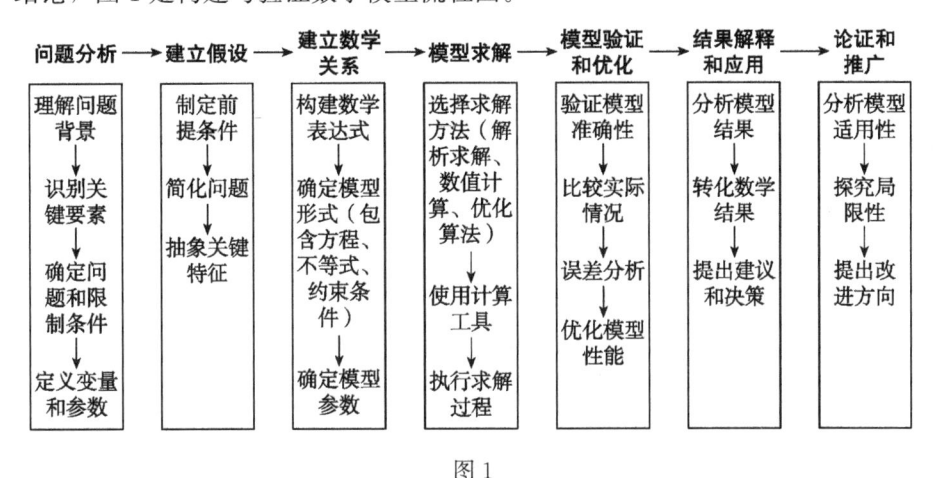

问题分析	→	建立假设	→	建立数学关系	→	模型求解	→	模型验证和优化	→	结果解释和应用	→	论证和推广
理解问题背景 ↓ 识别关键要素 ↓ 确定问题和限制条件 ↓ 定义变量和参数		制定前提条件 ↓ 简化问题 ↓ 抽象关键特征		构建数学表达式 ↓ 确定模型形式（包含方程、不等式、约束条件） ↓ 确定模型参数		选择求解方法（解析求解、数值计算、优化算法） ↓ 使用计算工具 ↓ 执行求解过程		验证模型准确性 ↓ 比较实际情况 ↓ 误差分析 ↓ 优化模型性能		分析模型结果 ↓ 转化数学结果 ↓ 提出建议和决策		分析模型适用性 ↓ 探究局限性 ↓ 提出改进方向

图1

以"利用数据建模估算共享单车投放数量"为例，大致需要经历以下步骤：

原始假设模型：基于单车编号唯一性推测总数。收集不同地点编号，分析关系。

数据收集：分组收集各地（如小区、地铁站）单车编号，记录观察时间和地点。

数据处理与分析：整理数据，使用电子表格软件记录，数据透视表分析单车流动。

统计图表绘制：绘制柱状图、折线图展示单车数量变化趋势，散点图展示数量与地点关系。

构建数学模型：在教师指导下，构建多种模型估算总数，如时间序列分析预测需求。

验证与结果：学生比较了不同模型预测与实际观测数据的差异，并选择误差最小的模型作为估算方法。结果显示，某些模型在预测单车数量方面表现优秀，为共享单车公司提供参考信息。

在数学模型的建立和论证过程中，需要注意以下几个方面：

1. 模型的适用性和精确性：确保模型基于可靠的数据和合理的假设，能够真实反映现实世界的现象。模型应具备可解性，并且能够通过适当的数学工具进行求解。

2. 建模方法的选择与实施：根据问题的性质，选择最合适的建模方法和技术。这包括确定模型的类型（如确定性模型、随机模型等）和结构（如线性、非线性等），并确保所选方法在实践中的应用是可行的和有效的。

3. 参数估计与模型验证：准确估计模型参数，并对模型进行灵敏度分析，以评估参数变化对模型结果的影响。同时，将模型预测与现实情况对比，验证模型的适用性和预测能力，确保模型能够在实际问题中提供可靠的决策支持。

（五）实际问题解决与成果转化

解决实际问题并实现成果的转化是对综合与实践活动结果物化的一种形式，其呈现方式可以有以下几种：

1. 通过制作模型或原型来展示他们的设计思路和方案，如图 2 是学生在"教室座椅摆放设计"活动后提交的设计方案；

图 2

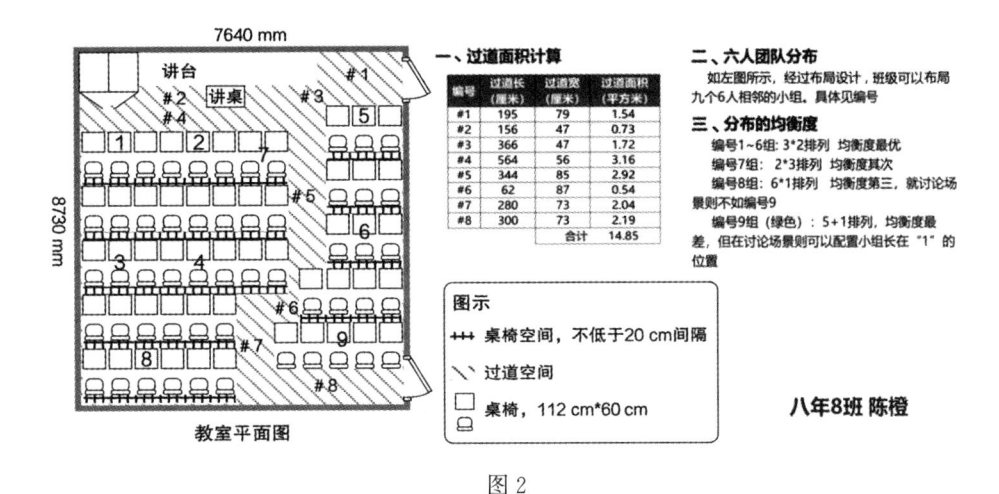

2. 创作作品或开发产品，如图 3 是学生在"乐器制作"活动后的作品；

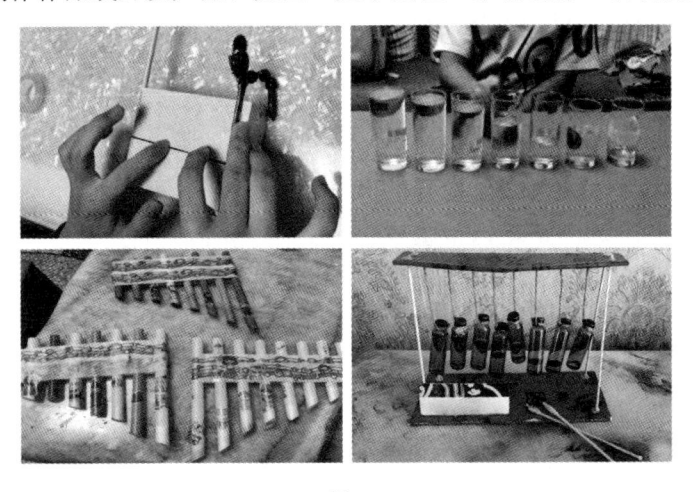

图 3

3. 通过项目学习解决实际问题，比如设计一个节能设备，开展社区服务活动等；

4. 通过项目学习提供服务或支持他人，例如，组织一个慈善活动，设计一个社交媒体推广策略，开展科普活动等；

5. 形成研究报告呈现项目成果，研究报告可以是一个书面报告、演讲、展览、视频展示或论文等。

(六) 评价反馈

评价反馈，能够对整个活动进行全面的审视和反思，为活动的持续改进提供指导。通过深入的评价反馈，可以全面了解项目的实施情况，分析项目成功或失败的原因，识别实施过程中存在的问题和不足，从中汲取经验教训，为今后的项目活动提供宝贵的参考和借鉴。可以设计如下项目评价表。

表 3 项目式学习评价表

评估项目	评估内容	评价主体	得分
目标评估	回顾项目设定的目标，评估是否达到了预期的结果。	师生共评	
过程回顾	回顾项目的整个过程，分析项目实施中遇到的问题和挑战，以及取得的成果和进展。总结项目中出现的问题和挑战，并提出相应的预防措施和改进方案。	学生自评	
资源利用	评估项目所使用的各项资源，包括人力、物力、财力等。分析资源使用的合理性和效益。	学生自评	
经验总结	总结项目中所学到的经验教训，可以提取出成功的因素和失败的原因，并进行分析和归纳。	学生自评	
成果评价	评价项目的成果和效果，分析成果的实际应用价值。	师生共评	
学习效果	评估项目对学生的学习效果和成长的影响。分析学生在项目中获得的知识、技能和能力，以及对学习兴趣和学习方法的影响。	师生共评	
效果反馈	将项目的反思和总结结果向学生提供反馈，提出建议，促进项目的改进和提高。	教师评价	
评价总结			

以"乐器制作"活动评价为例，通过学生自评、生生互评和教师评价，总结如下：既有数学的视角，又有音乐的视角，制作乐器的过程有明确的计

划，并合理分工组员任务，设计出便捷清晰的数据收集表，组长组织队员利用 Phyphox 软件精准地测量所需要的数据，根据数据能正确判断函数类型，并利用软件 Desmos 图形计算器拟合函数，再根据拟合的函数正确制作实验报告和乐器。提出改进建议如下：制作成品相对简陋，耐用性、美观方面也有待提高。乐器成品在美观方面可以再加点心思，音准方面也可以更加细腻。

以上六个关键环节根据活动的主题和目的的不同，其具体内容和执行方式会有所差异，但它们共同构成了一个全面且连贯的活动过程，每一个环节都有其独特育人价值。学习目标的达成度依赖于六个关键环节的精心策划和精准执行，六个环节的有机结合，充分体现了以学生为中心的教育理念，使得学习不仅仅局限于课堂内，而是延伸到课堂外，实现了从"学会解题"到"学会解决问题"，再从"解决问题"到"发现并提出问题"的转变。这一过程培养学生的团队协作能力，以及人际交往能力，真正实现了在"学做事"中"学做人"的目标。

三、"综合与实践"活动的实践与思考

《课标（2022 年版）》发布后，义务教育阶段的数学教学面临新挑战与机遇。新课标明确了综合与实践的学习内容和学习方式，为教学提供了详细指导。这一变革为学生核心素养的发展提供了支持，也为教师专业成长铺设了道路。新课标注重实践能力和创新思维的培养，不再局限于传统知识传授。数学教师需要更新教学理念，探索新教学方法。新课标下，数学教学将更注重个体差异，尊重学生兴趣和特长。坚持以"学生为中心"的指导原则，将"跨学科融合"作为核心理念，并借助"项目式学习"这一主要方式展开活动。这些要点不仅是确保"综合与实践"活动关键环节得以有效实施的重要保障，同时也是实现数学学科育人价值的关键所在。通过实践活动，引导学生主动探究、合作学习，培养学生自主学习和终身学习的意识。新课标还强调数学与其他学科的融合，提倡跨学科学习，以拓宽学生知识视野，培养综合素质。数学教师需要紧跟时代步伐，更新教学理念和方法，为学生的全面发展提供支持。

附录

附录1 初中数学关键教学点目录

章节	序号	关键教学点
数与式	1	数轴
	2	绝对值（第1课时）
	3	有理数的加法（第1课时）
	4	有理数的乘法（第1课时）
	5	有理数的混合运算（加、减、乘、除）
	6	列代数式表示数量关系
	7	整式的加减（第1课时）（合并同类项）
	8	平方根（第1课时）（算术平方根）
	9	实数（第1课时）
	10	同底数幂的乘法
	11	平方差公式
方程与不等式	12	等式的性质
	13	解一元一次方程（第1课时）
	14	消元——解二元一次方程组（第1课时）
	15	一元一次不等式（第1课时）
	16	分式方程（第1课时）
	17	解一元二次方程（第1课时）（直接开平方法）

续表

章节	序号	关键教学点
	18	实际问题与一元一次方程（第1课时）
	19	一元二次方程的根与系数的关系
函数	20	变量与函数
	21	函数的图象（第1课时）
	22	函数的图象（第2课时）
	23	正比例数 $y=kx$（$k\neq 0$）的图象与性质
	24	一次函数 $y=kx+b$（$k\neq 0$）的图象与性质
	25	一次函数与方程、不等式
	26	二次函数 $y=ax^2$（$a\neq 0$）的图象与性质
	27	二次函数 $y=a(x-h)^2+k$（$a\neq 0$）的图象与性质
	28	反比例函数 $y=\dfrac{k}{x}$（$k\neq 0$）的图象与性质
图形认识初步	29	直线、射线、线段（第1课时）
	30	直线、射线、线段（第2课时）
	31	角
	32	余角和补角
	33	平行线的判定（第1课时）
	34	平行线的性质（第1课时）
三角形	35	三角形的内角（第1课时）
	36	锐角三角函数（第1课时）
	37	三角形全等的判定（第1课时）
	38	等腰三角形（第1课时）
	39	勾股定理（第1课时）

续表

章节	序号	关键教学点
四边形	40	多边形及其内角和（第1课时）
	41	平行四边形的性质（第1课时）
	42	平行四边形的判定（第1课时）
	43	三角形的中位线
	44	矩形的性质
	45	平行四边形章小结课
圆	46	圆
	47	垂直于弦的直径
	48	弧、弦、圆心角
	49	圆周角
	50	点和圆的位置关系（第1课时）
图形的变化	51	平移（第1课时）
	52	全等三角形（图形的三种变化）
	53	画轴对称图形（第1课时）
	54	中心对称
	55	相似三角形的判定（第2课时）
	56	弧长和扇形面积（第2课时）
	57	三视图（第1课时）
概率统计	58	统计调查（第2课时）
	59	直方图
	60	平均数（第1课时）
	61	用频率估计概率（第1课时）
	62	用列表或画树状图求两次掷硬币的概率

附录2　初中数学关键教学点研究大事记

2011.9.29，福建省确立了首批四所基础教育初中数学学科教学研究基地学校。基地校围绕张弘老师主持的教育部课程教材研究所的立项课题《基于标准的初中数学过程性学习模式探究》开展初中数学学科教学研究活动。

2013.3.21，张弘老师前往东山岛调研活动中受到渔民收拾渔网启示，开始思考教学中是否存在关键节点问题。

2013.10.15—18，在厦门同安一中举办"2013年福建省初中数学学科会议"暨课题《基于标准的初中数学过程性学习模式探究》结题活动。针对"过程性"教学遇到的问题，由彭光清老师代表研究团队开设讲座《实施过程性教学中关键点的确定与设计》，明确提出"关键点"的概念。

2014.8.26，由彭光清老师主持申报福建省基础教育课程教学研究课题《初中数学关键教学点的选择与教学设计研究》（MJYKT2014-080）获得立项。

2014.12.1，福建省确立了第二批四所基础教育初中数学学科教学研究基地学校。基地校围绕课题《初中数学关键教学点的选择与教学设计研究》开展初中数学学科教学研究活动。正式提出"三个关注"，即"关注数学概念的理解和解释，关注数学规则的选择和运用，关注数学问题的发现和解决。"

2015.3.1—20，福建省第二批基础教育初中数学学科教学研究基地学校第1次工作会议。主题：初中数学关键教学点选择与教学设计。地点：福州第十一中学。

2015.8.11，彭光清老师参加福建省教育厅委托福建省教育学院组织的"福建省双一百援疆教育工程"活动，为新疆昌吉州全体初中数学教师开设讲座《初中数学关键教学点的确定与教学策略》。

2015.10.10－11，福建省第二批基础教育初中数学学科教学研究基地学校第 2 次工作会议。主题：初中数学关键教学点选择与教学设计。会上提出，通过研究改变教师凭经验教学中"有方法无依据"现象，引导教师懂得"用理论指导教学"。地点：屏南华侨中学。

2016.3.24－25，福建省第二批基础教育初中数学学科教学研究基地学校第 3 次工作会议。主题：初中数学关键教学点教学设计研究和实践。地点：同安一中。

2016.3－5，举办福建省首届初中数学"基于数学能力发展的关键教学点设计"大赛。共评出一等奖 25 名，二等奖 30 名，三等奖 35 名。

2016.4.8，陈惠增老师面向福建省福州市区初二年全体数学教师开设讲座：《谈初二下数学教学关键点》。

2017.1.12－13，福建省第二批基础教育初中数学学科教学研究基地学校第 4 次工作会议。主题：初中数学关键教学点教学设计研究和实践。地点：福安老区中学。

2017.2.20－22，福建省泉州聚龙外国语学校教学研究活动。张弘老师为活动开设讲座《初中数学关键教学点的选择与设计》。

2017.4.15，"初中数学关键教学点"通过彭光清老师在《中学数学研究（华南师范大学版）》2017 年第 4 期发表的论文《初中数学关键教学点〈变量与函数〉的课例研究》首次出现在正式刊物。

2017.5.3－5，福建省第二批基础教育初中数学学科教学研究基地学校验收会议。主题：初中数学关键教学点教学设计研究成果交流与整理。地点：福州第十一中学。

2017 年 7 月－9 月，举办福建省第二届初中数学"基于数学核心素养发展的关键教学点设计"大赛。共评出一等奖 25 名，二等奖 30 名，三等奖 35 名。

2017.10.27，张弘老师为福州市仓山区初中数学教师作《初中数学关键教学点的选择与设计》专题讲座。

2017.12.6－8，在泉州聚龙外国语学校举办的福建省"初中数学关键教学点研讨会"上，初步确定了 59 个关键教学点，对每个关键教学点的选择理

由进行了充分的讨论，并提出实施关键教学点的教学策略。（第 1 次聚龙会议）

2017.12.14，陈惠增老师面向福建省福清市全体数学教师开设讲座《基于关键教学点的课堂教学》。

2018.3.1，福建省确立了第三批五所基础教育初中数学学科教学研究基地学校。基地校围绕"基于智慧课堂的初中数学关键教学点实践"开展初中数学学科教学研究活动。

五所基地校申报的福建省初中数学学科基地校立项课题

序号	申报课题名称	申报单位	负责人
1	基于智慧课堂的初中数学关键教学点教学研究	福建省普教室	张弘
2	初中数学关键教学点实施评估研究	福州第十一中学	胡鹏程
3	基于能力发展的初中数学关键教学点案例教学研究	三明列东中学	詹高晟
4	信息化环境下初中数学关键教学点实施行动研究	石狮市实验中学	陈润生
5	基于核心素养的初中数学建模关键教学点案例研究	漳州八中	郑秋月
6	基于逻辑推理素养的关键教学点实践研究	龙岩一中分校	邓秀荫

2018.5.29－30，福建省第三批基础教育初中数学学科教学研究基地学校第 1 次工作会议。主题：基于智慧课堂下逻辑推理素养培养的初中数学关键教学点实践研究。地点：龙岩一中分校。

活动内容：

1. 郑秋月等 11 位老师分组开设基于智慧课堂的初中数学关键教学点微教学研讨课。

2. 严桂光老师开设讲座《整体把握教材 抓住关键教学点》。

2018.7.22，陈惠增老师参加福建省教育厅委托福建省教育学院组织的"福建省双一百援疆教育工程"活动，为新疆昌吉州全体初中数学教师开设讲座《基于关键教学点的数学课堂教学》。

2018.11.15－16，福建省第三批基础教育初中数学学科教学研究基地学校第 2 次工作会议。主题：信息化环境下初中数学关键教学点实施行动研究。地点：石狮市实验中学。

活动内容：

1. 陈润生等 6 位老师开设基于智慧课堂的初中数学关键教学点微教学研讨课。

2. 郑辉龙老师开设讲座《例说关键教学点微课制作的价值》。

2019.3.15－16，福建省第三批基础教育初中数学学科教学研究基地学校第 3 次工作会议。主题：基于智慧课堂的初中数学关键教学点案例研究。地点：漳州第八中学。

活动内容：

1. 林秋霞、胡鹏程两位老师开设基于智慧课堂的初中数学关键教学点教学观摩课。

2. 陈穆等 4 位老师从初中数学关键教学点选择、实施等角度开设讲座。

2019.4.22，张弘老师在福建厦门集美区教研活动中，开设讲座《把握关键 发展素养》。

2019.5.16－17，福建省第三批基础教育初中数学学科教学研究基地学校第 4 次工作会议。主题：基于能力发展的初中数学关键教学点案例教学研究。地点：三明市列东中学。

1. 黄和悦等 6 位教师分组开设基于能力发展的初中数学关键教学点同课异构教学观摩课。

2. 詹高晟等 4 位老师以初中数学关键教学点教学实施案例为切入点从不同角度开设讲座。

3. 张弘老师开设讲座《关键教学点设计落脚课堂的思考》。

2019.5.16，张弘老师在福建省沙县初中数学教研活动，开设讲座《把握关键 发展素养》。

2019.9.9－10，福建省第三批基础教育初中数学学科教学研究基地学校第 5 次工作会议。主题：基于智慧课堂的初中数学关键教学点教学评价研究。地点：福州第十一中学。

活动内容：

1. 胡鹏程、邓秀荫两位教师开设基于智慧课堂的初中数学关键教学点教学观摩课。

2. 彭光清、郑秋月两位教师分别开设主题为《初中数学关键教学点的微观察》和《引领、发展、辐射》讲座。

福建省第三批基础教育初中数学学科教学研究基地学校验收工作因故采用电子材料进行。主题：基于智慧课堂的初中数学关键教学点教学设计与实践研究成果。

2019.10.22，张弘老师在福建省名师"送培下乡"（福建平潭）活动中，开设讲座《初中数学关键教学点选择》。

2019.11.21，张弘老师在福建省名师"送培下乡"（福建德化）活动中，开设讲座《初中数学关键教学点选择》。

2020.9.19，张弘老师在福建省乡村骨干教师提升工程活动中，开设讲座《初中数学单元主题学习的思考与实践》。

2020.11.23，福建师范大学董涛教授在《聚焦单元教学主题下的福建省初中数学教研员线上研修培训》活动，开设讲座《初中数学单元教学的几个问题》。

2020.11.28，张弘老师在福建省南平市延平区初中数学"壮腰工程"教研活动，开设讲座《初中数学单元主题学习的思考与实践》《基于核心素养的初中数学课堂教学思考》。

2020.12.18，福建省确立了第四批四所基础教育初中数学学科教学研究基地学校。基地校围绕"基于初中数学关键教学点的课堂教学评价"开展初中数学学科教学研究活动。

四所基地校申报的福建省初中数学学科基地校立项课题

序号	申报课题名称	申报单位	负责人
1	基于初中数学关键教学点的数学推理的课堂教学评价研究	福州屏东中学	张年雄

续表

序号	申报课题名称	申报单位	负责人
2	基于初中数学关键教学点的数学运算的课堂教学评价研究	福州延安中学	陈国平
3	基于初中数学关键教学点的函数方程的课堂教学评价研究	建阳第二中学	蒋剑虹
4	基于初中数学关键教学点的图形几何的课堂教学评价研究	漳州第二中学	姚家辉

2021.3.19—4.28，基于关键教学点研究，为核心素养落地课堂教学，张弘老师分别在福州市台江区（3.19）、漳州平和县（4.27）、漳州龙海县（4.28）三地教研活动中，开设讲座《指向素养提升的初中数学教学有效性研究》。

2021.7.13—14，福建省第四批基础教育初中数学学科教学研究基地学校第1次工作会议。主题：基于初中数学关键教学点课堂教学评价研究。地点：南平市建阳第二中学。

活动内容：

1. 程丽萍等8位老师分组开设基于课堂评价研究的初中数学关键教学点研讨课。

2. 林祥华等6位老师聚焦课堂评价分组开设讲座。

2021.7.15，福建省初中数学关键教学点研究团队在泉州聚龙外国语学校，就8年来的研究进行交流研讨。本次研讨提出了"运算能力培养的关键教学点""图形认识的关键教学点""代数结构特征认识的关键教学点"。（第2次聚龙会议）。

2021.11.27，张弘老师在集美大学进行学术交流，开设讲座《把握方向提升素养》。

2021.12.30，张弘老师在莆田市北岸区初中数学教研活动中，开设讲座《核心素养下初中数学主题式学习》。

2021.12.6—7，福建省第四批基础教育初中数学学科教学研究基地学校第 2 次工作会议。主题：基于初中数学关键教学点课堂教学评价研究。地点：福州市延安中学。

活动内容：

1. 曾志勇等 8 位老师分组开设基于课堂评价研究的初中数学关键教学点研讨课。

2. 曾丽萍等 5 位老师以构建课堂评价体系助力教与学为主题从不同角度开设讲座。

2021.12.18，张弘老师为 2021 年昌吉领航项目培训班开设讲座《把握关键　提升素养——初中数学关键教学点的选择与实施》。

2022.3.4，张弘老师在福建省泉州台商投资区初中数学教研活动中，开设讲座《"双减"背景下的初中数学教学思考》。

2022.3.5，张弘老师在福建省尤溪县初中数学教研活动中，开设讲座《"双减"背景下的初中数学教学思考》。

2022.4.26，张弘老师在福建省福州市仓山区初中数学教研活动中，开设讲座《聚焦单元主题学习　提升课堂教学效益》。

2022.5.18－19，张弘老师在福建省泉州市泉港区初中数学教研活动中，开设讲座《大单元视角下的初中函数学习思考》。

2022.7.13，张弘老师为 2022 年广东省粤东西北教师轮训之"领航名师"（初中数学）培训班开设讲座《把握关键　发展素养》。

2022.7.19，张弘老师为 2022 年广东省粤东西北教师轮训之初中数学骨干教师培训班开设讲座《把握关键教学点　发展数学核心素养》。

2022.7.30－31，福建省第四批基础教育初中数学学科教学研究基地学校第 3 次工作会议。主题：校长论坛"聚焦评价改革，提升教学品质"。地点：福州市屏东中学。

活动内容：

1. 陈晶磊、左名淼两位老师开设基于课堂评价研究的初中数学关键教学点教学观摩课。曾志勇、钟奇汉两位老师为观摩课做了精彩点评。

2. 蒋剑虹等 4 位老师以课堂教学评价设计的着力点为主题从不同角度开设讲座。

3. 吴越等 9 位老师分组开设基于课堂评价研究的初中数学关键教学点研讨课。

2022.8.2，张弘老师为 2022 年广东省粤东西北教师轮训之中小学教师"领航工程"培训班开设讲座《把握关键教学点　发展数学核心素养》。

2022.10.12－13，福建省第四批基础教育初中数学学科教学研究基地学校第 4 次工作会议。主题：基于初中数学关键教学点课堂教学评价暨核心素养下初中数学关键教学点的行动研究。地点：漳州第二中学。

活动内容：

1. 福建省教育科学"十四五"规划课题《核心素养下初中数学关键教学点的行动研究》（FJJKZX22-671）开题论证会。

2. 福建省教科所郭少榕老师为活动开设《结构化研究系统性成果提炼：让中学数学教师走向品质研究》讲座。

3. 林攀峰等 6 位老师以重视课堂教学多维评价为主题从不同角度开设讲座。

4. 姚家辉等 9 位老师分组开设基于课堂评价研究的初中数学关键教学点研讨课

2022.11.26－28，在 2022 年福建省初中毕业班数学学科教学研讨活动中提出"三个回归"，即："回归课标，明确数学教育价值，领悟课程理念；回归教材，理清数学结构体系，把握数学本质；回归课堂，落实数学核心素养，促进学生发展"。

2023.5.22－24，张弘老师为 2023 年广东省粤东西北教师轮训之中小学教师"骨干教师"培训班开设讲座《"双减"背景下的初中数学教学评价研究》。

2023.5.25－27，福建省第四批基础教育初中数学学科教学研究基地学校第 5 次工作会议。主题：基于初中数学关键教学点课堂教学评价暨核心素养下初中数学关键教学点的行动研究。地点：南平市建阳第二中学。

活动内容：

1. 陈晶磊、何葳两位老师教学案例展示。

2. 高晓晴等 9 位老师基于初中数学关键教学点教学实践体会从不同角度

开设讲座。

3. 曾志勇等四位老师开设初中数学关键教学点研讨课。

2023.6.12－13，福建省第四批基础教育初中数学学科教学研究基地学校第6次工作会议。主题：基于初中数学关键教学点课堂教学评价暨核心素养下初中数学关键教学点的行动研究。地点：福州屏东中学。

活动内容：

1. 陈国平等8位老师分组以课堂评价促进教师专业素养发展为主题从不同角度开设讲座。

2. 庄学恩等4位老师开设初中数学关键教学点研讨课。

2023.7.31，福建省确立了第五批五所基础教育初中数学学科教学研究基地学校。基地校围绕"基于'备、教、学、评'一致性的初中数学关键教学点实践研究"开展初中数学学科教学研究活动。

五所基地校申报的福建省初中数学学科基地校立项课题

序号	申报课题名称	申报单位	负责人
1	基于"备、教、学、评"一致性的初中数学关键教学点的单元整体教学研究	福建省普通教育教学研究室	张 弘
2	基于"备、教、学、评"一致性的初中函数与方程关键教学点实践研究	福建省南平剑津中学	曹美兰
3	基于"备、教、学、评"一致性的初中数学运算能力关键教学点实践研究	福建省漳州第一中学	黄素兰
4	基于"备、教、学、评"一致性的初中数学"综合与实践"关键环节实践研究	福建省厦门市音乐学校	李惠金
5	基于"备、教、学、评"一致性的初中数学校本作业大数据评价研究	福建师大附属福清德旺中学	肖宇鹏
6	基于"备、教、学、评"一致性的初中数学推理能力关键教学点实践研究	福建省福州第一中学	郑春清

2023.12.11－12，福建省第五批基础教育初中数学学科教学研究基地学

校第 1 次工作会议。主题：基于"备、教、学、评"一致性的初中数学关键教学点教学设计研讨和实践。地点：福州第一中学。

活动内容：

1. 福建省教育科学"十四五"规划课题《核心素养下初中数学关键教学点的行动研究》（FJJKZX22-671）中期交流研讨。

2. 郑春清等 6 位老师以"备、教、学、评"一致性为主题从不同角度开设讲座。

3. 王淋淋等分组开设初中数学关键教学点研讨课。

2023.12.23，张弘老师为由国家教育行政学院主办的云南省 2022 年中小学幼儿园教师国家级培训项目初中数学班开设讲座《以素养为本实现"备—教—学—评"一致性——初中数学关键教学点的实施与思考》。

2024.1.12－14，开展"十四五"规划课题《核心素养下初中数学关键教学点的行动研究》研讨活动 1。

主题：核心素养下初中数学关键教学点的行动研究。

地点：泉州聚龙外国语学校。

活动内容：

初中数学关键教学点的行动研究，主要围绕初中数学关键教学点提出的背景、关键教学点的内涵与特征、研究意义、教学范式及基于核心素养的初中数学关键教学点及其教学实施进行深度研讨。

2024.3.8－10，开展"十四五"规划课题《核心素养下初中数学关键教学点的行动研究》研讨活动 2。

主题：核心素养下初中数学关键教学点的行动研究。

地点：福清第一中学观溪校区。

活动内容：

1. 初中数学关键教学点的行动研究，主要围绕基于课程内容的初中数学关键教学点及其教学实施要点的设计进行"备、教、学、评一体化"的研讨。

2. 进一步优化初中数学关键教学点的课时教学设计。

2024.4.8－10，2024 年福建省初中数学学科教学研讨活动。

主题：初中数学关键教学点的研究成果引导教师更好地理解、把握《义务教育数学课程标准（2022版）》的理念和实施要求，更有效地解决初中数学学科教育教学实践中存在的重难点问题，提升初中生的数学学科素养。

地点：福清融侨大酒店。

活动内容：

1. 数学思维与拔尖人才培养。

2. 基于新课程理念的初中数学教材。

3. 新课程背景下的教学评价。

4. 核心素养下初中数学关键教学点的研究。胡鹏程老师和曾志勇老师分别开设《"代数结构特征认识"的关键教学点及其教学实施》和《"模型观念"的关键教学点及其教学实施》专题讲座。

附录3 关键教学点案例

案例1 关键教学点课例研究[①]
——以"探索直线平行的条件"为例

2019年3月,胡鹏程老师参与了一场福建省学科会议,其间结合福建省正在进行的"关键教学点"研究,开设了一节交流课,其上课内容为北师大版教材七年级下册第二章第1节"探索直线平行的条件"(第1课时)。历经备课与上课后,胡老师进一步反思,感触颇深,尤其是针对如何发展推理能力,以及如何渗透几何研究思路和方法,有了全新的认识,现将部分环节的教学设想、教学实施与思考整理成文,与同行分享交流。

1 "关键教学点"介绍

在初中数学众多的教学内容中,有些属于根本的或核心的教学点,它们处于知识网络结构中的"节点"位置,我们将这种教学点称为关键教学点。一方面,关键教学点对发展学生的数学能力具有奠基、示范、归纳、引领、启迪等作用,对后续学习中促进和提升学生相应的数学能力发挥正向作用;另一方面,开展关键教学点的研究可以促进教师宏观地理解教材,避免"在教学过程中平均用力,重点不突出"现象的出现。

2 关键教学点分析

2.1 内容分析

[①] 胡鹏程."关键教学点"的课例研究——以"探索直线平行的条件"为例[J]. 中学数学教学参考,2019(17):71-74. 部分内容有删改。

教材在本节课安排了以下几个教学内容：（1）同位角；（2）基本事实：同位角相等，两条直线平行；（3）基本事实，即平行公理：过直线外一点有且只有一条直线与这条直线平行；（4）平行公理的推论：平行于同一条直线的两条直线平行。

2.2 关键教学点确定的理由

在教学内容的基础上，我们可以从以下三个方面做进一步分析。

2.2.1 知识层面

（1）平行公理是几何中的重要定理，欧式几何承认平行线唯一，非欧几何则不然。换句话说，平行公理决定了几何研究的范畴。

（2）识别同位角是研究平行线判定定理"同位角相等，两条直线平行"以及后续平行线性质定理的基础。

（3）《义务教育数学课程标准（2011年版）》将"同位角相等，两直线平行"列为9个基本事实之一，并将其作为后续两个平行线判定定理的推导依据。

2.2.2 能力层面

（1）教材按照由"说理"到"简单推理"再到"用符号表示推理"的过程循序渐进地发展学生的推理能力。本节课要求学生能根据同位角相等推断出两直线平行，虽然只定位在"说理"层面，但与前一节课"对顶角、余角和补角"相比较，其推理成分明显加强，推理能力的要求明显提高，这就使得本节课在合理发展学生推理能力的过程中，有着不可替代的作用。

（2）本节课通过动手操作得到平行线判定定理、平行公理及其推论，而不要求严格证明，这充分体现了由实验几何向论证几何的平稳过渡，有序推进推理能力的发展。

2.2.3 学法层面

（1）性质和判定是研究几何图形的基本问题，本节课是学生进行系统几何学习以来第一次接触"判定"（虽然教材此时回避了"判定"一词的使用），这对后续的几何学习起着示范、引领作用。

（2）本节课通过用角的数量关系刻画线的位置关系，体现了研究几何图形的基本思路和方法——用数量关系反映位置关系。

基于以上分析，我们认为"探索直线平行的条件"是几何教学的一个关键教学点。

3 备课思考及教学实施

3.1 备课思考

根据前面的分析，除去知识的重要性和基础性，发展推理能力以及渗透几何图形研究方法两个方面，也是本节课成为关键教学点的关键缘由，而本节课的所有教学内容都是建立在"探索直线平行条件"这一问题之上。故而，教师可主要围绕以下三个方面的问题展开备课思考。

（1）为什么要探索直线平行的条件？如何让学生感受到探索"平行"是必要的？

（2）本节课该如何发展学生的推理能力？发展体现在哪里？

（3）研究几何图形的思路和方法有哪些？本节课用到了哪些思路或方法？通过什么形式让学生体会、感悟这些思路或"方法"？

3.2 教学实施

3.2.1 课题的引入

针对"为什么要探索直线平行的条件？"教师可设计如下教学情境。

在电脑屏幕上展示两张照片，一张是授课班级学生的集体照，一张是教师所任教学校的校园照（如图 1 放置）。

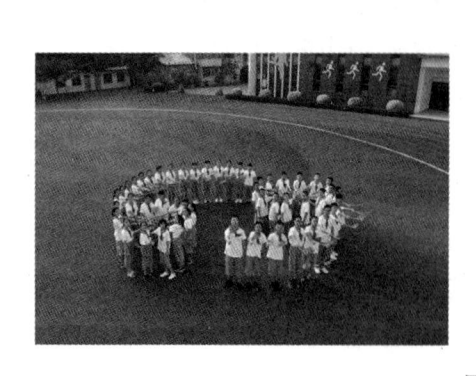

图 1

问题 1 有同学议论图 1（2）的照片放歪了，谁能解释下你们所说的"歪"是什么意思？

在师生的对答中，两张照片的一条边都出现一条红线，而后将照片隐去，留下两条直线。

问题 2　请你用数学的语言表述刚才所说的"歪"。

追问：怎样才能把照片摆"正"？又如何检验照片是否摆"正"呢？

教学说明　"正"的含义就是"平行"，检验是否"正"就是检验是否平行，即如何判断两条直线平行。在追问之后即可引出课题。

根据七年级学生的年龄特征和认识规律，学习内容的引入要贴近学生的生活实际，背景的引入要便于学生理解。考虑到教材所提供的情境（装修工人向墙上钉木条）并不是学生所熟悉的，教师可由生活术语"歪"引出"直线平行"的话题，说明"平行"和"验证直线平行"是生活中存在的真实问题，具有实际意义，这也就解决了"为什么要探索直线平行的条件"。

3.2.2　推理能力的发展

对学生推理能力的培养是义务教育阶段内容学习和目标达成的一条主线，同时也是一个漫长的过程。在北师大版教材体系中，本节课是发展学生推理能力的一个关键教学点。发展，即与之前的学习相比较，有进步、有提升。就本节课而言，发展主要体现在：学习"判定"（本节课是学生系统进行几何学习以来所接触的第一个判定），能依据定理做出判断，学会用符号语言。经过思考，教师可设计发展推理能力的两个关键环节——"揭示原理""应用新知"，具体实施如下。

环节 1　揭示原理

问题 3　我们在小学已经学过如何用三角尺画平行线，请大家试着画一画。

让一位学生在黑板上演示，并将操作的步骤归纳为：一放，二靠，三推，四画。

问题 4　你们认为，在这个步骤中，哪个（或哪些）步骤决定了所画的直线和原来的直线平行，为什么？

师生交流得出结论："靠"这个步骤最为关键。

追问 1：进一步思考，哪个（或哪几个）几何

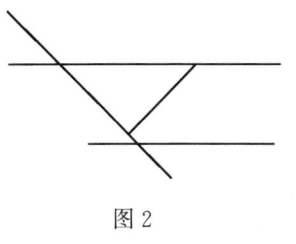

图 2

元素决定了"平行"？

在此过程中师生展开讨论，同时将三角尺的画图过程抽象成如图2所示的图形。借助"几何画板"的动态演示，直观地呈现三角尺没"靠紧"时所画的直线与原直线不平行，并由此抽象出如图3所示的图形。

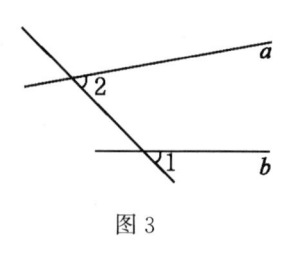

图3

问题5 经过探究，我们发现∠1与∠2的数量关系决定了直线a与直线b是否平行。请用一句话概括出来。

教学说明 通过问题4及追问，引导学生分析影响直线平行的元素。发现：是否"靠紧"影响着图3中∠2的度数，进而影响了∠1与∠2的数量关系，最终决定了直线a与直线b是否平行。于是，问题的焦点集中在∠1与∠2，促成同位角概念的提出，"研究同位角"也就顺理成章了，进一步，学生通过探究揭示出"同位角相等，两直线平行"。问题5让学生归纳原理，引导学生关注操作过程中"变中的不变量"是数学学习的精髓，更是推理能力发展的关键。

环节2 应用新知

(1) 如图4，①若∠1＝∠2，能得到哪两条直线平行？

②若∠3＝∠4，能得到哪两条直线平行？

③若∠2＝∠5，能得到哪两条直线平行？

(2) 如图5，∠C＝60°，当 _____ 时，AB//CD。

图4

教学说明 问题（1）是一组变式题，问题（2）是一道开放性的问题。通过题目的变式以及条件的开放，加强了学生对定理的理解，同时在解决这些问题的过程中，让学生简单说明理由，学会用定理进行推论，这是对学生推理能力的再次发展。

图5

当然，发展推理能力，还要把握好一定的"度"。所谓"度"，指的是要考虑学生的实际情况，控制好教学节奏，甚至应该让教学合理地"慢"下来。以上的教学过程中不采用形式上的逻辑格式，而是用说理的方式呈现推理过程，在"揭示原理"这一环节，只是让学生经历推理的过程，感受推理的作用，使说理作为观察、实验、探究得出结论的自然延续，这可以被看作是合理性的表现。

3.2.3 几何图形研究方法的渗透

几何图形研究什么，怎么研究？从内容来看，几何图形的研究包括图形的判定和性质，本节课（直线平行的判断）正是图形研究的一个重要内容。从方法来看，抽象是一种重要的研究方法，本节课，通过观察实物、动手操作，抽象出数学图形；借由抽象，又得到"三线八角"这样一个基本模型。从思路来看，本节课所研究的两条平行线被第三条直线所截，属于三条直线相交的特殊情况，体现了特殊与一般的思想，这也说明了研究"特例"的价值所在；利用角的数量关系来刻画线的位置关系，呈现了用数量关系反映位置关系的数学研究思路。除了在教学过程中渗透这些思路和方法，教师还应当在小结环节对思路和方法进行一番归纳、总结，使学生通过体会、感悟获得提升。由此，教师能够借助微课形式展开小结，具体如下。

（1）从"实际问题"到"数学问题"。我们从图片放置这样一个实际问题中抽象出数学问题"直线是否平行"，在"用三角尺画平行线"的问题中抽象出简单的几何图形。抽象让我们更方便地看出问题的本质，从而可以从数学的角度更好地研究问题。（电脑呈现图6）

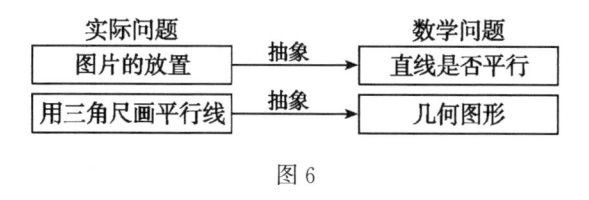

图 6

（2）从"两条直线相交"到"三条直线相交"。在两条直线相交的情形中，我们得到对顶角；两条直线被第三条直线所截即三条直线相交，我们得到同位角，这都是根据位置关系对角进行分类。垂直是两条直线相交的特殊情况，两条平行线被第三条直线所截可以看成是三条直线相交的特殊情况。由直角得到两直线垂直，根据同位角相等可判断两直线平行，这都是用"数

量关系来研究位置关系"。（电脑呈现图 7）

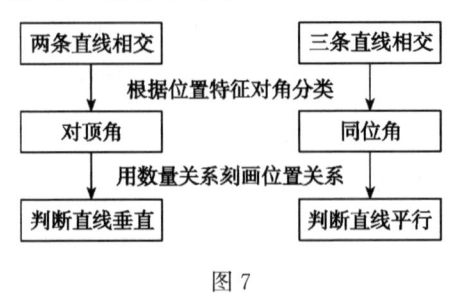

```
两条直线相交          三条直线相交
     ↓   根据位置特征对角分类   ↓
    对顶角              同位角
     ↓   用数量关系刻画位置关系   ↓
  判断直线垂直         判断直线平行
```

图 7

（3）从"文字语言"到"符号语言"。我们学过用符号表示线、角和垂直，今天又学了用符号表示平行。符号语言的学习也是数学学习的一项重要内容，通过符号语言，我们可以方便地交流、简洁地书写。（电脑呈现图 8）

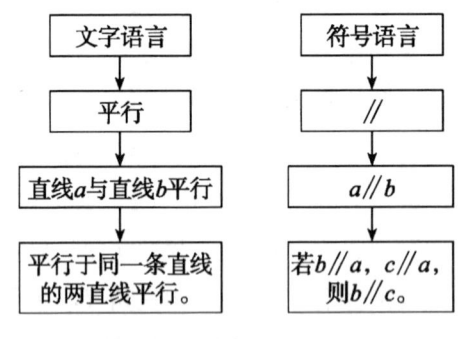

```
   文字语言              符号语言
      ↓                    ↓
     平行                  //
      ↓                    ↓
 直线a与直线b平行          a//b
      ↓                    ↓
 平行于同一条直线       若b//a, c//a,
   的两直线平行。         则b//c。
```

图 8

教学说明　考虑到学生虽然参与教学活动，但对于其中所蕴含的思想方法难以体会，而这又是本节课作为关键教学点的重要原因，影响着学生今后的几何学习，所以采用教师归纳，并以微课的形式呈现，笔者认为是必要且适宜的。这也使得小结环节成为本节课的一个亮点。

4　结语

"关键教学点"是一个宏观的概念，可能是一个单元，或者一个阶段，甚至某个领域中一节或者几节课，是在数学结构化的知识体系中，从知识或思想方法上对其他数学知识的学习有一定统领或较强迁移作用的教学点。除本课例之外，如人教版教材"角的平分线的性质"这节课，是学生进入几何学习以来第一次接触几何文字证明，这也是几何推理能力发展的"节点"，所以该课也是几何推理能力发展的一个关键教学点；又如，"平方差公式"是学生学习的第一个乘法公式，为今后数学公式的学习提供可类比的方法，在教学上具有奠基和启迪的价值，所以该内容是公式教学的一个关键教学点；再如，加权平均数作为初中分析数据的起始课中的一个主要内容，对发展学生的数据分析观念起到至关重要的作用，所以"平均数（第1课时）"是统计教学的一个关键教学点。

因教材编排体系的差异，不同版本教材的关键教学点也可能不同，但任何一个关键教学点的选择、确定都应有一定的依据，都是建立在分析教材、理解教学的基础上。根据关键教学点有针对性地实施教学，重点突破关键环节，可以让课堂更有效、教学更高效，既促进教师专业成长，更有利学生对数学知识、思想方法的理解，促进其核心素养有效发展。

案例2　核心素养视域下的关键教学点研究[①]
——以等腰三角形性质为例

初中数学中的关键教学点，是指在初中数学教学中，属于基础性、本质性的核心教学内容。这些"关键教学点"对初中数学的教学发挥奠基、示范、归纳、引领、启迪等作用，是发展学生的核心素养的关键抓手。等腰三角形性质作为第一个严格地按照定义、性质、判定展开教学的封闭几何图形，体现了研究几何图形性质的一般方法。

1　等腰三角形性质为什么是关键教学点

"等腰三角形性质"是人教版教材八年级上册第十三章第3节（第1课时）的内容。结合《义务教育数学课程标准（2011年版）》以及教材的要求，从知识、素养两个层面考虑，等腰三角形性质的教学对后续几何学习具有示范、引领的作用，是初中几何教学的一个关键教学点。

1.1　知识层面

等腰三角形是最常见的轴对称图形之一，是初中阶段研究图形与变换的基础。等腰三角形性质是轴对称图形的性质、全等三角形等知识的深化和应用，不仅进一步丰富了证明两角相等、线段相等和垂直的方法，又是后续研究等边三角形、菱形、正方形及圆等几何图形性质的基础，是平面几何体系中支柱性定理之一，在几何学习中具有不可替代的地位和作用。

1.2　素养层面

（1）借助图形的变换研究图形的性质，是几何教学中常用的方法。利用等腰三角形的轴对称性，不仅发现等腰三角形性质的关键所在，也为培养学生的几何直观能力提供素材，同时也为后续学习中利用对称性探索其他几何图形的性质提供了方法与策略上的参考。

（2）本节课运用合情推理和演绎推理相结合的模式探究等腰三角形的性

[①]　王淋淋，张弘. 核心素养视域下的关键教学点研究——以等腰三角形性质为例[J]. 福建中学数学，2020（07）：12-15. 部分内容有删改.

质，让学生经历"操作（实验）→猜想→证明"的探究过程，从中发展学生的推理能力，积累数学活动的经验，培养学生严谨的思维习惯。另外，等腰三角形性质的探究过程中，渗透的类比、转化、特殊与一般等中学阶段重要的数学思想，也影响着学生核心素养的培养和发展。

（3）等腰三角形是第一个严格地按照定义、性质、判定展开教学的封闭几何图形。对等腰三角形性质的探究所渗透的几何图形性质的研究经验、解决几何问题的思路和方法，是研究几何对象的"一般方法"，是后续研究等边三角形、四边形、圆等几何图形的范例，更是发展学生的数学学科核心素养的需要，在几何图形的研究中占有极其重要的地位。

基于对数学学科的核心素养的培养，本节课能力发展的长期目标定位为以下三个方面：

（1）如何培养学生的几何直观能力？具体如何操作？

（2）如何发展学生的推理能力？体现在哪些方面？

（3）如何让学生体会、感悟本节课用到的研究几何图形的思路和方法？

2 教学实施

2.1 几何直观的培养

数学实验是一种培养学生几何直观的有效方式。在实验过程中，学生通过操作、观察、探究等活动，不仅能够获得直观感性认识，还能促进他们的数学思考[①]。因此，教师可设计"数学实验"，利用数学活动来培养学生的几何直观，从而激发学生学习兴趣，具体操作如下。

环节1 数学实验

布置学生课前完成数学实验：从一个一般三角形的纸片中，通过只剪一次的操作，得到一个等腰三角形。

问题1 如何判断你所得到的三角形是等腰三角形？

追问：你认为在"剪"的过程中，关键步骤是什么？它的含义是什么？

教学说明 学生在小学阶段对等腰三角形的概念已有所了解，故将这一

---

① 李军. 借助数学实验 发展几何直观[J]. 中学数学教学参考，2016（1-2）：25-27.

环节提前让学生在课前完成，也给了学生充分思考的时间。这一操作活动让学生对"三角形"和"等腰三角形"产生直观的关联，关注了知识的逻辑性。同时，在动手操作的过程中，学生能够直观地感受"轴对称"在"剪"的过程中发挥的作用，体会等腰三角形的本质特征，在培养直观想象这一素养的同时，也为后面性质的证明作铺垫。

2.2 推理能力的发展

为了培养学生的推理能力，教师应当融合合情推理和演绎推理，可设计以下四个环节，以促使学生在探索性质的发现、证明、应用和迁移的过程中，增强其推理能力，从而推进逻辑推理素养的发展。具体实施方式如下。

环节2 提出猜想

问题2 关于等腰三角形，你们认为可以从哪些方面进行研究？

教学说明 教师引导学生通过回顾已有的几何学习的经验，类比得到本节课的研究内容——等腰三角形的性质，明确几何图形的性质就是几何要素之间确定的数量关系或位置关系，进一步巩固几何图形研究的一般思路，教会学生用数学的眼光观察一个几何对象。

问题3 在"剪"的过程中，等腰三角形的哪些元素重合？从数量关系和位置关系两个角度看，你能得到哪些有关等腰三角形性质的猜想？

教师引导学生折叠手中的等腰三角形，围绕着等腰三角形的组成要素（边、角）及相关要素（角平分线、中线、高）之间的相互关系，鼓励学生大胆提出猜想，在交流表述中完善猜想。

猜想1：等腰三角形的两个底角相等。

猜想2：等腰三角形顶角平分线、底边上的中线、底边上的高互相重合。

教学说明 通过问题3，教师引导学生借助"折叠"的直观感受，并结合等腰三角形的轴对称性进行合情推理，从中获得猜想。发现和提出数学问题的过程，是几何教学的一个重要过程，是学生积累数学基本活动经验，体会几何图形研究思路和方法，逐步学会数学思考，发展理性思维，提升学生核心素养的过程。

环节3 揭示规律

问题4 上述猜想是否具有一般性？具体来说就是，对于任何的等腰三角形,这两个猜想都成立吗?

教学说明 通过问题4,教师引导学生进一步学习数学证明。文字命题的证明对初学者而言难度较大,教师应带领学生回顾文字命题证明的步骤,分析命题的题设和结论,共同完成文字语言、图形语言、符号语言的转化。

问题5 证明两个角相等的方法有哪些?

师生讨论后得出:利用全等三角形的性质证明这两个底角相等较为适用。

追问:如何构造两个三角形全等?

师生交流和讨论后,学生独立完成演绎推理,同桌互相点评、纠正。

教学说明 通过问题5及其追问,教师鼓励学生积极参与推理活动。通过交流和讨论,学生将逐步展示他们的思考过程,从而理清思路。他们学会通过添加辅助线来转化问题,将证明角相等的问题转化为证明三角形全等的问题。无论是添加辅助线,还是渗透这种转化思想,学生的推理能力都有所提升。在演绎推理的过程中,教师还需关注学生书写证明步骤的能力。毕竟,数学语言的准确运用在一定程度上也对推理能力的提高起到支撑作用。

问题6 通过刚才的证明,我们可以确定猜想1是真命题,那么对于猜想2呢,是真命题还是假命题?

追问:在猜想1的证明过程中还能得到哪些相等的量?

问题7 对于两个猜想的证明,你们还有其他添加辅助线的方法吗?

追问:所添辅助线的本质是否相同?

在充分探讨后,师生形成统一意见——可用"三线"中的任意"一线"作为辅助线,全等的判定不同,但效果相同。学生在课后再完成其余两种证明方法的详细过程。

教学说明 考虑到猜想1和猜想2在证明上的连贯性,教师选择在问题5的追问环节中仅展示一种辅助线的添加方式。随后,通过问题7激发学生对辅助线添加方法的进一步思考,使学生意识到不同辅助线的选择本质上都是针对同一条线段的不同运用。这样的教学安排不仅加深了学生对"三线合一"含义的理解,而且通过探索一题多解,有效培养了学生的发散思维能力。

环节4 运用新知

例题 如图1,在△ABC中,$AB=AC$,点D在AC上,且$BD=BC=$

AD。求△ABC各角的度数。

（1）图中有哪些三角形是等腰三角形？

（2）设∠A = $α$，用含 $α$ 的式子表示∠CDB、∠C、∠ABC。

（3）求△ABC的各个内角的度数。

教师先让学生独立思考，在学生有困难的时候，通过设置（1）（2）这两个铺垫式的问题，引导学生从复杂的图形中分解出等腰三角形。

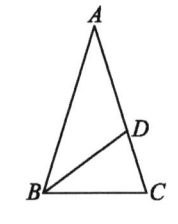

图1

教学说明 本题的目标是要求学生求出△ABC的各个内角的度数。为了实现此目标，学生需要理解△ABC各内角的关系。已知条件仅给出了一些线段相等的信息。如果学生能从中识别出等腰三角形，并将边相等关系转化为角相等关系，他们就能从中获得与角相关的信息，这是解决问题的突破口。选用这道例题的目的是加深学生对等腰三角形性质的理解，并在预测解题方向、探索解题思路的过程中发展合情推理能力，同时，通过新知识的运用和逻辑分析，进一步发展演绎推理能力。

环节5 拓展延伸

问题8 我们知道，等边三角形是特殊的等腰三角形，因此等边三角形具备等腰三角形的所有性质，那么等边三角形是否还具备其他特征呢？

追问：（1）等边三角形有几条对称轴？（2）它的三个内角有什么特征呢？

教学说明 通过问题8及其追问，教师引导学生从等边三角形是特殊的等腰三角形出发，学以致用，对等边三角形的性质进行自我建构。在教材中，等边三角形的学习安排在等腰三角形之后，然而鉴于几何图形研究的连贯性，对教材进行"再加工"，将等边三角形的性质提前到本节课亦属合乎情理。同时，这样的安排还可让学生体会到新知的"生长"。学生主动运用已学过的知识去解决问题、发现新知，这一知识迁移和同化的过程，也是对其推理能力的又一次发展。

坚持合情推理与演绎推理并重，是培养推理能力的关键所在。数学活动经验的积累是提高学生数学素养的重要标志，而数学活动经验需要在"做"

的过程和"思考"的过程中积淀，是在数学学习活动中逐步积累的。

2.3 几何图形研究方法的渗透

在环节2中，教师一般性地提出了研究几何图形性质的问题。这里，几何图形的性质是指几何要素之间确定的数量关系或位置关系。教师可以引导学生基于之前的操作经验、当下的观察与思考提出等腰三角形的性质。进入环节3，教师继续引导学生完成性质的证明，从而形成一个研究几何对象完整的套路。学生在教师指导下经历环节2、环节3，体验研究一个几何图形性质的基本套路。到了环节5，课程内容延伸到等边三角形的性质问题。这一环节，教师应鼓励学生基于之前掌握的研究套路，自主探讨等边三角形的性质，从而体会这种方法的普适性，并从中感悟研究几何问题的思想和方法。最后，在教学过程的"总结提升"环节，教师设计的活动旨在强调几何图形的研究思路和方法的重要性。这不仅贯穿整个教学过程，而且在最后的环节中得到强调和提升，起到"画龙点睛"的作用。具体操作如下。

环节6 总结提升

问题9 通过本节课的学习，谈谈你在数学知识、数学思想方法上的收获。在让学生畅所欲言后，教师可以利用微课的形式呈现小结。具体内容如下。

(1) 为什么研究等腰三角形？在研究一个几何对象时，我们通常会先了解其一般性质，然后探索是否有特殊情形值得深入研究。因此，在学习了三角形的相关知识之后，我们就开始研究特殊类型的三角形——等腰三角形。这一过程从普通三角形过渡到等腰三角形，再进一步到等边三角形，体现了对三角形的"边"的大小逐步特殊化的过程，在后续的学习中，我们还将对三角形的"角"的大小特殊化来研究直角三角形等更多特殊类型。（多媒体呈现图2）一般几何图形遵循的研究思路："定义—性质—特例"。

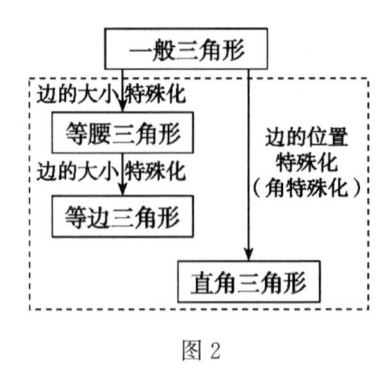

```
                    ┌─────────┐
                    │ 一般三角形 │
                    └────┬────┘
          边的大小特殊化   │
          ┌─────────┐    │ 边的位置
          │ 等腰三角形 │    │ 特殊化
          └────┬────┘    │（角特殊化）
          边的大小特殊化   │
          ┌─────────┐    │
          │ 等边三角形 │    │
          └─────────┘    ↓
                    ┌─────────┐
                    │ 直角三角形 │
                    └─────────┘
```

图 2

（2）怎么研究等腰三角形？在探索特殊几何图形时，我们应该研究什么？如何研究？通过这节课的学习，我们可以积累研究几何图形的数学经验。对于特殊图形，通常在明确定义后，我们会研究其"性质"和"判定"。因此，在了解等腰三角形的定义之后，我们接下的任务就是探究它的性质和判定方法。在研究等腰三角形的性质时，我们主要从它的构成要素（边、角）及相关要素（角平分线、中线、高）入手，发现等腰三角形两个重要特性："两底角相等"，以及"三线合一"。至于判定方法，我们将于下一节课中学习。（多媒体呈现图 3）同时，在本节课中，我们所经历的"操作（实验）、猜想、证明"这一探究，不仅适用于等腰三角形性质的研究，也是探索几何图形性质时普遍采用的方法。这个探究过程有助于培养学生的观察力、归纳能力和逻辑推理能力，是数学发现和创新的重要途径。

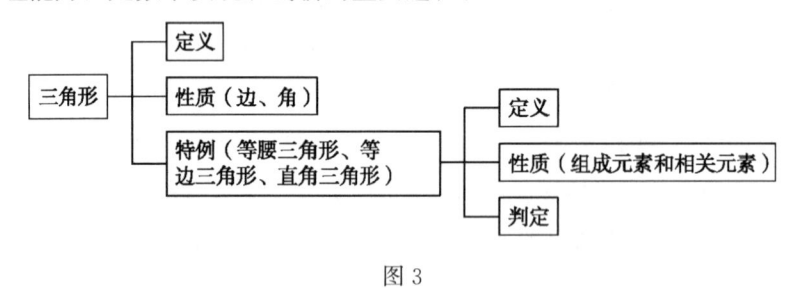

```
          ┌─ 定义
          │
  三角形 ──┼─ 性质（边、角）
          │                              ┌─ 定义
          └─ 特例（等腰三角形、等 ────────┼─ 性质（组成元素和相关元素）
             边三角形、直角三角形）         │
                                         └─ 判定
```

图 3

从学生层面上讲，本节课不仅仅让学生得到了等腰三角形的性质，更重要的是，在参与性质的探究过程中，他们积累了研究几何图形的宝贵经验，领悟了几何图形研究的基本思路和方法。此外，等腰三角形性质的研究可作为今后学习其他几何概念的范例。对于教师而言，通过本节课的备课思考、教学设计，他们对教材和教材内部知识体系有了更加清晰的认识，对关键教学点的研究也有了更深刻的感悟。这为后续的研究在一定程度上提供了参考和借鉴。可见，加强"关键教学点"的教学，不仅对学生后续学习中新旧知识的衔接、数学能力的发展、核心素养的形成具有积极的正向作用，也有利于教师从宏观上把握教材，构建逻辑连贯的教学体系[①]，思想一致的研究方法，从而落实数学学科的核心素养。

---

① 胡鹏程."关键教学点"的课例研究——以"探索直线平行的条件"为例[J].中学数学教学参考，2019（6）：71-73.

案例3　把握教学关键　追求自然生长[①]
——初中数学关键教学点"平行四边形的性质"教学思考

关键教学点是指在初中数学教学过程中，某知识内容范围内一个根本的或核心的教学点，它在教学过程起到"奠基、示范、归纳、引领、启迪"的作用[②]。关键教学点是新旧知识的关键衔接点、培养数学能力的重要支撑点、发展核心素养的主要着力点。2019年5月16日，福建省初中数学学科基地校工作会议在三明市列东中学召开，会议主题为"基于数学核心素养发展的关键教学点教学研究"，会议期间所展示的研讨课"平行四边形的性质（第1课时）"（北师大版《义务教育教科书·数学》八年级下册第六章第1节）聚焦主题，得到与会老师的热议，也引发笔者的进一步思考，现整理成文，与同行交流。

1　教学内容分析

针对此部分的要求包括：理解平行四边形的概念；探索平行四边形的中心对称性质；探索并证明平行四边形性质定理。基于此，教材首先展示一组实际情境中的平行四边形图片，用以引出平行四边形定义，接着通过"做一做"，探究发现在此基础上平行四边形是中心对称图形，进而发现并证明平行四边形的对边相等、对角相等，最后安排一道例题巩固性质的应用。从知识层面而言，平行四边形的定义和性质在"图形的性质"的教学中起着承上启下的作用。它既是平行线和三角形等内容的应用和深化，也是研究平行四边形的判定和研究特殊平行四边形的基础。同时，平行四边形的性质为证明线段相等和角相等提供了新的方法。从能力层面来看，本节内容的学习要经历观察、猜想、验证、推理等数学活动，实现三种不同形式的数学语言（文字语言、图形语言、符号语言）之间的相互转化，有助于培养学生的抽象思维

[①] 詹高晟，苏德杰. 把握教学关键　追求自然生长——初中数学关键教学点"平行四边形的性质"教学思考 [J]. 中学教研（数学），2019（11）：14-16. 部分内容有删改.

[②] 彭光清. 初中数学关键教学点《变量与函数》的课例研究 [J]. 中学数学研究（华南师范大学版）（下），2017（2）：12-15.

与逻辑推理能力，推动严谨思维习惯的养成。从方法层面来说，本节课类比特殊三角形的研究思路和方法来探索平行四边形的性质，通过连接对角线把证明"平行四边形对边相等"转化为证明两个三角形全等，这种研究方法为学生自主探究凸多边形提供了策略上的示范。从素养层面来说，本节课学生经历图形的分析与比较、几何命题发现与证明等过程，增强推理能力。显然，平行四边形的性质的教学为后继特殊的平行四边形乃至其他基本几何图形的研究提供类比、迁移的范式，是图形与几何教学中的一个关键教学点。

2 教学片段简述

片段1 创设情境，引入新课

上课伊始，教师提出问题：在以往的几何学习中，大家最为熟悉的图形是什么？其后，师生展开互动，梳理了三角形的知识体系，使学生体悟到：先研究一般三角形，然后着重研究了等腰三角形、直角三角形等特殊三角形，此过程体现了从一般到特殊的研究思路。紧接着，教师指出：从简单到复杂是研究几何图形的另一种重要路径，自本节课起，我们开始研究更为复杂的几何图形——四边形，与学习三角形类似，重点探究一些特殊的四边形，而后在黑板上渐次形成如下板书：

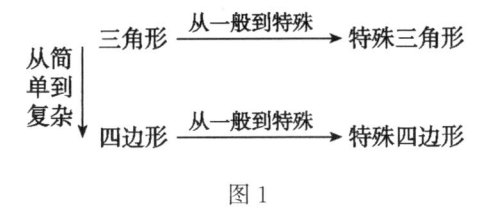

图1

接着通过PPT出示一组含有平行四边形的实物图片，从中抽象出平行四边形，引导学生类比研究等腰三角形的方法（概念—性质—判定），明确也将从概念、性质、判定等几个方面来研究平行四边形，点明课题。

评注　本节作为"平行四边形"章起始课，具有重要意义。其中，平行四边形的性质是本节课的教学重点，然而，教师并未仅仅着眼于本节内容的教学，还对三角形知识体系进行了梳理，通过类比，让学生明确了研究四边形的一般思路，使其感受到几何学习的"套路"，避免学生"只见树木，不见森林"，让学生在本章学习之初就能看到"整片森林"，厘清学习的脉络。随后，教师引导学生从实物中抽象出几何图形，加强图形的直观体验，使学生深切体会到几何图形和生活的紧密联系，从而激发了他们的学习兴趣。

片段2 明确定义，画图操作

在小学阶段，学生已学过平行四边形的定义，教师让学生回忆复述，然而大部分学生无法准确叙述。于是教师直接给出定义：两组对边分别平行的四边形叫作平行四边形。接着，教师请学生依据此定义画出平行四边形，教师再板演示范。而后，类比三角形，教师介绍平行四边形的表示法、读法，以及对边、对角、对角线等概念。最后，教师提出问题："运用符号语言表示平行四边形的定义。"以此引导学生用符号语言进行表示。

评注 教师精准把握学情，明确定位教学起点。在回顾平行四边形定义的基础上，引导学生把定义的文字语言表述转化为图形语言和符号语言，重视三种语言的相互转化，凸显初中阶段学习要求与小学阶段的差异，培养学生的抽象思维能力。同时，结合图形认识平行四边形的对边、对角、对角线等元素，为后续教学做好充分准备。

片段3 观察探索，发现性质

教师提出问题：可以从哪些角度来研究平行四边形的性质？从而引导学生可类比等腰三角形性质的研究，从对称性、边、角等方面来探究。

师：平行四边形是轴对称图形吗，是中心对称图形吗？

生1：平行四边形不是轴对称图形，是中心对称图形。

师：请找出它的对称中心。

生2：对称中心是对角线的交点。

教师通过几何画板演示验证平行四边形的中心对称性。

师：平行四边形的边、角有什么性质？

生（众）：对边平行。

师：说得对！定义具有双重性，作为定义，也是平行四边形的性质。平行四边形的边、角还有其他性质吗？

生（众）：对边相等、对角相等。

师：你们是怎么得到的？

生3：刚刚几何画板演示，旋转180°后得到的新图形与原图形重合，就说明对边相等、对角相等。

评注 经由类比研究等腰三角形的研究方法，明确了探究平行四边形性质的角度，渗透了研究新知的一般方法。教师将研究对称性作为性质探究的切入点，是经过审慎思考后的抉择，有助于引导学生自然发现平行四边形的对边相等、对角相等。然后在教师层层深入的连环追问下，学生自主进行观察、猜想，进而获得性质，教师的指导为学生提供了自主探索发现的空间，使其亲历知识的生成过程，思维畅达无阻。

片段4 推理论证，形成定理

教师指出，前面通过动态演示发现平行四边形对边相等、对角相等，但要判定这两个结论的正确性还要通过步步有据的推理。为此，提出问题："求证：平行四边形的对边相等"。

在学生结合图形写出已知、求证后，教师提出问题："应如何证明这个结论？"

生4：连接对角线就可以。

师：为什么要连接对角线？

生4：可以得到两个三角形，只要证明它们全等，就能证明对边相等。

师：非常好，通过添加对角线，构造全等三角形，就将四边形问题转化为三角形问题了，这是我们解决四边形问题常见的方法。

在构建出证明思路之后，教师先让学生独立完成推理证明，接着借由讲评来规范证明过程。然后由学生完成"平行四边形对角相等"的证明，鼓励学生采用多种多样的证法，体会"殊途同归"的证明策略。最后引导学生用符号语言表示平行四边形的性质。

评注 通过性质定理的证明，学生对性质的认识由直观感受上升到理性分析，将合情推理和演绎推理有机融合。在证明性质定理过程中，通过追问"为什么要连接对角线"，在学生理解得并不深刻、明白但尚未悟透之时，引导学生进一步思考，把思维引向深入，揭示问题的关键，真正领悟把四边形问题转化为三角形问题这一解题策略，渗透化归转化思想。

3 教学思考

3.1 研究学情，准确把握新知起点

很多重要的数学概念、数学知识在教材体系中都是采用逐级递进、螺旋上升的方式进行安排。教师在备课时，要细致了解学生的知识基础，深入研究教学内容，准确把握新知的教学起点。就本节课而言，平行四边形的概念小学阶段已经用文字的方式呈现过，还通过"量一量"的方式得出了平行四边形对边相等这一性质。到了初中阶段，该内容的学习不是小学阶段的简单重复，在学习深度和广度上都有实质性的提高。

本节课教师对新知起点的把握非常恰当，没有花过多的时间用在定义的引出上，而是关注定义的符号语言表示方法上，突出几何学习中三种语言的互相转化，注重抽象思维能力的培养。在探究"平行四边形对边相等、对角相等"性质时，本节课不再采用"量一量"的方法去操作发现结论，而是利用"平行四边形是中心对称图形"这一性质直接得到，这也是缘于教师对知识起点的准确把握。有效的课堂教学，应当把准学生发展之脉，努力逼近学生认知的最近发展区，在学生已有知识结构中寻找最近知识生长点，顺应学生已有认识，着眼学生发展。

3.2 理解教材，聚焦教学关键问题

课堂教学经常会内容繁杂，涉及多个方面，这就要求教师要真正理解教材，准确定位教学目标，分清教学主次，聚焦教学的关键问题，避免面面俱到。"平行四边形的性质"是初中几何中的一个关键教学点，除了在知识上起到承上启下的作用外，更重要的是，这里是初中阶段首次通过添加辅助线把四边形问题转化为三角形问题，渗透化归转化思想，这种转化策略在以后的数学学习上极为重要。然而，笔者多次听过"平行四边形的性质"公开课，不少上课老师都忽略了这一点，或许是因为本节课的这种辅助线方法学生比较容易想到，有的老师认为没必要去作深入分析，或许有的老师根本没意识到这是本节课教学的一个关键节点，导致一个很好的教学契机就此"滑过"。

在本节课的教学"片段4"中，当学生回答"连接对角线就可以"时，教师没有因为学生思路正确就此放过，而是通过追问"为什么要连接对角线"直击教学关键，通过学生的回答揭示数学本质，把隐含的思路显化出来，让部分还似懂非懂的学生真正悟透，体会深刻。过多的教学内容往往会干扰学生对主干知识、核心内容的掌握，我们在教学时，一定要突出主干内容，聚焦能力发展，培养核心素养。

3.3 注重"套路"，追求知识自然生长

高效的课堂，应能有效激发学生思维的积极参与，起承转合自然流畅，知识自然生长，教师犹如在讲述一个个美丽动人的故事，娓娓道来，让人赏心悦目，学生在不知不觉中获取新知，提升能力。

追求知识自然生长，本节课体现在两个方面：其一，课堂不是直接进入平行四边形概念和性质的学习，而是通过梳理三角形知识体系，通过类比让学生明确研究四边形的一般"套路"，然后再通过与等腰三角形类比，让学生明确可从对称性、边、角等方面来研究平行四边形性质，从宏观上把握整个知识体系；其二，在平行四边形性质探究过程中，通过"观察—猜想—验证—证明"这样层层递进的安排，从直观体验到理性分析，从合情猜想到演绎证明，吸引着学生的智力参与，积极思考，把思维引向深入，自主完成知识体系的建构以及数学思想的渗透、研究方法的归纳。特别是教师先安排"平行四边形是中心对称图形"这一性质的教学，然后顺势而为，为学生自然发现"平行四边形对边相等、对角相等"创造条件，两个环节之间无缝衔接，过渡无痕。

日常课堂教学都应该有条清晰的主线，以此带动知识的自然生长，让学生的思维在课堂激荡，使知识与技能、过程与方法、情感与态度等目标顺利达成[①]。

---

① 詹高晟. 追求自然生长 思维流畅的课堂教学[J]. 中学教研（数学），2017（2）：7-10.

案例4 初中数学关键教学点《变量与函数》的课例研究[①]

关键教学点是指在初中数学教学过程中，某知识内容范围内一个根本的或核心的教学点，它在教学过程起到"奠基、示范、归纳、引领、启迪"的作用。变量与函数这节课是初中数学的关键教学点。加强关键教学点教学，能使学生更好、更快地理解知识、掌握技能、形成能力。

1 教材分析

《变量与函数》是人民教育出版社《义务教育课程标准实验教科书·数学》八年级下册第十九章第一节第1课时内容。从这一节开始教材正式引入函数的概念。该节有两个知识点：(1) 常量与变量的概念，(2) 函数概念。

从知识层面讲，函数是描述运动变化规律的重要数学模型，它刻画了变化过程中变量之间的对应关系，是近代数学最基本的概念之一，在数学发展过程中起着十分重要的作用，许多数学分支都是以函数为中心展开研究的。学生在学习本章函数概念之前，在第二学段通过比例关系的学习，知道两个量中相互依存关系，在第三学段通过学习代数式、方程、不等式等内容，渗透变化与对应的思想，为理解函数概念做准备。函数概念是初中数学的关键教学点，是继续学习一次函数、二次函数、反比例函数等内容的基础。函数与方程、不等式等知识有密切的联系。

从思想方法层面讲，本章一次函数是函数值变化量与自变量变化量的比值固定不变的简单函数模型。通过研究一次函数可以获得初中函数研究的一般步骤（下定义—画图象—观察图象—概括性质）和基本思想（模型思想、数形结合的思想、运动变化和对应思想），发展数学观察、表征、抽象概括和推理能力。函数概念学习过程中蕴含的核心数学认知活动是数学抽象概括活动。

[①] 彭光清. 初中数学关键教学点《变量与函数》的课例研究 [J]. 中学数学研究（华南师范大学版），2017（04）：12-15. 部分内容有删改.

函数作为从数量角度反映变化规律的数学模型，在概括函数概念时要处理好：变量 y 要成为变量 x 的函数，需满足两个条件：（1）在同一变化过程中，两个变量 x 和 y 相依变化；（2）对于变量 x 的每一个确定值，变量 y 都有唯一确定的值与之对应。这是关于函数的最基本、最朴素的刻画，是函数概念的关键点，是核心所在。

函数是一个抽象概括程度很高的概念，在教学中，学生能否理解函数内容的概括性、符号的抽象性、形式的多样性等特点，能否体会变量间的"单值对应"关系这一教学重点是掌握函数的概念的核心。

2 课例分析

概念教学的核心是概括，是以典型具体事例为载体，引导学生分析其属性，抽象概括出共同的本质属性获得概念，再通过概念的应用，达到对概念的理解。由此，函数作为初中数学"概念教学的典范"，其教学几个基本环节依然如此。

2.1 函数概念的引入

问题 1 汽车以 60 km/h 的速度匀速行驶，行驶里程为 s km，行驶时间为 t h，先填下面的表，再试用 t 的式子表示 s。

行驶时间 t/h	1	2	3	4	5	6	7
行驶里程 s/km							

（1）先填上面的表，再试用 t 的式子表示 s。

（2）事件中有几个数值发生改变的量？有几个数值不变的量？

（3）变量与常量如何定义？

（4）变量与常量在生活中的例子有哪些？

师生活动：首先通过填表，教师与学生一起分析问题 1 变化过程中变量之间的关系 $s=60t$，引导学生得出有两个变量 t，s，一个不变的量 60，然后发现 s 随着 t 的变化而变化。

得出变量与常量的定义。

常量：在某一变化过程中，始终保持不变的量；

变量：在某一变化过程中，可以取不同数值的量。

根据学生回答，教师追问 s 是怎样随着 t 的具体变化而变化的呢？

当 t 的数值取定后，s 的值有一个且只有一个。也就是说，当 t 取定一个值时，s 的值由 t 的值唯一确定。

问题 1 变化过程：有两个变量 t，s。当 t 取定一个值时，s 有唯一确定的值与之对应。

评注 通过探究常量和变量，初步概括变量的联动性。为研究函数的概念做好铺垫。

反思 函数概念引入，需要创设有利于教学发展的情景。教学情境必须为课堂教学服务，必须为教学目标服务。教学情境的创设不能为情境而情境，不能和教学内容脱节，不能只有"面子"没有"里子"。其次情景的选择必须与学生的认知水平相符合。问题 1 就符合概念的引入要从数学概念体系的发展过程或解决实际问题的需要入手。

2.2 函数概念的形成

问题 2 下面各题的变化过程中，各有几个变量？其中一个变量的变化是怎样影响另一个量的变化的？

(1) 每张电影票的售价为 10 元，设某场电影售出 x 张票，票房收入为 y 元。

(2) 如图 1，用 10 m 长的绳子围一个矩形，矩形的一边长为 x m，它的邻边长为 y m。

(3) 如图 2，圆形水波慢慢地扩大，在这一过程中，圆的半径为 r，面积为 S。

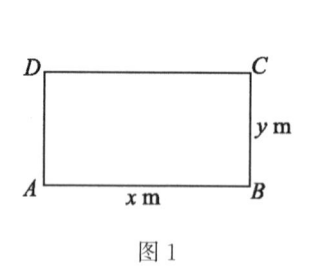

图 1

图 2

追问 对于变化过程问题 2（1）（2）（3），变量之间又有什么关系？

师生活动：引导学生对变化过程问题 2（1）（2）（3）进行类似于变化过

程问题1变量关系分析，并得到如下结论：

有两个变量 x，y，当 x 取定一个值时，y 有唯一确定的值与之对应。

有两个变量 r，S，当 r 取定一个值时，S 有唯一确定的值与之对应。

评注　如何把具体的实例进行抽象，形式化为数学知识是理解函数概念的关键。这里提出的问题"下面各题的变化过程中，各有几个变量？其中一个变量的变化是怎样影响另一个量的变化的"是一个关键的"脚手架"，借助"脚手架"，学生经历数学概念的形成过程，引导学生认识为什么要引进变量、常量、函数的概念，逐步了解如何给数学概念下定义。通过师生共同讨论，分析问题1（1）中一个变量的变化对另一个变量变化的影响，在此基础上，学生独立进行问题2（1）（2）（3）变量之间对应关系的分析，为发现这些对应关系的共同特征，完成对用函数的解析式表示两个变量间互相依赖关系的认识，实现函数概念的第一次概括提供归纳的样例。

反思　学生在学习函数概念之前，接触的基本上是常量数学的内容，是静态的数学知识。而函数研究的是变量与变量之间的关系，其特征是变化的、发展的、处于两个量的相互联系之中的。因此，了解函数的概念，需要学生的思维达到辩证思维的形态。然而，此时学生的辩证思维水平还很不成熟，这个矛盾是函数概念学习中认知障碍的根源。因此，在函数概念的形成过程，要先提供浅显的具体例证，让学生理解、概括其本质属性——变化与对应。

2.3　函数概念的明确

问题3　能用自己的语言说说这些问题中变量之间关系的共同特点吗？试一试！

师生活动：教师引导学生归纳，变化过程中有两个变量，当一个变量取定一个值时，另一个变量有唯一确定的值与之对应。如由 $s=60t$，当 $t=1$，2，3 时，能分别求出唯一的 s 值。

评注　进一步理解用解析式表示的变量之间的对应关系的共同特征的初步概括。

问题4　下面是我国体育代表团在第 23～30 届夏季奥运会上获得的金牌数统计表。把届数和金牌数分别记作两个变量 x 和 y，对于表中的每一个确定的届数 x，都对应着一个确定的金牌数 y 吗？

届数 x/届	23	24	25	26	27	28	29	30
金牌数 y/枚	15	5	16	16	28	32	51	38

引导学生说出届数与金牌数的对应关系，体会用表格也可以由一个变量的值确定出另一个相关变量的值。

评注 让学生感受到当一个变量取定一个值时，可以通过查表唯一确定出另一个变量的值，突出函数的本质属性，剥离"用式子表示变量关系"这一非本质属性。

问题5 如图3，是北京某天的气温变化图，你能说出9:00，10:00，13:00 的气温吗？

师生活动：教师在网上打开天气预报页面，引导学生阅读气温变化图，体会可以根据时间确定气温数值，体会这也是变量之间的单值对应关系。

追问 一天中，当时间确定时，气温的数值是否也是唯一确定的？

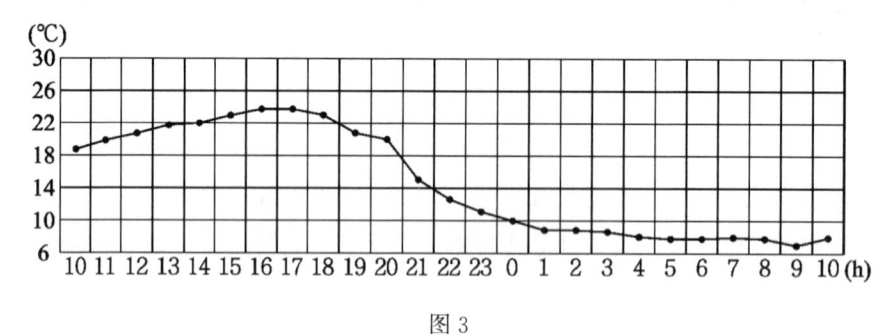

图3

评注 通过比较异同点，揭示函数的本质概念和不同的表示方法。让学生体会到，当一个变量取定一个值时，通过图象也可以唯一确定另一个变量的值，突出函数的本质属性，剥离"用式子表示变量关系"这一非本质属性。

反思 问题1、2确立了函数概念的"生长点"，学生体会到了函数是变量之间的对应关系，懂得变量之间可以用解析式进行表示。而通过问题3、4学生从对函数解析法的理解过渡到函数概念的本质是两个变量间互相依赖关系的认识，完成对函数概念内涵的第二次抽象认识。在教师引导下，学生探索了函数的三种表示方法：解析法、列表法、图象法，完成概念的类化过程，初步明确了函数概念，能用准确的数学语言描述概念的内涵与外延。学生在经历函数概念抽象化、一般化、结构化过程中,感到学习函数的方法与以前学习代数和几何的方法有着明显的不同,如函数的表达方式就是多样化等。如何在教函数时奠定知识的"延伸点",使学生适应这种多样化,逐渐认识到这些方法的作用,了解各种方法在不同情况下使用,会用不同的方法表示函数是教学中应该予以关注的问题。

2.4 函数概念表示

问题 6 对于上述实际问题中两个变量之间的关系,当一个变量取定一个值时,既有通过式子确定另一个变量的唯一的值,又有通过对应表格确定另一变量唯一的值,还有通过图象确定另一个变量的唯一的值。综合这些现象,你能归纳出上面实例中的变量之间关系的共同特点吗?请大家互相讨论。

师生活动:学生分组讨论,归纳出如下结论:在一个变化过程中,有两个变量,当一个变量取定一个值时,另一个变量有唯一确定的值与之对应。教师与学生一起概括出函数概念:一般地,在一个变化过程中,如果有两个变量 x 和 y,并且对于 x 的每一个确定的值,y 都有唯一确定的值与其对应,那么我们就说 x 是自变量,y 是 x 的函数。

追问 请结合问题 2 (1) 说说函数定义中"变化""对应""唯一确定"的含义。

师生活动:学生交流,教师引导学生进行点评,并顺势带出函数值的概念:

设 y 是 x 的函数,如果当 $x=a$ 时,对应的 $y=b$,那么 b 叫做当自变量的值为 a 时的函数值。

评注 函数涉及到很多复杂的层次和许多相关的上位概念。其中的层次主要有:(1) 在一个"变化"过程中;(2) 存在"两个"变量;(3) 这两个变量具有一定的"联系",一个变量的变化会引起另一个变量也"随之"变化;(4) 两个变量存在"单值对应"的关系。相关的上位概念主要有变量、对应等,主要的特征有变量、对应、唯一等。教师与学生在前面分步概括的基础上,概括出三类不同表现形式的变量对应关系的共同特征,形成函数概念。

反思 初中函数概念依赖于连续变化模型。它主要强调函数概念中的

"对应",并且明确是"y 对 x 是单值对应",这是初中数学中的函数定义的核心。

2.5 函数概念的巩固和应用

练习1 下面是我国大陆地区若干年份的人口统计表,表中的人口数 y 是年份 x 的函数吗?

年份 x/年	人口数 y/亿
1984	10.34
1989	11.06
1994	11.76
1999	12.52
2010	13.71

练习2 下列问题中哪些是自变量?哪些是自变量的函数?试写出用自变量表示函数的式子:

(1) 每分钟向一水池注水 0.1 m^3。注水量 y(单位:m^3)随注水时间 x(单位:min)的变化而变化。

(2) 改变正方形的边长 x,正方形的面积 S 随之变化。

(3) 某汽车油箱中有 50 L 油,它在高速公路上行驶,耗油量为 0.01 L/km,汽车行驶的里程为 x km,油箱中剩下的汽油量为 y L。

评注 形成函数概念后,以实例(正例)为载体分析关键词的含义,及时进行概念辨析。

练习3 周末,小李 8 时骑自行车从家里出发,到野外郊游,16 时回到家里。他离开家后的距离 s(km)与时间 t(h)的关系如图所示。

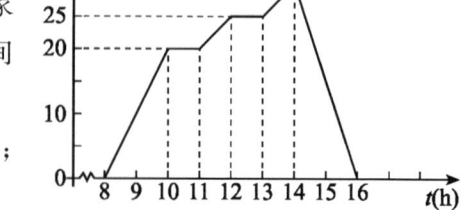

(1) 当 $t = 12$ 时,$s = $ _____ ;
当 $t = 14$ 时,$s = $ _____ 。

(2) 小李从_____时开始第一次休息,休息时间为_____h,此时离家_____km。

(3) 距离 s 是时间 t 的函数吗?时间 t 是距离 s 的函数吗?

练习 4　P 是数轴上的一个动点，它所表示的实数是 m，点 P 到坐标原点的距离为 s。

（1）s 是 m 的函数吗？为什么？

（2）m 是 s 的函数吗？为什么？

师生活动：学生思考，独立完成。教师巡视，个别辅导，提问学生并引导自我评价或互相评价。

评注　通过正反两方面的例子进一步进行函数概念辨析，深化对函数概念的理解。

反思　学生对概念的理解需要经历一个从模糊到清晰的过程，通过正例与反例的对照，才能准确理解概念的内涵。反例引用的时机、反例的量要恰到好处。过早、过多的反例会干扰学生对概念的准确理解。

3　教学建议

3.1　紧扣函数概念本质，加强概念形成的教学

初中函数概念的本质是"单值对应"关系。单值对应包括了两层含义：第一，两个变量是互相联系的，一个变量变化时，另一个变量也发生变化；第二，函数与自变量之间是单值对应关系，自变量的值确定后，函数的值是唯一确定的。

根据初中函数概念的特征与初中学生的认知特点，函数概念教学应采用概念形成方式，即从典型、丰富的实例出发，经过学生自己的实践活动，从中归纳、概括出一类事物的共同本质特征，从而理解和掌握概念。为了帮助学生形成函数概念，教师应选择合适的情景，创设大量符合学生认知特点的，反映这种变化规律的实例（解析式的、图象的、表格的），让学生经历"发生发展过程"，独立概括出函数概念——"单值对应"的本质属性。在此基础上，再"举一反三"巩固和理解函数概念的"单值对应"，是促进概念形成的教学的关键。

教师对于函数概念教学的重要性要有充分的认识，要舍得花时间、花力气。所以不仅是函数概念教学，对于后续特殊的函数（如正比例函数、一次函数、反比例函数、二次函数等）学习，也要注意把握其概念的本质，注意概念的形成的教学。

3.2 函数概念教学要有层次性

函数概念具有内容的概括性、符号的抽象性、形式的多样性等特点，学生初次接触函数概念时会感到十分困难。函数概念教学要注意层次性，第一，通过熟悉的典型实例引入，让学生初步感知变量间关系。第二，用同类型的具体例子，从外观上分析数量间的函数关系，形成对函数概念的表面理解。第三，用不同形式的两个例子，探索函数的运动变化的性质，初步抽象出函数本质特点。第四，借助变量之间的联系的辨析，揭示函数的本质特点，借助变量之间的联系完成对函数概念的抽象与理解。第五，学生运用概念解决一些简单问题，完成对函数概念比较全面的把握。

3.3 重视从函数思想角度进行函数概念教学

函数知识的学习最终目的是对函数思想的领悟和掌握，而学习过程中函数思想方法的渗透，又可以加深对函数概念的理解。

变化是函数概念产生的源头，是制约概念学习的关节点，同时也是概念教学的一个重要突破口。如教学问题 1 中 $s=60t$ 的时候，学生往往将"$60t$"当作孤立的算式，简单将一个个数值代入求值后填入表中，过程只是运用关系式算出答案，并没有真正体会到在这个过程中变量 t 的变化将引起变量 s 也随之变化。所以，教师要通过大量的典型的实例，尽可能多地取自变量的值，得到相应的函数值，让学生反复观察、反复比较、反复分析每个具体问题中的量与量之间的变化关系，把静止的表达式（或曲线、表格）看作动态的变化过程，让它们从原来的常量、代数式、方程和算式的静态的关系中逐渐过渡到变量、函数这些表示量与量之间动态的关系上，进而使学生的认识实现由静态到动态的飞跃。

在学习函数概念前，学生对"对应"的思想已有一些初步的认识，因此，在函数概念教学时，教师应通过具体实例的分析让学生进一步"感受"对应的思想，使其由"感受"向"领悟"靠近。同时，还应当通过非概念变式让学生明确函数中"对应"是"单值"对应，即只有"唯一"确定的变量 y 与变量 x 对应。

4 思考问题

（1）在函数概念教学之前，学生在哪些内容的学习中提前渗透了变量与对应的思想?

（2）函数的上位概念是什么？在函数概念形成中，如何理解"单值对应"？学生学习过程的难点是什么？

（3）你认为函数概念体现了代数概念的哪些特征？学生构建函数概念应体现代数思维的什么特征？

（4）如何理解函数不仅是一种重要的数学概念，而且是一种重要的数学思想？教授函数概念时应该着重培养学生什么数学素养？

后　记

　　近二十年的一线数学教学，但凡备课，我总要思考："为什么要上这节课？这节课对学生的帮助是什么（现在和未来）？怎么上好这节课？"。在日复一日的思考和实践中，我对数学教学本质的认识和理解得到不断地提升。2007年，本人走上省教研员岗位，有了更广泛的机会与中学数学教师进行研讨、交流，发现很多一线教师在数学课程内容的整体把握、关键数学知识方法的价值与定位、具体数学教学策略的选择和实施等方面存在困难和挑战，这直接影响着他们对新课程的理解和高效课堂的生成，同时也制约了许多优秀教师的成长。为了解决以上问题，本人于2014年提出了"初中数学关键教学点"的概念，并以福建省初中数学学科教学研究基地学校为依托，将关键教学点研究作为全省初中数学教研的核心内容，引导和帮助教师把握数学本质，理解数学教材的知识结构体系，掌握数学课堂教学中的关键教学点，从而有效实施数学，提高他们的数学教学水平，达成"精研一节课，打通一类课"的目的。在福建师范大学数统学院董涛教授的指导下，我们对初中数学关键教学点的"奠基、引领、示范、归纳、启迪"的作用做了系统阐述，并将其作为选择标准，"第一次聚龙会议"初步确定了59个初中数学关键教学点。

　　随着初中数学关键教学点的研究和实践的不断深入，在思考"如何让教学和评价保持一致性"的推动下，结合数学教育测量工具的开发研究，本人与核心团队的伙伴们于2014年提出了"三个关注"：关注数学概念的理解和解释；关注数学规则的选择和运用；关注数学问题的发现与解决。在各设区市教研员的支持下，初中数学关键教学点的研究辐射全省各地，促进了实践学校初中数学教学的提高。在国家推进新一轮义务教育课程改革之际，初中数学关键教学点的研究也进入比较成熟的阶段，"第二次聚龙会议"将关键教学点研究从知识层面走向素养层面，我们在 2022 年福建省初中数学毕业班教学研讨活动中提出"三个回归"：回归课标，明确数学教育价值，领悟课程理念；回归教材，理清数学结构体系，把握数学本质；回归课堂，落实数学核心素养，促进学生发展。"三个关注"和"三个回归"的提出，为初中数学关键教学点的实施进一步明确了方向。

十年研究实践，我们积累一些研究心得和教学经验，为了给广大初中数学教师提供一些有益的参考和建议，帮助他们更好地理解数学、理解教学，故撰写本书。希望通过本书的出版，能够引起更多人对初中数学教学研究的关注和重视，促进初中数学教学质量的提高。

本书能够出版发行，我要感谢所有支持和帮助过我的人。感谢福建师范大学王长平校长在百忙之中拨冗为本书作序，让本书增色不少。感谢福建师范大学数统学院董涛教授对本课题研究的指导和帮助。感谢和我一起研究的伙伴们，本书的完成得到了彭光清、陈惠增、胡鹏程、曾志勇、林祥华、黄和悦、陈润生、高晓晴、王国芳、郑秋月等老师的大力支持和帮助，他们在教学研究和实践中给予了我很多宝贵的经验和建议，使初中数学关键教学点的理论和实践得到不断的完善和提升。感谢福建省各设区市教研员和初中数学基地学校的老师们，他们在关键教学点的教学实践中做了大量的教学实践工作，他们的积极参与和反馈让我更好地了解基于关键教学点的教学中的问题和需求。感谢肖宇鹏、刘秀妹、杜小清、詹高晟、王淋淋、徐杰、林萍、林梅琴等老师在校稿反馈中的辛勤付出。感谢福建教育出版社的沈群编审为本书的出版付出的辛勤努力和汗水。

最后，我要感谢广大读者对本书的关注和支持，希望你们在阅读本书的过程中能够有所收获和启发。如果你们有任何宝贵的意见和建议，欢迎随时与我交流和探讨，希望这本书能够对广大初中数学教师有所帮助，让我们共同为提高初中数学教学质量而努力！